SUNI
PUBLIS

Thomas Young

Willkommen im Herzen

Eine Reise zu dem Schatz im Inneren

SUNNYDAYS
PUBLISHING HOUSE

MIX
Papier aus verantwortungsvollen Quellen
FSC® C084279

2. Auflage 2019

Umschlaggestaltung: Guter Punkt, München
unter Verwendung eines Motivs von © Thomas Young
Layout und Satz: BuchHaus Robert Gigler, München
Druck und Bindung: Print Consult GmbH, München
ISBN 978-3-945203-00-2

Inhalt

1
Flaschenpost von der Seele

Logbuch: »Segen aus dem Meer« – ein Traum

»Das Herz spricht in einer Sprache, die schöner ist als tausend Worte.« Der alte Captain blickt mich mit wachen, blauen Augen an, in denen sich die Weite des Meeres spiegelt. »Nur wenn du seiner Stimme ganz folgst, wirst du glücklich werden …«

Wir segeln auf einem weißen Viermaster von Santiago de Chile nach Tahiti und nähern uns Pitcairn, einer kleinen Insel, auf der sich die letzten Überlebenden der Meuterei auf der Bounty niedergelassen hatten. Dort ankern wir in einer geschützten Bucht und setzen mit kleinen Beibooten an Land. Erfüllt von dem Zauber der tropischen Insel nach einer langen Seefahrt, gehe ich, einem vagen Gefühl folgend, an einen einsamen Strand. Die Sonne verabschiedet den Tag in ihrer ganzen Schönheit und wirft ihr goldenes Licht auf das Meeresufer. Ich glaube, in der Brandung etwas aufblitzen zu sehen. Eine Flasche ist an Land gespült worden. Sie scheint uralt zu sein und ist von Muscheln übersät, die sie fest umschlungen halten. Ich öffne die Flasche vorsichtig mit einem Schweizer Messer und fische ein gut erhaltenes Stück Pergament heraus. In einer mir unbekannten Sprache steht dort:

»Flaschenpost von der Seele. Diese Flasche hast du nicht gefunden. Sie hat dich gefunden. Sie wurde von mir, ……. (der Name war unleserlich) *mit einem Segen versehen ins Meer gegeben. Nur der, der reinen Herzens ist, kann ihre Botschaft verstehen … Nur der, der bereit ist, zu sich selbst zu segeln, wird von ihr gefunden werden.«* Das, was ich lese, verschlägt mir den Atem. »… *Der Schatz, den du finden kannst, ist größer als alles, was du dir je vorzustellen vermagst. Er führt dich in dein Glück. Und während der Reise dorthin wirst du verstehen, warum du hier bist. Um ihn zu erlangen, musst du dich heute noch aufmachen und eine Unternehmung beginnen, die dich alles kosten kann und vor riesige Herausforderun-*

gen stellt. Dies hier ist die Schatzkarte. Begib dich auf … eine Expedition ins Herz!«

Vergiss niemals deinen Traum

Ich wache auf. Sieben Jahre war es her, dass ich diesen Traum träumte, und er markierte einen Wendepunkt in meinem Leben. Ich lebte damals immer noch in der Hafenstadt, in der ich aufgewachsen war und schon als kleiner Junge den Windjammern nachgeschaut hatte, die sich festlich geschmückt und unter vollen Segeln auf ihre langen Reisen rund um den Globus begaben. Mein Großvater war auf solchen großen Schiffen um die Welt gefahren. Ich hatte ihn nie kennen gelernt. Er war lange vor meiner Geburt gestorben. War er der Captain?

Ich habe Seefahrerblut in den Adern und bin doch immer noch hier … an Land. Mein Privatleben liegt in Trümmern. Ich wählte eine Partnerin, mit der ich eine dysfunktionale, co-abhängige Beziehung führe und bin entschlossen, diese zu beenden. Beruflich ist alles im Lot. Die kleine kreative Firma, die ich aus dem Nichts aufgebaut habe, floriert und tut ihr Bestes, anderen bei der Erfüllung ihrer Träume zu helfen. Doch irgendetwas fehlt. Dieses Gefühl – oder ist es ein Wissen? – nagt von innen. Mir wird bewusst, dass es sich durch meine Bauchwand nagen wird, wenn ich mein Leben – eines, das viele andere Menschen glücklich gemacht hätte – nicht ändere. Doch, was fehlt?

Der Traum katapultiert mich in einen Bereich meiner Seele, den ich schon als Kind gefühlt habe. In diesem Bereich gibt es keinen Zweifel. Es ist ganz klar, dass das Leben etwas Wunderbares ist, es ist unumstößlich, dass jeder Mensch einen Lebenstraum hat und ihm folgt. Es ist eine Gnade, als Seele in einem Körper bedingungslose Liebe erfahren zu dürfen. Es ist ein einziges Staunen über das Wunderbare. Meine Seele will spielen. Ich schaue aus dem Fenster unseres Büros und blicke auf die großen Fährschiffe, die Menschen und Autos in ihren Leibern aufnehmen, um sie zwölf Stunden später in Skandinavien wieder freizugeben. Der Traum ist mehr als präsent.

Wie kann ich mich von der Insel der Meuterer auf eine Expedition ins Herz begeben? »*Trau nur der Stimme des Herzens und nicht den Winden des Schicksals …*« Unmittelbar nach dem Aufwachen hatte ich den gesamten Inhalt der Flaschenpost niedergeschrieben und las wieder und wieder einzelne Sätze. Was sind die Winde des Schicksals? Warum ist ihnen nicht zu trauen? Ist Schicksal das, was uns widerfährt, wenn wir unseren Träumen nicht folgen? Wenn wir nicht im Einklang sind mit unserer inneren Stimme?

Meine Sekretärin bringt mir einen Kaffee. Sie teilt mir mit, dass sie zum zweiten Mal schwanger ist. Wieder Zwillinge. Zweimal schwanger und vier Kinder … Ist das auch Schicksal? Oder ist es ihr Schicksal, bei mir als Sekretärin zu arbeiten? Oder ist es ein Traum? Schließlich ist die Arbeitsatmosphäre bei uns sehr angenehm. Mein Verstand wirbelt Gedanken durcheinander, bis es immer schwieriger wird, die kleine Stimme des Herzens wahrzunehmen. Doch während ich über den Traum sinniere, höre ich sie plötzlich wieder: »*Es gibt keine Garantie, dass Du jemals ankommen wirst, aber diese Reise wird dein Leben lebendig machen, weil du deinem Traum folgst. Vergiss niemals deinen Traum! Er ist das Wichtigste, was du hast …*«

Ich beschließe an diesem Nachmittag, mich auf diese Expedition zu begeben. Der Entschluss kostet mich nicht mehr als mein altes Leben.

Das Alte leben – Treibholz aus der Vergangenheit

Frühere Generationen hatten es einfacher. Der Sohn eines Bauern wurde Bauer. Die Tochter einer Weberin wurde Weberin. Der Sohn eines Schmiedes Schmied. Sind wir heute gekommen, um das Alte zu leben, oder hat jede Generation den Auftrag, sich selbst neu zu erfinden?

Mein altes Leben war originell, kreativ, intellektuell, sportlich … Ich studierte Soziologie, Psychologie und Englisch. Zwar hatte ich nicht das Gefühl, dass mir dort Wesentliches vermittelt wurde, aber es war ein kreativer Freiraum, der mir die Möglichkeit gab, Filme zu drehen, Ideen auszuprobieren, Menschen kennen zu lernen, kurz: zu leben, eine verlängerte Adoleszenz zu haben. Wir werden immer später erwachsen, dachte ich und wusste nicht, ob ich es bedauern oder begrüßen sollte.

Mit vierundzwanzig lernte ich eine Frau kennen und hatte zum ersten Mal in meinem Leben eine ungewöhnliche Erfahrung mit einem Traum.

Diese dunkelhaarige Frau zieht mich an, aber es ist keine primär sexuelle Anziehung wie sonst in diesem Alter. Etwas Undefinierbares liegt in der Luft. Ich weiß nicht einmal, ob ich diesem Reiz folgen soll oder nicht. Ist es Anziehung, gemischt mit Angst – und wenn ja, wovor? Ich bin, weiß Gott, kein furchtsames Wesen. Also verbringe ich mit dieser Frau eine Nacht in meiner Wohnung. Wir schlafen gemeinsam in meinem großen Doppelbett ein. In dieser Nacht habe ich folgenden Traum:

Ich träume, sie liegt neben mir im Bett, so wie sie es in der sozialen Realität auch tut, und legt einen Arm sanft von hinten um mich. In ihrer Hand hat sie ein Messer. Sie rammt es mir ins Herz und ich schreie. Im gleichen Moment wache ich auf. Ich drehe mich sofort zur Seite und sehe, dass sie friedlich schläft. Vorsichtig nehme ich ihre Bettdecke hoch und schaue nach, ob sich dort tatsächlich ein Messer verbirgt. Es ist keines zu sehen. Ich weiß nicht, was ich von diesem Traum halten soll. Ich weiß zu diesem Zeitpunkt in meinem Leben nicht, wie wichtig Träume sind. Eine innere Stimme sagt mir, der Frau nichts von diesem Traum zu erzählen und ihn als Warnung zu betrachten. War das damals schon die erste Herzöffnung? Und warum mit einem Messer?

Träume – Botschafter der Seele

»Sei wachsam und weise zugleich ...
Es kommen viele Prüfungen auf dich zu ...«

Dieser Traum ist die Ouvertüre zu einer Fülle von Träumen, die mich durch mein Leben navigieren und mit einem Wissen vertraut machen, das aus den Tiefen der Seele kommt und meinem Verstand nicht zugänglich ist. In Träumen werden mir Menschen vorgestellt, denen ich später begegne, Schamanen, Heiler und Lehrer... ich erlebe Einweihungen, erfahre Heilungen und Belehrungen, die in konstruktive Lebensentscheidungen münden.

Ich weiß zu dieser Zeit nicht, dass jemand wie C. G. Jung mehr als achtzigtausend Träume erforscht hat und in ihnen Muster erkennt, die aus anderen Kulturen und Zeiten stammen, wo sie einen Sinn ergeben, während sie uns im Westen ohne anthropologische oder ethnologische Vorkenntnis unsinnig erscheinen. Mir ist nicht bewusst, dass es Urformen von Energie gibt, Archetypen, die sich decodieren lassen, und dass der bewusste Umgang mit ihnen zu einer anderen Form von Präsenz führt. Erst viel später, als die Fähigkeit zur Traumschau erwacht, realisiere ich, dass die soziale Realität von den gleichen Mustern durchwebt wird wie die nächtliche Welt der Träume. Was ist dies also, unser Leben, und welcher Sinn liegt ihm zugrunde?

Kann es gelingen, dem Sinn des Lebens näher zu kommen, wenn wir mehr und mehr der Stimme des Herzens folgen? Können wir lernen, sie in Träumen wahrzunehmen und sie dann auch im Wachbewusstsein zu hören?

Meine Lehrerin zu dieser Zeit ist eine weise Frau. Mehrere Jahre lang hatte ich darum gebetet, einen spirituellen Lehrer zu bekommen. Plötzlich, im Alter von neunundzwanzig Jahren, ist sie da. Ein Freund hat sie empfohlen und ich bin mehr als aufgeregt, bevor ich sie das erste Mal sehe.

Mit einem Blumenstrauß bewaffnet, der die Götter gnädig stimmen soll, klingele ich zur verabredeten Zeit an ihrer Tür. Eine große, kraftvolle Frau Mitte Vierzig öffnet und mustert mich mit klaren, blitzenden Augen. Sie hat die Fähigkeit, essentielle Wahrheiten in Trance zu vermitteln. So etwas habe ich nie zuvor erlebt. Ihre Worte gehen mir direkt ins Herz. Es fängt an, in der Mitte meiner Brust zu vibrieren. Tränen der Berührung schießen mir in die Augen. Exakt und detailliert beschreibt sie die wesentlichen Stationen, Beziehungen und Ereignisse meines bisherigen Lebens. Niemals zuvor hat jemand die Wirklichkeit meiner Seele derart präzise in Worte gefasst. Dann gibt sie einen Ausblick auf die Zukunft im Werden. Es ist, wie wenn meine Seele durch sie direkt zu mir spricht. Sie erklärt mir, wie meine Seele über Träume kommuniziert und dass ich an den entscheidenden Wendepunkten meines Lebens Träume haben werde, die mich in die Wahrheit führen.

Was also ist die Wahrheit des Traumes, in dem die dunkelhaarige Frau mir ein Messer ins Herz sticht? Die Beziehung, die ich mit ihr habe, lässt sich auf zwei Schlüsselmomente reduzieren. Heute, zwanzig Jahre später, sind es nur diese beiden Momente, die wichtig und essentiell erscheinen: der Anfang, gekennzeichnet durch den Traum, und das Ende, in der es in einem Hotelzimmer zu einer Szene kommt. Einem Streit, der beide Protagonisten ein Drama aufführen lässt: Er möchte den Streit klären. Sie will nicht mehr reden und macht das Licht aus. Er schaltet das Licht wieder an, weil er den Streit klären will. Sie macht das Licht aus, weil sie ihre Ruhe haben möchte. Licht an. Licht aus. Licht an. Licht aus …

Es wiederholt sich ein paar Mal, bis sie vor ihm steht, ihr Gesichtsausdruck verändert sich und sie sagt mit einer ganz klaren Stimme: »Wenn ich jetzt einen Colt hätte, würde ich dich erschießen.« Das Erstaunliche: Er weiß in diesem Moment, dass sie die Wahrheit spricht. Er sieht innerlich das Mündungsfeuer aufblitzen. Er weiß, dass genau das passieren würde, wenn sie denn einen Colt hätte und ihre Beziehung ist in dieser Sekunde vorbei. Es ist, als ob die gesamte soziale Interaktion der anderthalb Jahre auf diese Sekunde zulaufen würde und ein uraltes Ereignis aus einem anderen Leben in die Bewusstheit hebt.

Mir ist plötzlich und unmittelbar klar, dass sie nicht nur die Wahrheit gesprochen hat, sondern ich sehe vor meinem inneren Auge, wie sich die Szene in dem anderen Leben abgespielt hat und verlasse das Hotelzimmer und die Frau.

Es kommt zu keinem weiteren Aufeinanderzugehen. Sie fällt in eine sechsmonatige Depression mit suizidalen Gedanken. Ich gehe mit meinem eigenen Leben voran. Mir wird am eigenen Leib unmittelbar bewusst, wie Reinkarnation funktioniert. Dafür brauche ich keine Theorie mehr. Wir ziehen Menschen in unser Leben, mit denen uns etwas Altes verbindet. Dies kann etwas Freudvolles sein oder auch, wie in diesem Fall, etwas Leidvolles. Die Seelen sind darauf ausgerichtet, alten Schmerz aufzulösen und führen wie hier zwei Personen zusammen, die über einen Schmerz als Opfer und Täter miteinander verbunden sind.

Interessanterweise leitet die Seele, das Thema schon in der ersten Nacht über den Traum ein. Die Botschaft des Traumes ist dieselbe wie die Botschaft der Schlussszene. Bei größerer Bewusstheit hätte man es damit schon als erledigt betrachten können und sich die anderthalb Jahre Beziehungschoreographie, um die Botschaft noch einmal zu kreieren, sparen können. Bewusstheit spart Zeit. Guten Morgen, Herr Young, Zeit zum Aufwachen.

Anmustern im Leben

»Deine Traurigkeit ist nicht deine Traurigkeit. Du spürst die Traurigkeit der Welt ...«

Die Botschaft der Flaschenpost versetzt mich in eine nachdenkliche Stimmung. Ich gehe den Hafen entlang, wo die Möwen sich kreischend um ein paar Fische aus dem Netz eines Kutters balgen. Ich erinnere mich an viele Situationen, in denen mich eine unerklärliche Traurigkeit angeflogen hat, die so gar nicht zu der sonst freudvollen Natur meines Wesens passen wollte. Was ist die Traurigkeit der Welt? Worin besteht sie, und inwieweit weben wir, jeder und jede Einzelne, täglich mit an einem einzigen großen emotionalen Kollektivkörper, der entweder traurig oder freudvoll, schwer oder leicht, zornig oder zart, zweifelnd oder vertrauend ist? Warum fällt es vielen Menschen so schwer, eine oft übergroße Form von Traurigkeit abzustreifen? Ist es die der Welt, die in einer Familie von Generation zu Generation weitergereichte Traurigkeit oder die als Seele mitgebrachte?

Wenn Menschen traurig sind, sehen sie die Welt durch eine trübe Linse. Sie sitzen in der Grube und grübeln. Wieder und wieder werden sie von einem Gefühl der Traurigkeit und Separation erfasst. Wenn es nur ein einziges Mal gelingt, dieses Abgetrenntsein zu überwinden, ist ein großer Schritt in ein freudvolles Leben hinein getan.

Erst in dem Moment, in dem wir das Leben ganz zu uns nehmen, vollkommen im Leben anmustern, unsere Reise wirklich beginnen, egal was auch passiert, erst in diesem Moment fangen wir an, die aus der Menschheitsgeschichte übernommenen und überkommenen Anteile des Emotionalkörpers zu erlösen. Das, was in unterschiedlichen Traditionen als Emotionalkörper bezeichnet wird, erscheint wie ein machtvolles Relikt aus der Vergangenheit. *Fight, flight and freeze* – Kampf, Flucht oder Erstarrung – sind die automatisierten Mechanismen eines uralten Emotionalkörpers. Nützlich für das Überleben im Dschungel, nicht unbedingt förderlich für das Überleben im Atomzeitalter.

Wir gehören einer Übergangsgeneration an. Alte Verhaltensweisen funktionieren nicht mehr, neue sind noch nicht voll entwickelt. Möglicherweise wird das Überleben der Menschheit als Spezies davon abhängen, ob es gelingt, diese Mechanismen zu überwinden. Eine Unmenge spiritueller Traditionen setzt genau an diesem Punkt an: der Transzendierung des Emotionalkörpers. Das Herz spielt dabei eine Schlüsselrolle. Zeitgleich finden weltweit eine immer größere Spiritualisierung einerseits und eine immer größere Hinwendung zu materiellen Werten andrerseits statt.

Wie können wir nun unser individuelles Schiff in diesen gesellschaftlichen Strömungen navigieren? Und was wünscht die Seele?

Heißt es, das Leben so zu leben, wie Gott uns gemeint hat? Heißt es, dass es in jedem von uns eine inhärente Blaupause gibt, einen inneren Plan, der in jedem Einzelnen angelegt ist und der sich mehr oder weniger entfalten kann? Was wünscht die Seele, und wie können wir lernen, ihrer Stimme zu lauschen und ihr zu vertrauen?

»Du befindest dich im Besitz eines Geschenkes. Wenn du dieses Geschenk in die Welt bringst, wird es dein Leben bereichern. Lässt du es verkümmern, wird es dein Leben bekümmern.«

Die Stimme wird für mich immer klarer hörbar. Es wird nicht einfach, die kleine Firma mit den geliebten Menschen, zu denen auch mein Bruder gehört, loszulassen. Viele Erinnerungen hängen hier, von Erfolgen und Erfolgtem. Da ist insbesondere die herzliche Verbindung zu meinem geliebten Vater, der uns in den letzten Jahren seiner Berufstätigkeit so viel geholfen hat, an meine geliebte Mutter, deren stille Präsenz mich eine Form sehr feiner Liebe wahrnehmen ließ.

Dankbarkeit erfüllt mein Herz, wenn ich daran zurückdenke. Und auch eine tiefe Traurigkeit darüber, dass die Person meines Vaters jetzt hier in Captain Cook auf Hawaii, wo ich diese Zeilen schreibe, nicht mehr direkt spürbar ist – in einem warmen Händedruck, einer herzlichen Umarmung, einem gemeinsamen Lachen. Ich vermisse ihn sehr.

Mit der Traurigkeit, die mit dem Loslassen eines geliebten Menschen verbunden ist, hat mein Emotionalkörper die meisten Schwierigkeiten. Obwohl ich eine Nahtoderfahrung »durchlebt« und daher erfahren habe, dass es eigentlich überhaupt keinen Grund zur Trauer gibt, und obwohl es für mich klar ist, dass die Essenz nicht verloren geht, ist dies für mich doch die größte Herausforderung. Und die schlichte Wahrheit ist: Es treibt mir die Tränen in die Augen. Wenn ich dieser Emotion in so einem Moment dann nicht widerstehe, sondern mich ganz von ihr erfassen lasse, wie wenn ich mich durch sie hindurch fallen ließe, hört sie plötzlich auf und ich befinde mich in einem Bereich kaum fassbarer Klarheit, erfüllt von einer tiefen, unerschütterlichen Liebe. Und ich freue mich auf ein Wiedersehen.

Wie ich auch auf mein Leben schaue, es kommt mir vor wie viele Leben in einem. Diese Vielfältigkeit des seelischen Ausdrucks spiegelt sich auch in den Geschichten und Gesichtern vieler Menschen wider, die ihren Weg in eines der Herz-Wochenenden oder einen der längeren Retreats finden – Zusammenkünfte von Abenteurern und Bewusstseinspionieren aus allen gesellschaftlichen Bereichen des Lebens quer durch alle Altersschichten, die eines eint: die Sehnsucht nach einer Erfahrung, die weit über die Grenzen der Persönlichkeit hinausgeht.

Die Sehnsucht des Herzens

»Lass dein Herz zu einem Leitstern werden …«

Die Sehnsucht des Herzens liegt in der Rückverbindung mit einer Erfahrung des *Einsseins*. Die Sehnsucht des Herzens ist die Erfahrung von Liebe, Einheit und Frieden, die Erfahrung von Glückseligkeit. Das Herz weiß um diese Erfahrung. Das Herz will seine Liebe in die Welt verströmen. Es trägt ein inhärentes Wissen, das wir als Herzensweisheit bezeichnen können. Dieses Wissen liegt jenseits des Verstandes. Die große Frage ist nun, ob wir die Stimme dieses Herzens tatsächlich hören. Und wenn wir sie denn wahrgenommen haben: Sind wir dann auch in der Lage, ihr zu folgen und ihr zu vertrauen? Folgen wir ihr, kommen wir in Einklang mit unserer Be-Stimmung. In Einklang mit der Seele. Folgen wir ihr nicht, führen wir uns selbst in die Zerrissenheit.

Wie können wir nun, im dritten Jahrtausend auf der Außenseite einer Kugel sitzend, die sich mit einer durchschnittlichen Geschwindigkeit von neunundzwanzig Kilometern pro Sekunde durch den Weltraum bewegt, umgeben von einer Fülle von Informationen, den genauen Kurs unserer Seele bestimmen?

Die Seele wünscht Vervollkommnung, Integration. Nur wie? Wie sollen wir ihr in unserem beruflichen Alltag, familiären Verpflichtungen und gesellschaftlichen Anlässen nachkommen? In früheren Zeiten war die Lösung einfach. Man ging ins Kloster. Oder aber man blieb in der Welt. Heute ergibt die Trennung zwischen weltabgewandten Mystikern und in der Materie verlorenen Kaufleuten keinen Sinn mehr. Der evolutionäre Impuls drängt danach, diese Pole zu verbinden.

Wir können uns nicht mehr nach alten Landkarten richten. Zum ersten Mal in ihrer Geschichte erlebt die Menschheit eine Evolution, die nicht vorrangig auf der physischen Ebene, sondern auf der Bewusstseinsebene voranschreitet. Die Bewegung geht vom *Survival of the Fittest* zum *Survival of the Wisest*. Das einzelne Tier kann nicht wählen, wie es sich weiterentwickeln wird, der Mensch schon.

Warum sollen Geschäft und Privatleben nicht getrennt bleiben? Warum sollen Mann und Frau nicht getrennt bleiben? Weil der evolutionäre Impuls danach drängt, beide zusammenzuführen. Nur so kann neues Leben, eine neue Schöpfung entstehen. Warum sollen Körper und Seele nicht getrennt bleiben? Weil es ungesund ist. Warum sollen Spiritualität und Sexualität nicht getrennt bleiben? Weil es unglücklich macht. Alte separierende Formeln funktionieren heute nicht mehr, genauso wenig wie andere ehemals gültige Gesetze. Es geht darum, beide Ebenen zu verbinden. Alltag und Spiritualität, Himmel und Erde, Mann und Frau. *Das Verbindende ist das Herz.*

Dies ist keine Metapher. Herzenergie ist eine erlebbare, freisetzbare, körperlich spürbare Realität. Mehr noch: Sie liegt unserer Alltagsebene zugrunde. Sie ist der Seinsgrund, dem wir entstammen und an den uns jeder Herzschlag sanft erinnert.

Jeder Mensch trägt das Wissen um den höchsten Ausdruck dessen in sich, was er als Seele in einem Körper auf dieser Erde manifestieren kann. Das Herz erinnert ihn mit jedem Herzschlag an seine Bestimmung. Das Herz möchte Synchronisation. Es möchte im Einklang schwingen.

Erstaunlicherweise stoßen wir in den verschiedensten Kulturen, spirituellen Traditionen, aber auch in den großen Weltreligionen immer wieder auf Berichte und Übungen, die darauf abzielen, mit etwas »Unsterblichem«, das im Herzen lokalisiert ist, in Kontakt zu treten. Ob es das Heilige Herz Jesu Christi ist, das Herz-Sutra Buddhas, die intensive Herzbeschwörung der Sufis, das Herz als Energiezentrum in der chinesischen Medizin – wohin wir auch schauen, wieder und wieder werden wir unmittelbar auf unser Herz verwiesen.

Ein beeindruckendes Beispiel sind die Naskapi-Indianer auf der Halbinsel Labrador. Die Familienverbände, in denen sie als Jäger leben, sind so weit voneinander entfernt, dass sich keine kollektiven Bräuche oder Stammesriten entwickeln konnten. Es gibt keine Priester, keine Medizinmänner, keine Kirchen. In dieser lebenslangen Einsamkeit vertraut der Naskapi-Jäger einem Gefährten, einem »inneren Freund«, den er auch »Mista-Peo« – »Großer Mensch« – nennt. Dieser »Große Mensch« wohnt in seinem Herzen und ist unsterblich. Im Moment des Todes verlässt er den Körper und reinkarniert sich neu. Die Naskapi, welche ihren Träumen viel Aufmerksamkeit schenken und versuchen, deren Bedeutung zu erforschen, bekommen eine stärkere Verbindung zu ihm. Er sendet ihnen mehr und klarere Träume, die auch konkrete Handlungsanweisungen enthalten. Lügen und Unehrlichkeit treiben den »Großen Menschen« in die Distanz, während ihn Großzügigkeit und Liebe zum Verweilen einladen.

Diese scheinbar so »primitiven« Menschen haben offensichtlich ohne jeden zivilisatorischen Bezug einen ganz eigenen Zugang zur Seele, zum Selbst gefunden. Wiederum liegt dieser im Herzen. Es wird bei allen wichtigen Lebensentscheidungen befragt. Wie kann uns »Zivilisierten« das heute gelingen?

Herzens-Anker: Die Kunst des Hörens

Bewusstes Hören ist eine spirituelle Kunst, die in vielen Mysterienschulen eingeübt wird. Über das Sichversenken in andere Bewusstseinsfrequenzen erlangen Menschen Zugang zur Weisheit ihres Herzens. Wie die Stimme des Herzens wahrgenommen wird, mag individuell sehr unterschiedlich sein.

Haben Sie schon einmal einen Traum geträumt, der einen Wendepunkt in Ihrem Leben markiert? Was ist die Botschaft dieses Traumes?

Haben Sie jemals versucht, den Ruf Ihrer Seele zu hören, und wenn ja, wie? Was ist ihre Botschaft?

Können Sie die Stimme des Herzens von anderen Stimmen unterscheiden? Was zeichnet diese aus?

Können Sie über Ihren Körper verifizieren, ob etwas für Sie »stimmig« ist oder nicht? Wenn ja, wie?

Haben Sie einen Kontakt zu dem Großen Menschen in sich? Wie sieht dieser aus?

2
Das Mysterium des Herzens – Aufbruch in eine neue Welt

Logbuch: »Einweihung« – ein Traum

Ich gehe allein die Hauptstraße des Ortes meiner Kindheit entlang. Es ist mitten in der Nacht. Keine Menschenseele ist wach. Alle schlafen. Die Nacht ist mir unheimlich. Fahles Mondlicht spiegelt sich auf dem nassen Asphalt. Regentropfen fallen wie in Zeitlupe auf die Strasse. Ich kann die Nacht mit all meinen Sinnen spüren. Ich bin mittendrin, vollkommen mit dem Traum identifiziert. Es ist keiner dieser Träume, in denen man von oben auf eine Szene schaut oder in einem Kinosaal, Theater oder Stadion etwas präsentiert bekommt, es ist einer dieser Träume, wo der Träumer ganz identifiziert ist. Ich gehe dort meinen Weg. Plötzlich sehe ich etwa zweihundert Meter vor mir auf Höhe des Friedhofes eine Gestalt. Sie trägt einen Trenchcoat und hat einen Hut tief ins Gesicht gezogen, so dass das Gesicht nicht zu erkennen ist. Der rechte Arm ist länger als der linke und wirkt wie eine Klaue, was die Gestalt nicht gerade Vertrauen erweckend macht. Außerdem hinkt sie. Es ist auch noch ein Hinkefuß! Einen Moment lang bin ich unschlüssig, was ich tun soll.

Ich könnte weglaufen. Ich bin schnell. Ein Hinkefuß würde mich aller Wahrscheinlichkeit nach nicht einholen. Ich entscheide mich jedoch, meinen Weg fortzusetzen. Schließlich gehe ich ja gerade meinen Weg. Ich beschließe, mich allem zu stellen, was mir auf diesem Weg begegnen könnte. Vorsichtig gehe ich also weiter voran. Die Gestalt bewegt sich in einem eigenartig schlurfenden Gang auf mich zu, das eine Bein nachziehend. Wir nähern uns langsam an, und alle meine Sinne sind hellwach. Im Geist gehe ich alle möglichen Verteidigungsbewegungen durch und versuche gleichzeitig, mich zu beruhigen. Vielleicht passiert ja gar nichts. Vielleicht handelt es sich nur um einen etwas merkwürdigen Fußgänger. Schließ-

lich sind wir auf gleicher Höhe. Die Gestalt versperrt mir nicht den Weg. Ein Teil von mir frohlockt schon innerlich und denkt: freie Bahn. In dem Moment dreht sich die Gestalt zu mir um, ich drehe mich zu ihr um – und blicke in ein tot wirkendes, aus der Zeit gefallenes männliches Gesicht und der Brustbereich der Gestalt wird zum Magneten. Alles, was meine Essenz, meine Seele ausmacht, wird plötzlich dort hinein gesogen. Ich versuche mich mit Händen und Füßen dagegen zu wehren, doch egal, was ich auch tue, ich habe keine physischen, mentalen oder emotionalen Ressourcen, die diesen Sog verhindern könnten. Das Ganze ist für mich mit jeder Körperzelle spürbar und es ist die mit Abstand unangenehmste körperliche Erfahrung, die ich jemals in meinem Leben gemacht habe. *Schließlich schreie ich in höchster Verzweiflung mit der ganzen Kraft meiner Seele zwei Worte. Diese beiden Worte sind: »Jesus, hilf!«.* Ich weiß nicht, warum es gerade diese beiden Worte sind, denn ich bin kein Kirchgänger und auch nicht bibelfest, aber offensichtlich gibt es in einem Teil meiner Seele eine direkte Verbindung in diesen Bereich hinein, und wenn das Flugzeug abstürzt oder es hart auf hart geht, wären dies meine beiden Worte und jemand anderes schreit vielleicht: »Buddha komm«, oder »Kuan Yin erscheine«. *In dem Moment, in dem ich »Jesus hilf« schreie, schießt eine Kraft von oben durch das Kronen-Chakra an der Spitze des Kopfes hindurch bis in die Mitte meiner Brust und direkt aus dem Herzzentrum heraus in diesen Sog hinein.* Wieder kann ich mit jeder Faser meines Körpers spüren, wie sich dieses anfühlt. Es ist das mit Abstand angenehmste körperliche Erlebnis, was ich jemals gespürt habe. *Eine gleißend helle, reine, liebende Kraft schwingt von oben durch meinen Kopf hindurch in den Sog und neutralisiert seine Zugkraft. Die Gestalt und ich umschweben uns eine kurze Ewigkeit lang. Er bekommt mich nicht hinein, ich komme nicht von ihm weg. Schließlich setzt sich die gleißend helle Energie durch und die Gestalt implodiert. Auf dem Boden liegen ein*

Trenchcoat und ein Hut und mein Blick fällt von dort auf das Schild der Polizeistation, die direkt gegenüber vom Friedhof liegt. Ich denke: »Das sind aber merkwürdige Gestalten, die sich hier mitten in der Nacht herumtreiben. Man müsste es der Polizei erzählen.« In diesem Moment wache ich auf.

Offen für das Unbekannte

»Öffne dich für etwas, das du nicht kontrollieren kannst …«

Das Erstaunliche für mich an diesem Traum, geträumt im Alter von 29 Jahren, ist die körperliche Erfahrung von Herzenergie. Ich weiß genau, wie sie sich anfühlt. Es ist wie ein Appetizer. Wie einmal kurz in den Zaubertrank hineingetunkt zu werden.

In der Zeit danach kann ich die Herzenergie auch im Alltag spüren: immer, wenn es in einem Gespräch um die tiefen seelischen Wahrheiten eines Gegenübers geht. Dann sage ich plötzlich Dinge, die mein Verstand nicht wissen kann, und spüre gleichzeitig, wie die in dem Traum beschriebene Energie wieder anfängt, durch mich hindurch zu laufen.

Das für mich weiterhin Erstaunliche ist, dass mir diese besondere Energie bei manchen Personen frei zur Verfügung steht und bei anderen nicht. Ich kann es nicht kontrollieren. Die Herzenergie ist entweder da oder nicht da. Ich brauche ziemlich lange, um herauszufinden, warum es sich so verhält, denn meine Intention ist stets die gleiche: diesem Menschen in diesem Moment durch liebende Präsenz eine Hilfe zu sein oder ihm in einer schwierigen Lebenssituation Heilung zu bieten.

Irgendwann stelle ich fest, dass die Herzenergie bei Menschen in mir präsent ist, die wirklich um eine Lösung ringen oder dringend darauf angewiesen sind – wenn ein Rufen der Seele spürbar ist. Bei anderen, die vielleicht mit offenen Händen, aber verschlossenen Herzen etwas konsumieren möchten, verweigert die Energie ihre Anwesenheit. Ich beschließe, dass ich das nicht genauer verstehen muss und dass es letztendlich äußerst praktisch ist.

Diese Herzöffnung, geschehen in einem Traum, kommt zu diesem Zeitpunkt in meinem Leben absolut unerwartet. Sie eröffnet mir eine bis dato völlig unbekannte Erfahrung, und ich habe großen Respekt vor dieser Kraft.

In der Zeit danach, die beruflich sehr erfolgreich und privat durch die erwähnte co-abhängige, dysfunktionale Beziehung gekennzeichnet ist, werde ich an entscheidenden Wendepunkten zu Personen geführt, die aus einem geöffneten Herzzentrum heraus mit der gleichen Form von Herzenergie arbeiten. Bei ihnen geschieht Wandlung, Heilung, Transformation ungleich schneller. Es ist, wie wenn sie den jeweils goldenen Schlüssel hielten, der in mein jeweiliges »Schloss« passt. Ich habe plötzlich einen Faden in der Hand, eine Fährte, die mich auf die Suche nach Menschen gehen lässt, die ähnliche Erfahrungen gemacht haben. Ich bin mitten in einer … *Expedition ins Herz.*

Das Herz und das Selbst

»Der Schatz, den du finden kannst, ist größer als alles,
was du dir je vorzustellen vermagst. Er führt dich in dein Glück.
Und während der Reise dorthin wirst du verstehen,
warum du hier bist …«

Der Satz aus der Flaschenpost kommt mir erneut in den Sinn und es wird immer deutlicher, dass ich etwas Unerklärlichem ehrfürchtig gegenüberstehe.

Das Herz birgt ein Geheimnis, das größer ist als alle Geheimnisse aller Kulturen der gesamten Menschheit. Die spirituellen Wege und Mysterien-Schulen hüten in ihrem innersten Kern einen Herzraum, der nur Eingeweihten zugänglich ist. Das Herz und das Selbst sind eins. Es ist das spirituelle Herz, die Mitte, der Wesenskern. Es ist das Zentrum, in dem persönliche Transformation stattfindet und sich die unteren und oberen Chakren verbinden. Gleichzeitig bildet es den Übergangspunkt in die transzendenten Bereiche hinein. Mir sind so gut wie keine Individuen bekannt, die ohne ein geöffnetes Herzzentrum langfristig in diesen Bereichen navigieren können, ohne sich selbst oder anderen zu schaden.

Das Herz lernt durch Berührung. Es schließt nichts aus. Es ist *all-inclusive.*

Wenn ich von Herz spreche, ist damit nicht das physische Herz gemeint, sondern das Herzzentrum oder auch der Herz-Lotus in der Mitte unserer Brust. In vielen Mysterienschulen wusste man um die Bedeutung dieses Zentrums und hatte hochwirksame Formen der Herzmeditation hierfür entwickelt. Sätze wie diese aus den Upanishaden zeugen davon: *»Wenn alle Knoten im Herzen durchschlagen sind, dann wird ein Sterblicher unsterblich«* (Katha Upanishade) oder *»Das selbst-leuchtende Wesen, das sich im Lotus des Herzens aufhält, umgeben von den Sinnen und Sinnesorganen, dieses Wesen ist das Licht der Intelligenz.«* (Brihadaranyaka Upanishade)

Die täglich wiederholte Meditation zur Aktivierung des Herzzentrums lässt das Wesen durchscheinen. Hinweise in den verschiedensten Schriften sind endlos und es gibt mittlerweile eine umfangreiche Forschungsliteratur zu den Ergebnissen herzzentrierter Meditationsformen. Heutige wissenschaftliche Forschungsergebnisse bestätigen die Sinnhaftigkeit dieser Vorgehensweise, da wir mit jedem Herzschlag ein feines elektrisches Signal in jede Zelle senden. Über eine auf dieses Kraftzentrum fokussierte Meditation unter Einbeziehung zeitloser Herzqualitäten haben die Weisen

Einfluss genommen auf die Information des Signals und sich gewissermaßen ein neues Betriebssystem auf ihre eigene zelluläre Festplatte überspielt.

Die Weisen sagen, der längste und schwierigste Weg, den sie ihr ganzes Leben lang gehen werden, sei, sage und schreibe, dreißig Zentimeter lang – es ist der Weg aus ihrem Kopf in ihr Herz hinein. Warum? Der Verstand (*mind*) ist exklusiv, territorial, gliedernd, analysierend, sezierend, kurz: er ist ein ausgezeichnetes Instrument, um die Polarität des Seins zu erkunden. Wenn es jedoch darum geht, über die Polarität hinauszugehen, in Verbindung zu gehen mit der Einen Kraft, die uns alle umgibt, steht er leider allzu häufig im Weg. Wie können wir ihn transzendieren?

Ich schlendere die Hafenmauer meiner Heimatstadt entlang und sehe einen der letzten stolzen Windjammer auf dem Wasser liegen, bereit, wieder eine neue Generation von Seeleuten um die Welt zu tragen. Was werden sie erleben? Werden sich ihre Träume erfüllen? Werden sie Kap Hoorn umrunden und dem Teufel ein Ohr absegeln? In der endlosen Weite des Meeres scheint es einfacher zu sein, den Verstand zu transzendieren.

Wenn wir davon sprechen, Gedankenstille einkehren zu lassen, meint es sicherlich nicht, ein besinnungsloses Gemüse zu werden. Der Verstand ist so funktionsfähig wie vorher, nur haben wir jetzt durch die temporäre Gedankenruhe des Gehirns umgestellt auf eine andere Frequenz, vergleichbar einem Radio, und hören plötzlich ein weiteres Programm mit zusätzlichen Informationen und Daten. Wenn der Kopf in der Meditation »ins Herz fällt«, gehen wir über die beiden ersten der vier inzwischen messbaren Hirnfrequenzen von Alpha und Beta hinaus und bewegen uns in Delta- und Theta-Frequenzen hinein. In der Sufi-Tradition bezeichnet man den Verstand als »Schlächter der Wirklichkeit« und nennt den Augenblick des Erwachens »Tauba«, das »Wenden des Herzens«.

Ich realisiere, dass ich auf einer sehr langen Dreißig-Zentimeter-Reise sein werde. Ich realisiere ebenfalls, dass Ausdauer und ein langer Atem notwendig sein werden, doch der Traum ist da und er ist klar: Es geht um das Herz. Der Schlüssel liegt im Herzen. Es geht darum, es ganz zu erleben. Allein, zu zweit, mit einer Gruppe.

Das Wenden des Herzens

»Du hast die freie Wahl: zu gehen oder zu bleiben.
Beides hat Konsequenzen.«

Mein Herz wurde an einem strahlenden Frühlingstag im März 1997 in der Wüste von Arizona gewendet. Ich begegne meinem Lehrer, dem Mystiker Brugh Joy. Er verkörpert eine Form spiritueller Kraft, die nicht korrumpierbar ist und gehört zu den avanciertesten Meisterlehrern, die mir bekannt sind. Mein Herz entflammt in Liebe für das, was er ist, und das, was er für die Menschen tut.

Es ist eine Begegnung von Lehrer und Schüler. Gleichzeitig hat unsere Zusammenkunft die Qualität eines Wiedersehens alter Freunde. Später wird daraus eine Beziehung von Lehrer zu Lehrer, und unsere Freundschaft vertieft sich. Nach der umfassenden Transformation und Inspiration, die sich dadurch ereignet, gibt es in meinem Leben keinen äußeren Lehrer mehr. Das Leben selbst wird zu meinem größten Lehrer.

Die Reise erfordert einigen Mut.
Drei Wochen zuvor erlebe ich zum ersten Mal Todesangst. Sie kommt wie aus heiterem Himmel. Es gibt keine sichtbare Ursache dafür, keine Krankheit, keinen familiären Hintergrund. Und

trotzdem kriecht mir eine unerklärliche Todesangst bis in die kleinsten Knochen. Mein Verstand weiß nicht, was er davon halten soll. Die Angst ist so präsent, dass ich auf die vierunddreißig Jahre meines Lebens zurückschaue und beginne, Ordnung in meine Angelegenheiten zu bringen. Ich verfasse einen Letzten Willen und halte Rückschau auf mein Leben. Was war das eigentlich, dieses bisherige Leben? Gesetzt den Fall, die Angst täuscht nicht und mir stößt tatsächlich etwas zu: Was war dann eigentlich wirklich wichtig?

Ich lasse mein Leben Revue passieren. Die Beziehung zu meinem Vater, bei dem ich mich so willkommen gefühlt habe, zu meiner Mutter, deren feine Liebe ich so sehr schätze, zu meinem Bruder, dessen spontaner Humor mich so häufig lachen ließ, Freundschaften, die ich schließen durfte, Lieben, die ich erfahren habe – was ist eigentlich wirklich wichtig? Was habe ich gelernt? Sozial, emotional, mental, spirituell – habe ich überhaupt etwas gelernt? Am Ende dieser kaleidoskopartigen Rückschau bleibt nur noch eine einzige Frage übrig. Sie lautet: Habe ich wirklich genug geliebt?

Die Antwort, die ich mir zu jenem Zeitpunkt auf diese eine zentrale Frage geben muss, lautet: *Nein.* Ich kann die Frage nicht bejahen, ich befinde mich ja gerade am Ende einer Beziehung, die ganz offensichtlich nicht funktioniert hat.

Nein. Und diese Antwort empfindet meine Seele als tragisch. Am Ende des Lebens auf diese eine Frage kein umfassendes, erfülltes »Ja« als Antwort geben zu können, wäre eine Tragödie für meine Seele. Wie wenn der Zweck der Inkarnation verfehlt wäre.

Einen Tag danach kommt es dann im Zuge einer Herzeinweihung völlig unerwartet zu einer spontanen Nahtoderfahrung. Das für mich Erstaunliche daran ist, dass ich mich plötzlich in einem Bewusstseinsraum befinde, den ich nur umschreiben kann: als einen Raum absoluter innerer Klarheit. Das, was mein Leben bis zu diesem Zeitpunkt ausgemacht hat, liegt vollkommen präzise und überschaubar vor mir, die Zukunft mit ihren Optionen ebenfalls. Kristallklar. Es ist ein Zustand jenseits jeglicher Illusion, verbunden mit einem kompletten Einverstandensein und dem Aufhören jeglicher Fragen. Die Psyche steht still. Das alte Ich stirbt in dieser alles umwälzenden Todeserfahrung. Die Verbindung zur eigenen Kraftquelle im Herzen, zum Inneren Lehrer, wird hergestellt. Das Erstaunliche – ich benutze dieses Wort immer wieder, weil das Leben für mich ein einziges Staunen ist –, also das *Erstaunliche* daran ist: Ein Teil der Psyche sucht nicht mehr. Er ist angekommen. Im Herzen. Was bleibt, ist tiefe Dankbarkeit und die Bereitschaft, die Realität in jedem Moment neu zu erfahren.

Sacred Commitment – Die innere Verpflichtung

»Vergiss niemals deinen Traum. Er ist das Wichtigste, was du hast …«

Warum fällt es vielen Menschen so schwer, ihren Träumen zu folgen? Hat sich unsere Gesellschaft in ihrer rationalen Funktionalität verloren? Wenn wir einen Blick in frühere Kulturen werfen, stellen wir fest, dass die Kunst der Traumschau dort einen hohen Stellenwert hatte. Sie gaben damit einer inneren Realität den gleichen Wert wie einer äußeren materiell erfassbaren Realität. Die wesentlichen Dinge des Lebens sind immateriell: Liebe, Freude, Lachen, Mitgefühl, Wahrheit – nichts, was man anfassen könnte, und doch auf tieferer Ebene erfassbar.

Es ist gar nicht mal so schwer, Teilnehmer eines Kurses bei entsprechender Offenheit in ein unvergessliches Erlebnis ihrer eigenen Seele zu führen, welches sie rückverbindet mit ihrem

Lebenstraum. Die Schwierigkeit ergibt sich hinterher: wenn sie aus dem geschützten Seminarraum in ihren persönlichen Alltag zurückkehren. Kann die Energie, die in diesem Moment einem kleinen Setzling gleicht, aufrechterhalten werden? Wird die fragile Pflanze diese kritische Zeit überstehen? Es ist, wie wenn während des Überganges zwei Bewusstseinskräfte an dem Individuum zerren. Eine, die das Neue verkörpert und vollkommen vertraut, und eine andere, die in alten Strukturen und Gewohnheiten feststeckt und immer wieder in den Zweifel fällt. Das Bedürfnis nach Wachstum und das Bedürfnis nach Sicherheit führen einen häufig erbarmungslosen Kampf. Welche dieser Kräfte wird gewinnen?

In Zeiten solcher nicht einfacher seelischer Übergänge gilt eine goldene Regel: *Never turn around*! Schau niemals zurück! Der Blick nach hinten paralysiert. Es ist wie in dem Gleichnis von Sodom und Gomorrha. Lot und seine Frau verlassen die Stadt und es gibt nur eine Regel: Nicht umdrehen! Und was passiert? Lots Frau wendet den Blick zurück und sie erstarrt zur Salzsäule. Oder denken wir an den Mythos von Orpheus und Eurydike. Orpheus' geliebte Eurydike wird von Hades, dem Gott der Unterwelt, gekidnappt, doch Orpheus' Liebe und die Kraft seiner Lieder sind so groß, dass sie selbst Hades, den Unberührbaren, erreichen. Er gibt Eurydike frei, allerdings unter einer Bedingung: Auf dem Weg nach oben darf sich Orpheus nicht umdrehen. Als er hinter sich ein schlurfendes Geräusch hört, kommen ihm Zweifel. Handelt es sich wirklich um seine geliebte Eurydike, oder wurde er hereingelegt? Er dreht sich um und der Handel ist geplatzt. Jetzt muss Eurydike ein halbes Jahr in der Unterwelt bleiben und darf nur für die anderen sechs Monate nach oben.

Dieser Mythos spiegelt die seelische Wirklichkeit vieler Lebensläufe wider. Während der *rites de passages* ist es essentiell, diese

Regel zu beachten. Wenn wir in ein neues Leben aufbrechen, gilt es, immer den Blick auf die Vision gerichtet zu halten und den Traum niemals zu vergessen. Nicht eine Sekunde lang.

Es ist wie eine innere Verpflichtung, den neu gewonnenen Bewusstseinsraum, die neu erfahrene Liebe, die wieder erinnerte Seelenabsicht um jeden Preis aufrechtzuerhalten. Sie nicht wie ein im Zeitalter der Popspiritualität konsumierbares Event zu betrachten, sondern darauf zu vertrauen, dass sich ihre Wirkung in Raum und Zeit entfaltet. Für dieses innere Commitment kann man sich nur selbst entscheiden. Niemand kann es einem abnehmen. Kein Lehrer, kein Guru, kein Gott. Es ist der freie Wille, der sich aus Liebe einer größeren Kraft hingibt und vollkommen auf die Richtigkeit dieser Entscheidung vertraut. Es geht darum, bereit zu sein, in jedem Moment der Wahrheit des Herzens treu zu bleiben, bereit zu sein, in jedem Moment die Liebe zu bekunden, bereit zu sein, in jedem Moment der Freiheit zu dienen, schlussendlich: bereit zu sein, in jedem Moment das Eine in Allem zu sehen.

Rites de Passage

»Viele Brücken wirst du bauen, sehr viele. Einige werden einstürzen. Das muss so sein. Doch Du wirst nicht über Deine Kraft geprüft werden…«

Ich frage mich, ob mich die innere Verpflichtung, die ich in mir spüre und die ich in der Meditation täglich voller Freude und freiwillig erneuere, durch die Untiefen des Lebens tragen wird. Insbesondere jetzt, da ich mich in einer Zeit des Übergangs befinde und meine äußeren Lebensumstände sich vollkommen ändern.

Während der Übergänge von einer Bewusstseinsstufe auf die nächste haben Menschen häufig Träume, in denen ihnen zwei mythologische Figuren auf einer Brücke begegnen: der Tod oder eine verschleierte Frau. Ersterer, das Ende der alten Struktur symbolisierend, zweitere, die neue, noch nicht sichtbare Zukunft verkörpernd. Manchmal erlaubt uns die verschleierte Frau, einen Blick in die Zukunft zu werfen. Beide sind mir begegnet und auch der Blick in eine mögliche Zukunft wurde gewährt.

In seinem wunderbaren Buch *Eisenhans* kritisiert der walisische Barde Robert Bly, dass wir in unseren westlichen Gesellschaftsformen keine wirklichen Übergangsriten mehr kennen, insbesondere keine, die den Übergang vom Jungen zum Mann markieren, was dazu führt, dass sich die überwiegende Mehrheit der Männer psychologisch gesehen im Bewusstseinsraum eines Sohnes aufhält, egal wie alt sie sind. Bly führt anhand des Grimmschen Märchens »Der Eisenhans« kongenial aus, wie sich der Jüngling über das In-Kontakt-Gehen mit dem »Wilden Mann« neue psychische Ressourcen erschließt. Dies ist für ihn eine Reise voller Überraschungen, Prüfungen, einiger Fehler, Einweihungen und das Aufbrechen in eine unbekannte Zukunft. Das »weibliche Pendant« dazu stellt *Die Wolfsfrau* dar, das Werk der baskischen Schamanin Clarissa Pinkola Estés, die anhand von Mythen und Legenden deutlich macht, wie Frauen ihre in der Zivilisation zum Teil verloren gegangene Instinktnatur zurückgewinnen können.

Wenn wir die Ausführungen dieser beiden Autoren um die Erkenntnisse des großen amerikanischen Mythenforschers Joseph Campbell ergänzen, haben wir ein solides Triumvirat zusammen, das einen tiefen Einblick in die Mythen der Menschheit gewährt. Insbesondere Campbell hat erkannt, dass sich in den Schöpfungsgeschichten, Legenden, Gottesvorstellungen der unterschiedlichen Völker und Kulturen gemeinsame Entwicklungslinien finden lassen, die er als Monomythos bezeichnet. Dieser von

Campbell in seinem Buch *Der Heros in tausend Gestalten* skizzierte Monomythos beinhaltet verschiedene Stufen der spirituellen Entwicklung. Die Bewusstseinsräume, die der Held oder die Heldin durchschreitet, weisen in unterschiedlichen Kulturen große Ähnlichkeiten auf.

Die Reise beginnt mit einem Ruf, der aus den tiefsten Tiefen der Seele aufsteigt, vergleichbar der Stimme des Herzens. Dann folgt der Aufbruch in ein neues Leben, das Loslassen des Alten, mitunter das konkrete Verlassen der gewohnten Umgebung, in anderen Fällen das Abstreifen alter Gewohnheiten, verbunden mit einer wichtigen Aufgabe, die es zu erfüllen gilt. Daran schließt sich in der Regel eine Phase an, in der die Helden Unterstützung bekommen, unerwartete Hilfe, einen Zuwachs an Kräften, nur um gleich darauf den großen Drachen, Hexen, Monstern des Unbewussten ausgesetzt zu sein. Sie werden herausgefordert, geprüft. Ihr wahrer Charakter wird sich zeigen.

Jetzt trägt sie nur noch ihr Commitment, ihre innere Verpflichtung. Schließlich kommt es zu einem Moment der Einweihung, einem direkten Kontakt mit den überpersönlichen Kräften, vergleichbar einer Offenbarung, einem Erlebnis des mystischen Einsseins. In vielen Reisen folgt eine spannende Phase, die »Verweigerung der Rückkehr«. Die Individuen sind so erfüllt von diesem Erlebnis, dass sie nicht wieder in die Welt zurück wollen. In den meisten Kulturen kommen die spirituellen Helden damit nicht durch. Ein höherer Sinn liegt ihrer Reise zugrunde. Es geht darum, die gewonnene Erkenntnis, das goldene Vlies, das unsterblich machende Kraut, was auch immer es sein mag, in die Gemeinschaft zurückzubringen, damit auch andere die Möglichkeit haben, zu wachsen und ähnliche Erfahrungen zu durchleben. Es geht darum, zu teilen und mitzuteilen.

Wenn wir neue Bewusstseinsräume erforschen wollen, erscheint es mir unerlässlich, über eine solide Grundkenntnis bereits erforschter Räume zu verfügen, um einordnen zu können, wo wir uns überhaupt befinden. Insbesondere für die Kunst der Traumschau bietet die Mythologie einen wahren Schatz an Einsichten.

Wenn ein Europäer heute träumt, er wird zerstückelt, dann wird er aufwachen, sich wie gerädert fühlen und es als Alptraum abhaken. Träumt ein Schamane diesen Traum, wird er glücklich sein und sich freuen, denn für ihn ist die Zerstückelung ein Marker auf seinem schamanischen Einweihungsweg. Ein Wegweiser. Er weiß genau, dass nach der Zerstückelung die Wiederzusammensetzung erfolgt. Bleibt dabei auch noch ein kleiner Knochen übrig – der Schamanenknochen –, ist die Passage geglückt. Jetzt ist er ein wirklicher Schamane.

Die Mythen vieler Kulturen leben in den Herzen und Träumen der Menschen weiter. Sie liefern wertvolle Hinweise für die Decodierung seelischer Wirklichkeiten. Mythologie hilft uns, Prozesse und Phänomene zu entschlüsseln, denen wir sonst nur mit einem großen Fragezeichen gegenübersitzen.

Herzens-Anker: Das Umarmen des Unbekannten

Das Loslassen herkömmlichen Denkens, Fühlens und Handelns eröffnet neue Bewusstseinsräume. Die Kunst ist, ohne jegliche Vorbereitung für etwas bereit zu sein, dass nicht einzuordnen ist, geschweige denn zu kontrollieren. Aufgerufen ist die Bereitschaft, offenen Herzens darauf zuzugehen.

Sind Sie schon einmal mit Energieformen in Ihnen oder außerhalb von Ihnen in Kontakt gekommen, die Ihnen gänzlich unbekannt waren? Was ist geschehen?

Gab es Momente in ihrem Leben, in denen Sie ihr Herzzentrum in der Mitte ihrer Brust gespürt haben? Wie hat es sich angefühlt? Gab es bestimmte Auslöser für dieses Herzerleben?

Wurde Ihr Herz schon einmal gewendet? Wodurch? Von wem? Was waren die konkreten Auswirkungen auf Ihr Leben?

Gibt es eine innere Verpflichtung in Ihrem Leben, die Sie täglich erneuern?

Wenn ja, welche?

3
Die Schatzkarte – Viele Wege, ein Ziel

Logbuch:
»Hawaii« – ein Traum

In einer großen Halle gebe ich eine Conference für etwa 300 Menschen. Ich teile die Gruppe in Männer und Frauen auf und sage einige Übungen an. Alle machen begeistert mit. Doch plötzlich stelle ich fest, dass überhaupt keine spirituelle Energie im Raum ist. Siedendheiß fällt mir ein, dass ich ja vergessen habe, die allererste Übung anzusagen, eine Art Begrüßungsritual. Mein Verstand fängt an zu rotieren. Ogottogott, was soll ich jetzt nur tun? Für eine Begrüßung ist jetzt es zu spät und die Energie fließt einfach nicht. Meine Gedanken rotieren immer schneller. Plötzlich steht mein Lehrer, dieser weißhaarige Mystiker, hinter mir und legt beruhigend eine Hand auf meine Schulter: »Relax, Thomas. Sag einfach eine Pause an. Danach machst du drei andere Übungen und dann wird die Energie genau so sein, wie wenn Du die allererste Übung gemacht hättest.« Ich drehe mich zu ihm um und blicke in seine Augen. »Wirklich?« Er lächelt verständnisvoll. »Ja, wirklich.« Also gut, ich sage eine Pause an und natürlich läuft es genau so, wie er es prophezeit hat. Jetzt erfüllt eine vibrierende spirituelle Energie den Raum. Dann nimmt er mich zur Seite und sagt: »So, und jetzt möchte ich dir etwas zeigen.« Er führt mich in einen öffentlich nicht zugänglichen Teil der Halle, in dem er ein Heilritual für eine Frau durchführt. Sie sitzt auf einem Meditationskissen. Er setzt sich vor sie hin, ein weiterer männlicher Helfer sitzt hinter ihr. Sie streckt eine Hand nach vorn und die andere nach hinten aus. Beide Heiler nehmen jeweils eine Hand und legen ihre Fingerspitzen auf die der Frau, so dass sie sie wie in ein elektrisches Spannungsfeld nehmen. Aufgrund der kraftvollen Energie, die durch sie hindurchströmt, wird sie dann auch sehr schnell ohnmächtig, was für beide Heiler ein natürlicher Vorgang zu sein scheint, denn sie fahren unbeeindruckt mit ihrer Heilung fort. Dann dreht sich mein Lehrer zu mir um und sagt: »Thomas, kannst Du in meiner Aura, während ich diese Heilung durchführe, einen meiner Lehrer sehen?« Ich antworte ihm sofort: »Beim besten Willen, ich kann keine Aura sehen.« »Doch, Thomas, das kannst du!« «Nein, das kann ich nicht!« »Doch, du kannst es!« »Nein, ich kann es wirklich nicht!« Jetzt wird er ungehalten und fährt mich mit erhobener Stimme an: »Warum probierst du es nicht wenigstens einmal …« Okay, also gut, ich ziehe es vor, mich dem Zorn des Lehrers zu entziehen und es zu versuchen. Ich stelle die Augen zwei-, dreimal scharf und wieder unscharf, indem ich mein Gesichtsfeld verschwimmen lasse – und tatsächlich kann ich plötzlich etwas sehen. Ich sehe das Gesicht eines Mannes aufblitzen, der eine dunklere Hautfarbe hat, lange dunkle Haare trägt und einen hawaiianischen Eindruck macht. Der Mann lacht mir zu und winkt mit seiner Hand.

Begegnung mit dem Kahuna

»Bist du bereit, dich führen zu lassen auf eine Weise, die dein Verstand nicht verstehen kann?«

Das Gefühl nach dem Aufwachen war ganz klar: Es geht darum, diesen Mann zu treffen. Aber ich kann doch nicht einfach nach Hawaii fliegen? Doch, natürlich kann ich das, warum eigentlich nicht! Drei Wochen später bin ich auf Hawaii, genauer gesagt auf Kauai, der ältesten der hawaiianischen Inseln, von Touristikern »Garden Island« genannt, von den Hawaiianern »Dream Island« oder auch »Kauai der starken Gebete«. Es ist die einzige Insel, die dank der machtvollen Kahunas nicht von König Kamehameha I eingenommen werden konnte. Tatsächlich treffe ich dort den Mann aus dem Traum. Er ist ein Kahuna, ein hawaiianischer Medizinmann aus einer sehr alten Familientradition. Allen Alapai wurde von seiner Großmutter aus 12 Geschwistern schon im Alter von 6 Jahren ausgewählt, um eine ganz spezielle Form der hawaiianischen Königs- und Häuptlingsmassage Lomi-Lomi durchzuführen. Die Großmutter war so etwas wie die Dorfheilige, und auf Hawaii ist es Brauch, schon sehr früh ganz genau zu schauen, welches besondere Geschenk ein Kind in sich trägt und wie es an diese Kraft herangeführt werden kann. Das Besondere an seiner »Massage« ist, dass es gar keine »Massage« ist. Es geht weit darüber hinaus. Er nimmt sich nicht nur nicht eine Stunde Zeit, nicht zwei, nicht drei, er arbeitet in der Regel vier und manchmal auch bis zu sechs Stunden mit einem Menschen! Es ist wie eine Einweihung in das alte Hawaii. Er spricht hawaiianische Gebete, singt Lieder, verwickelt die Leute in einen Dialog, erzählt Geschichten und bringt sie so in Kontakt mit einem vergessenen Wesensanteil, den er »Babyboy« oder »Babygirl« nennt. Er stellt eine der direktesten Erfahrungen zur Verfügung, mit dem wirklichen *aloha* von Hawaii in Berührung zu kommen. Seine Form der Massage nennt er »Lomi Lomi Ho'oponopono«.

Ho'oponopono heißt wörtlich übersetzt so viel wie »making right«, »in Ordnung bringen«. Es ist ein uraltes hawaiianisches Vergebungsritual, das auch in Familien oder zwischen Paaren seine Anwendung findet. Wenn es Zwist in der Familie gibt, kommen alle zusammen, Junge, Alte, Onkel, Tanten, das sind nicht wenige, und die Personen, etwa ein Kind, das sich von einem Bruder oder einer Schwester ungerecht behandelt fühlt, oder die Ehefrau von ihrem Ehemann, tragen ihr Anliegen vor. In einem fein strukturierten Prozess werden alle Seiten gehört, es wird in einer sehr ehrlichen und offenen, aber niemals beleidigenden Weise gesprochen, und endet in der Regel mit einer Vergebung vor allen und von allen, damit wieder Harmonie herrschen kann. Ab jetzt wird die Ukulele herausgeholt und das Leben kann in Eintracht mit der Erde, den Vorfahren und allen Anwesenden gefeiert werden. Die Hawaiianer wissen, dass alle Dinge und Wesen miteinander verbunden sind und dass es sinnvoll ist, in diesem Netz des Lebens harmonische Beziehungen zu unterhalten. Wenn jemand das Netz aus der Harmonie bringt, ist es nicht gut für alle Beteiligten, und dann geht es darum, so schnell wie möglich Ho'oponopono durchzuführen. *»Nur das, was du wahrhaft vergibst, wird dein Leben von innen bereichern.«*

Ich liege schon ein paar Stunden bei ihm auf der Liege, drehe mich dann um, schaue mir sein Gesicht und seine stoppelkurzen Haare an und sage: »Allen, ich habe dich vor drei Wochen in Deutschland in meinem Traum gesehen, du hast gelacht und mir zugewunken, aber du hattest lange schwarze Haare.« Er stutzt, ist zutiefst berührt und hört auf zu massieren. Er schaut mir tief in die Augen und sagt: »Vor drei Wochen hatte ich noch lange Haare. Ich habe sie mir erst vor zwei Wochen abgenommen.« Wir fallen uns in die Arme wie zwei wieder gefundene Brüder.

Kinder des Regenbogens

»Suche nach dem Kind in dir, das nicht kindisch ist, sondern weise.«

Vielleicht trifft es das am besten: Allen bringt mich erneut in Kontakt mit einer Form kindlich-weiser Unschuld. Die Hawaiianer in ihrer positivsten Form tragen eine kindlich-weise Energie, die durch ihre innere Verbindung mit den Mysterien unglaublich kraftvoll ist. Sie nennen sich die »Kinder des Regenbogens«. Es ist die Unschuld ihres inneren Kindes, welche die direkte Verbindung zur Quelle herstellt. Es erfordert sehr viel Mut, diese Verwundbarkeit zuzulassen. Sie sind ihren Herzen nah geblieben und haben den Spirit von *aloha* für die Welt konserviert. Im Gegensatz zu beispielsweise eher strengen zen-buddhistischen Richtungen, die eine Spiritualität favorisieren, die auf Wunschlosigkeit und damit

Loslösung von der Welt und dem Leiden abzielt, empfinden es die Hawaiianer als das Natürlichste von der Welt, die Akuas oder Aumakuas, die Götter und lokalen Hilfsgeister, zum Teil durch die Ahnen verkörpert, um Hilfe zu bitten. Sie finden es natürlich, sich etwas zu wünschen, und wissen, dass Wünsche, die aus reinem Herzen kommen, in Erfüllung gehen.

Das ganze Kahunasystem ist so komplex, dass es hier nicht vorgestellt werden kann. Es geht nicht um eine romantisierte Sicht von Hawaii und schon gar nicht darum, etwa den Zen-Buddhismus zu kritisieren, der zu einer ungewöhnlichen Bewusstseinstiefe befähigen kann, sondern um die Essenz dessen, was Hawaii eigentlich ausmacht. Wer wirklich in Kontakt mit dem Spirit von aloha kommt, sieht das Leben wieder als ein Abenteuer voller Freude und Überraschungen, als Spiel in einem göttlichen Garten, sieht es mit den Augen eines Neugeborenen, das staunt und sich wundert über all die vielen Dinge, die es zu entdecken gibt. »*Wenn du mit den reinen Augen der Liebe auf die Welt blickst, wird sie sich dir offenbaren …*«

Doch ein paar Worte der Vorsicht sind angebracht: aloha ist ansteckend. Man ertappt sich dabei, dass man anfängt, grundlos zu lächeln, dass man sich keine Sorgen mehr macht, dass man Fünfe gerade sein lässt. Man fühlt sich plötzlich mit anderen verbun¬-den und weiß gar nicht, wieso. Gleich¬zeitig haben die Inseln, insbesondere aus der Sicht von Europäern, etwas sehr Weiches und Feminines. Sie lösen Strukturen auf und machen locker. Es gibt einen anderen Zeitrhythmus, »Hawaiian Time«, vor zwölf und nach zwölf, Verabredungen werden nicht wirklich auf den Punkt genau eingehalten. Die Schleier zwischen der physischen und der nicht-physischen Wirklichkeit sind auf den hawaiianischen Inseln an vielen Stellen so dünn, dass sehr schnell der Eindruck entsteht, man befände sich in einer Art Island Trance, die einem ein anderes Zeitgefühl vermittelt.

Die Begegnung mit einem Kahuna ist ein Erlebnis an sich. Ich lade Allen ein, bei der Conference »Dreamtime in Paradise« auf Big Island Hawaii für Europäer seine Massagen zu machen. Obwohl er seine geliebte Insel Kauai sehr selten verlässt, sagt er spontan zu und kommt, typisch hawaiianisch, einen Tag später als verabredet im Seminarzentrum an. Ich lasse ihn für einen kurzen Moment mit der Gruppe allein, um eine CD zu holen. Als ich ein paar Minuten später wieder¬komme, sind alle in Tränen. „Allen, was hast du gemacht?" Er schaut mich unschuldig an und sagt: »Ich habe ihnen nur ein bisschen *aloha* gezeigt.« Seine Präsenz ist von einer tiefen, berührenden Herzlichkeit.

Ich hatte nach meiner ersten Begegnung mit ihm auf Kauai beschlossen, mindestens einmal im Jahr nach Hawaii zu fliegen. Ich konnte nicht ahnen, dass es sieben Jahre dauern würde, bevor ich wieder hawaiianischen Boden betrete und Allen wieder sehe. Jetzt, da ich hier in Captain Cook täglich mit den Delphinen schwimme und den endlosen Blick auf den Ozean in mich aufnehme, kommt mir das geradezu absurd vor. Captain Cook liegt auf Big Island Hawaii, der größten der Hawaiianischen Inseln mit vulkanischer Aktivität. Und Madame Pele, die lokale Feuergöttin, ist ein sehr tempera¬mentvolles Wesen! Man zollt ihr besser großen Respekt, und darf auf keinen Fall Vulkangestein mitnehmen. Zahllose Geschichten erzählen von kleineren und größeren Unglücken, die diese Souvenirs nach sich gezogen haben. Im Volcano National Park gibt es eine ganze Hütte voll mit zurückgesandten Steinen, mit Postkarten, die erklären, was alles passiert ist, und auch mit einigen Turnschuhen, an denen noch vulkani¬scher Staub klebt. Für viele Haiwaiia¬n¬er ist Madame Pele oder Tutu Pele, wie sie hier genannt wird, mehr als ein Mythos. Sie ist eine Realität, und Menschen, die kurz vor oder während eines Vulkanausbruchs eine Begegnung mit ihr hatten, schwören Stein und Bein, dass sie sie leibhaftig gesehen haben.

Big Island hat eine Geburts-Energie. Die Insel bringt Altes, Unerledigtes an die Oberfläche und schafft Raum für die Geburt neuer Projekte, Visionen, Lebensträume. Es ist der ideale Ort, wenn es um tief greifende Wandlungen in der Biographie geht. Die Reise selbst wird zur Initiation. *»Deine Reise wird dich zur Insel des Feuers führen, dort wirst du wiedergeboren werden und deinen zweiten Körper finden ...«*

Auntie Lei Mana

»Die Wahrheit kann über viele Menschen zu dir kommen. Meistens, wenn du sie nicht erwartest ...«

Kurz nach meiner ersten Begegnung mit Allen befinde ich mich in einem Café auf Kauai, als sich plötzlich eine knapp 80-jährige Frau neben mich setzt. Auf Hawaii ist es etwas ganz Besonderes, 80 Jahre alt zu werden, denn dann gehört man definitiv zu den Elders, den hochgeschätzten Älteren, und das eigene Wort genießt in der Gemeinschaft noch einmal größeren Respekt. Ich war Zeuge einer sehr berührenden Zeremonie, bei der Allen ihr einen hawaiischen Namen gab: Auntie Lei Mana, die, die das Mana, die spirituelle Kraft, wie einen Lei (den hawaiianischen Blumenkranz) trägt und es allen zur freien Verfügung stellt. Sie setzt sich einfach neben mich und fängt an zu erzählen. Irgendetwas, das in der Regel für die Person, der sie es erzählt, einen tieferen Sinn enthält. Auntie Lei Mana bestellt sich also hier an meinen Tisch einen Kaffee und beginnt ihre inspirative Tätigkeit. Wie sie mitten in der Nacht aufgewacht sei und ihr plötzlich diese Zeile nicht mehr aus dem Kopf gegangen ist. »Happiness is not another woman.« Na, super, das ist genau das, was ich jetzt brauchen kann, nachdem ich schon seit einem Jahr meinen Weg allein gehe, ganz ohne jede Partnerschaft. »Happiness is not another woman.«

Sie lässt nicht locker und schaut mich schelmisch an. Ich bin nicht wirklich in der Stimmung, dies widerspruchslos hinzunehmen, doch im Grunde genommen weiß ich, dass sie auf der richtigen Fährte ist. Die Sehnsucht nach einer erfüllten Partnerschaft, die Sehnsucht, bedingungslose Liebe mit einem anderen Menschen zu teilen, ist zu diesem Zeitpunkt in meinem Leben sehr groß. Es ist ein Herzenswunsch. Doch tatsächlich darf das innere Glücksempfinden, der ureigene für mich begehbare Zugang in eine Glücksfrequenz hinein, davon nicht abhängig sein. Ich bin dankbar für Aunties Hinweis. Das Universum hat sich wirklich eine ideale Überbringerin für diese Botschaft ausgesucht. Es ist absolut unmöglich, von ihrem Wesen nicht berührt zu sein.

Aus meiner Sicht gibt es in dieser Frage kein Richtig oder Falsch. Jeder muss für sich selbst entscheiden, ob er seine Lebensreise ganz für sich oder mit einem Partner oder vielleicht in einer Gemeinschaft unternehmen will. Auch sehe ich den spirituellen Weg eines jeden Menschen als einzigartig und unverwechselbar an. Es ist wie im Gralsmythos. Die Gralsritter werden ausgesandt, den Gral zu finden. Der Clou an der Sache: Jeder muss den Wald an einer anderen Stelle betreten, dort, wo *weder Weg noch Steg* ist, dort, wo noch kein Individuum vor ihm gegangen ist. Das heißt, wenn es darum geht, den Gral, den Schatz in unserem Inneren, zu finden und freizusetzen, kann für die eine Person der eine Weg richtig sein und für die nächste ein völlig anderer.

Durch die Demokratisierung des spirituellen Wissens, das nicht länger nur inneren Zirkeln oder Eliten vorbehalten ist, stehen wir dem Phänomen gegenüber, dass wir vor lauter Wegen häufig nicht mehr wissen, welcher für uns selbst zu diesem Zeitpunkt der richtige, der passende, der wesentliche ist. Es wird fast schon beliebig und führt unter spirituell Suchenden teilweise zu einer Art Konsummentalität. Begegnungen mit Lehrern werden wie Trophäen gesammelt und man dünkt sich weise, weil man einen kennt, der jemanden kennt, der weise ist.

Wenn ein Lehrer wirklich gut ist, wird er einen Schüler an eine Situation heranführen, gleichsam wie an ein Einweihungstor, und die Aufgabe wäre, seiner tiefsten Angst ins Gesicht zu schauen. Kurz bevor es zu diesem Moment kommt, passiert dann häufig folgendes: Der Schüler sieht einen anderen Lehrer, sagen wir, einen Druiden, eingeweiht in die Naturmagie. Er kann mit Bäumen sprechen, steht in Kontakt mit den Pflanzendevas, vielleicht kann er auch noch Wetter machen – alles höchst interessante Phänomene und viel angenehmer als der eigenen Angst ins Gesicht zu schauen. Schon ist der Schüler bei dem Druiden. Wenn es jetzt ein guter Druide ist, wird auch er den Schüler zu irgendeinem Zeitpunkt an dieses Tor geleiten, an dem er seiner tiefsten Angst ins Gesicht schauen und den Übergang von seinem Ego in die transzendenten Bereiche des Herzens hinein wagen könnte. Doch kurz bevor es dazu kommt, sieht der Schüler einen Kahuna. Der Kahuna beherrscht die Kunst des Cloud-Readings, er liest die Zukunft aus den Wolken, er verfügt über ungewöhnliche Heilkräfte. Wenn er die Hände auflegt, wachsen Knochen wieder zusammen. Wow! Also springt der Schüler aus der Situation heraus und geht zu dem Kahuna. Wenn es jetzt ein guter Kahuna ist, wird auch er den Schüler sanft und mit viel *aloha* an dieses Tor geleiten. Da sieht der Schüler plötzlich eine Sufi-Lehrerin, die heilige Tänze lehrt, und denkt sich: Warum immer nur mit einem Mann? Warum nicht mit einer Lehrerin? Doch auch sie, wenn sie gut ist, wird ihn an dieses Tor tanzen. *»Lehre die, die wirklich wollen, und gehe an den anderen vorüber …«*

Wie können wir bei diesen vielen Wegen, die doch alle das gleiche Ziel haben, nämlich den Menschen rückzuverbinden mit seinem Herzen, seiner Seele, seiner Essenz, wie können wir das für uns jeweils individuell Richtige herausfinden? Aus meiner Sicht gibt es in jedem Menschen eine Instanz, die die Antwort darauf kennt. Es ist das Herz. Das Herz wird uns genau dorthin führen, wo wir Liebe, Wahrheit und Freiheit spüren. Vielleicht ist es für den einen Menschen das Höchste und Beste, über schamanisches Trommeln in andere Bewusstseinszustände zu gelangen. Und vielleicht ist es für eine andere Person die letzte Idee, so etwas auch nur zu denken, weil sie über die Stille in weitaus umfassendere Zustände findet. Der Weg, den ich vorstelle, ist einer von vielen. Er ist nicht der einzige. Aus meiner Sicht ist es ein hoch kreativer und sehr wirkungsvoller Weg. Er ist an keine Religion gebunden und stammt aus der Tradition der Mysterienschulen. Es geht um die spirituelle Erfahrung des Herzens und Elemente aus unterschiedlichsten Wegen kommen zur Anwendung.

Die Suche nach dem Wunderbaren

»Du musst darauf vertrauen, dass du in jedem Moment begleitet bist. Dein Vertrauen erzeugt eine Kraft, die größer ist als du selbst.«

Eine moderne Form, sich heute auf die Suche nach dem Wunderbaren zu begeben, ist der Weg über ein Seminar beziehungsweise über die gemeinsame Bewusstseinsarbeit in einer Gruppe, sei sie nun temporär oder länger bestehend. Dieser Weg birgt besondere

Chancen, aber auch zu beachtende Fallstricke. Wenn wir durch die Wüste gehen, ist es offensichtlich sinnvoll, einen kundigen Führer zu haben. Ebenso sinnvoll erscheint es, sich auf spirituellen Wegen anleiten zu lassen. Diese Anleitung kann uns jedoch nicht der eigenen Lebensentscheidungen entheben. Weiterhin ist es wichtig, Vater- und Mutterprojektionen auf den Lehrer, die Lehrerin fallen zu lassen und sich ganz für das zu öffnen, was sich zu diesem Zeitpunkt und mit diesen Menschen an Wunderbarem ereignen möchte. Umgekehrt ist es für die jeweiligen Lehrer wichtig, etwaige Projektionen so weit wie möglich zu unterbinden. Wenn Menschen zum ersten Mal in einem Seminar eine Erfahrung bedingungsloser Liebe machen, kann leicht eine Verwechslung überpersönlicher Kräfte mit den Personen, die dies ausgelöst haben, stattfinden.

Die Idee, der Zusammenkünfte von Bewusstseinspionieren, Menschen, die sich selbst erforschen und über die Grenzen ihrer Alltagsperson hinausgehen möchten, ist, einen Rahmen zur Verfügung zu stellen, in dem Durchbrüche möglich sind. Die Art und Tiefe der Durchbrüche sind wesentlich abhängig von der Offenheit des Individuums und seiner Vorerfahrung, wobei die Offenheit essentieller ist als die Vorerfahrung, denn entscheidend ist allein, ob es einem Individuum zu diesem Zeitpunkt möglich ist, sich auf der sehr geschützten Basis der Herzenergie ganz zu öffnen. Es sind Zusammenkünfte von Seelen und die Idee ist, dass jeder, der zu einem bestimmten Zeitpunkt seines Lebens den Ruf verspürt, dorthin zu gehen, willkommen ist. Die Idee ist, dass Seelen miteinander in Kontakt treten, und es ergeht die Aufforderung, dass jeder seinen höchsten und wahrhaftigsten Aspekt für die gemeinsame Bewusstseinsarbeit zur Verfügung stellen möge.

Es ist *erstaunlich*, wie die gebündelte Intention einer Gruppe Dinge bewirken kann, die einem einzelnen Individuum nicht möglich sind. Entsprechend dem Bibelwort Jesu, »Denn wo zwei oder drei in meinem Namen versammelt sind, da bin ich mitten unter ihnen«, findet eine Potenzierung der Kräfte statt und etwas Drittes kommt hinzu. Die Gruppe wird zum Vehikel für höhere Energien. Viele unterschiedliche Menschen treffen sich mit einem gemeinsamen Ziel – der Erfahrung transzendenter Kräfte. Das Herzzentrum ist der Gateway in diese Bereiche hinein und gleichzeitiger Sammlungspunkt in der Mitte der eigenen Brust, wenn diese Kräfte überwältigend sein sollten. So kann es während der Gruppenarbeit vorkommen, dass plötzlich jemand in Ohnmacht fällt, sobald höhere Energien im Raum präsenter werden, insbesondere bei der rituellen Arbeit. Wer diese Ohnmacht kommen fühlt, kann ihr vorbeugen und einfach aus der jeweiligen Übung aussteigen, sich setzen, erneut im Herzen sammeln und später wieder einsteigen.

In sieben Jahren ist es nur ein einziges Mal vorgekommen, dass eine Teilnehmerin der Kurse in eine tiefe, komaähnliche Ohnmacht gefallen ist – und das auch nur, weil sie entgegen den Vorgaben über eine sehr lange Zeit eine ganz eigene von ihr selbst erfundene Atemübung praktiziert hat, die in diesen Zustand mündet. Alle Versuche, sie zurückzuholen, scheitern zunächst. Backpfeifen, Rhizinusöl, Wasser ins Gesicht: nichts hilft. Sie ist schon fast zehn Minuten weg. Jetzt brauchen wir ein Wunder. Ich vertraue darauf, dass irgendwo im Raum die Lösung ist. Schließlich fordere ich eine Kursteilnehmerin auf, die Ohnmächtige anzusingen. Die Teilnehmerin ist eine besondere Frau mit einer ganz außergewöhnlichen Begabung. Als ausgebildete Konzertsängerin, Zen-Meisterin und Musikprofessorin verfügt

Kathrin, wie ihr von Zuhörern ihrer vielen Konzerte auf der ganzen Welt attestiert wurde, über eine »göttliche Stimme«. Sie konzentriert sich, verbindet sich mit der Seele der Ohnmächtigen und schmettert mit überaus hochgepeitschter, eindringlicher Stimme dreimal den Namen der ohnmächtigen Frau in den Raum. So schafft sie es tatsächlich, diese aus ihrem komaähnlichen Zustand zurückzuholen. Das Vertrauen darauf, in jedem Moment begleitet zu werden, hat eine Antwort gefunden. Aus meiner Sicht verfügt diese Sängerin über eine einzigartige Begabung, sich nicht nur mit der Seele des jeweiligen Gegenübers zu verbinden, sondern mit ihren Tönen auch direkt den Emotionalkörper eines Menschen erreichen zu können und diesen in ein unmittelbares, heilsames Schwingen zu bringen. Im Bereich der Heilung durch Töne und Vibrationen werden in den nächsten Jahren mit Sicherheit bahnbrechende Neuerungen zu erwarten sein. Die Kunst, mit Tönen in den Emotionalkörper hineinzugehen, wird auch von einigen Kahunas beherrscht und wurde auf Hawaii über die Jahrhunderte verfeinert.

Entscheidend für das Verständnis von Herzenergie ist, dass wir es mit einer überpersönlichen Form von Energie zu tun haben. Es ist nichts, das man sich als Label oder Etikett anheften könnte. Es ist eine Energie, die durch die jeweilige Person hindurchströmt. Wie in dem Vier-Knochen-Teaching eines nordamerikanischen Indianerstammes: Sie gehen davon aus, dass man vier Knochen braucht, um ein glückliches Leben zu führen. Man braucht Knochen Nr. 1: den *backbone* – das Rückgrat, welches einem die Aufrichtigkeit und die Kraft gibt, zu sich selbst zu stehen. Man benötigt Knochen Nr. 2: den *wishbone* – den Wunsch- oder auch Traum- und Visionsknochen, der einem die Kraft gibt, die Vision, den Lebenstraum zu schauen und ihm dann auch zu folgen. Man braucht ferner Knochen Nr. 3, den *funny bone*, den Musik- oder Humorknochen, der einem die Kraft gibt, über das, was im eigenen Leben schicksalhaft ist, zu lächeln, und man braucht als vierten und wichtigsten Knochen den *hollow bone*, den hohlen Knochen, den Knochen, der transparent und durchlässig macht für das Einströmen höherer Energien.

Wir finden dieses Motiv auf unserer Suche nach dem Wunderbaren in vielen Kulturen. Es geht immer darum, durchlässig, leicht, transparent zu werden. Die Schwerkraft des Egos wird durch die Leichtkraft des Herzens überwunden. Ein anschauliches Beispiel aus den ägyptischen Mysterien ist die dortige Vorstellung, dass man nach dem Tod einen Raum betritt, in dem Maat, die Göttin der Wahrheit, mit ihrer Waagschale steht und man hat auf die eine Waagschale sein Herz zu legen. Auf der anderen liegt die göttliche Feder der Wahrheit. Die Herausforderung in diesem Fall: Das Herz hat leichter zu sein als die Feder. Es muss leicht, transparent, durchlässig sein. Sonst ist kein Weiterschreiten möglich und es geht hinunter zu den Krokodilen. Ab in die nächste Inkarnation.

Intuitives Wissen

»Du wirst innerlich Dinge hören, von denen du nicht weißt, woher sie kommen. Du wirst sie immer wieder überprüfen, bis du schließlich vertraust und weißt ...«

Jeder Mensch hat einen Zugang zu intuitiven Kräften, das heißt, zu einem Wissen, das nicht aus den Sphären des Verstandes kommt. Antworten, die man eigentlich gar nicht wissen kann, und doch sind sie da und abrufbar.

Intuition, manchmal als die Weisheit des dritten Auges bezeichnet oder auch als sechster Sinn, ist wie ein vergessener spiritueller Muskel, der von jedem trainiert werden kann. Mit zunehmender Übung wird die Wahrnehmung immer feiner und subtiler. Zunächst ist es wichtig zu erkunden, wie eine Person primär wahrnimmt. Ist sie hellsichtig, hellhörig, hellfühlig, nimmt sie über den physischen Körper wahr oder gibt es einen Zugang in einen Bereich hinein, den man *sudden knowing* nennt, direktes Wissen?

Für Hellsichtige geht es darum zu lernen, den inneren Bildern zu vertrauen, die vor ihrem geschlossenen oder auch geöffneten Auge aufblitzen, und zu erkunden, wie schlüssig die aus diesen Bildern ableitbaren Informationen sind. Hellhörig talentierte Menschen hören tatsächlich eine Form von Stimme und sind ebenfalls aufgefordert, genau zu überprüfen, wie valide die Informationen sind, die diesem Bereich entstammen. Hellfühlige Menschen sind in der Lage, die Wahrheit einer Situation über ihren Emotionalkörper zu erfühlen, während andere Individuen direkt über ihre Körperempfindungen wahrnehmen, ob etwas im Sinne ihrer Seele »richtig« oder »falsch« ist. Sie bekommen vielleicht ein Stechen im Magen oder einen Kloß im Hals bei einem Nein und einen positiven Gänseschauer oder ein leichtes freudiges Vibrieren des Herzzentrums bei einem Ja. Wichtig ist zu realisieren, dass diese Körpersignale klare intuitive Daten sind. Bei direktem Wissen ist die Information blitzartig in dem Moment vorhanden und ganz klar. Es gibt keinen Zweifel an ihr. Wichtig erscheint mir, darauf hinzuweisen, dass es neben wenigen Hellsehern eine große Anzahl von Dunkelsehern gibt. Das Dunkle einer Person in Worte zu fassen, die Schwächen zu erkunden, ist einfach. Sie sind in der Regel offensichtlich. Die viel größere Kunst besteht darin, das Potential dessen, was diese Person in sich herausbilden kann, wenn alle ihre Talente zu einer gelungenen Synthese finden, in eine für dieses Individuum verständliche Sprache zu fassen und die Zukunft im Werden bzw. ihre Optionen sehen zu können.

Was unterscheidet dabei einen Meister von einem Schüler? Es gibt bei dem Meister keine Denkschleife. Das Wort wird innerlich gehört und ausgesprochen. Der Meister ist im vollkommenen

Vertrauen, dass das Wort, das er im Herzen hört, einem Bereich höherer Wahrheit entstammt und dass die Antwort, die er im Herzen hört, die für diesen Moment richtige ist. Er zweifelt nicht. Es wird sofort umgesetzt.

Als ich angefangen habe zu lehren, hat es mich nicht nur einmal eine gehörige Portion Überwindung gekostet, das, was ich gehört habe, auszusprechen. Da es mir jedoch nicht möglich ist, diese innere Wahrheit zu kompromittieren, habe ich sie stets ausgesprochen. Glücklicherweise konnte ich die Validität der Informationen an Tausenden von Gesprächen überprüfen. Inzwischen ist es mir möglich, in der Aura eines Menschen ab und an kleine weiße oder blaue »Wahrheitsblitze« zu sehen, wenn dieser Mensch eine Wahrheit oder etwas für seine Seele Essentielles mitteilt. Ich halte diese dazu gewonnene Fähigkeit für ein Geschenk, das aus der Reinheit der Intention erwächst. Wenn das innere Commitment steht und rein und pur ist, wenn es nicht darum geht, das eigene Ego zu überhöhen, sondern wenn es der Impuls ist, durch das eigene Sein anderen Menschen auf ihrem Entwicklungsweg zu dienen, dann kommt irgendwann etwas Drittes hinzu, das nicht der Persönlichkeit entstammt. Anderen Menschen dienen heißt nicht, deren Ego zu dienen, sondern der Liebe, Wahrheit und Freiheit ihrer Seele, zu der sie sich aufschwingen können.

Herzens-Anker: Das Empfangen der Wahrheit

Die Wahrheit der Seele kommuniziert sich auf allen nur möglichen Wegen. Das Empfangen der Wahrheit in jedem nur denkbaren Moment wird zur hohen spirituellen Fähigkeit. Entscheidend ist der Impuls, sie voller Vertrauen erfahren zu wollen.

Sind Sie schon einmal Menschen begegnet, die Fähigkeiten der Wahrheitsfindung besitzen, die sie auch gerne entwickeln würden? Wenn ja, welche? Wie würden Sie dieses tun?

Haben Sie sich für einen bestimmten spirituellen Weg entschieden oder sammeln Sie Erfahrungen? Wo liegen hier Vor- und Nachteile?

Wann hat die Wahrheit ungewöhnliche Wege gewählt, Sie zu erreichen?

Welche Art hellsichtiger Informationsfindung ist die Richtige für Sie?

Vertrauen Sie Ihren Entscheidungen oder lieben Sie Denkschleifen? Was ist die Grundlage ihrer Entscheidungen?

4
Das Schiff – Der Körper als Gefährt

Logbuch: »Frosch in der Krone« – ein Erleben

Im Alter von einunddreißig Jahren bekomme ich plötzlich ein körperliches Problem: Mein Solarplexus verspannt sich, als wenn eine Zeitbombe auf ihm sitzen würde. Die körperliche Empfindung ist tatsächlich so stark, dass sich der Eindruck einstellt, es säße außen etwas auf mir drauf. Ferner realisiere ich, dass die »Bombe« anfängt stärker zu ticken, sobald ich mich in der Nähe von Personen weiblichen Geschlechts aufhalte. Am stärksten tickt es, wenn ich meine Mutter besuche. Ich habe nicht die mindeste Ahnung, was das Ganze soll noch wo es herkommt, und da ich nicht den Wunsch verspüre, den Rest meines Lebens ohne weibliche Begleitung zu verbringen, nur um dieses Ticken nicht mehr spüren zu müssen, und meine Mutter auch weiterhin sehr gerne besuchen möchte, wenn ich in meiner Heimatstadt weile, beschließe ich: Ich werde solange von Heiler X zu Heiler Y gehen, bis irgendjemand es schafft, mir zu helfen, dieses Ticken loszuwerden. Diese kleine Odyssee führt mich über Schamanen, Naturheilärzte, Atemtherapeuten schließlich zu einem Biodynamiker, der die Klienten nach Alexander Lowen über Körperübungen in frühkindliche bzw. ursprünglich traumatisierte Zustände hineinführt. Die Übungen, es waren vielleicht 10 Sessions, brachten Linderung, aber keine Abhilfe. Schließlich bietet er mir in der letzten Session, als wir beide realisieren, dass es sich hier wahrscheinlich nicht lösen lässt, zum Abschluss der gemeinsamen Zeit eine geführte indianische Chakren-Meditation an. Er erklärt mir kurz, wie es geht: dass er mich durch die Chakren führen wird und dass bei jedem Chakra ein Tier auftauchen wird, mit dem wir dann arbeiten. Ich schaue ihn gedankenversonnen an und sage: »Na gut, das können wir machen, aber nur, wenn kein Frosch in meinem Kronen-Chakra auftaucht!« Das will ich auf gar keinen Fall. Er schaut etwas perplex und wir beginnen die Übung. Ich habe Glück. Als wir am Kronen-Chakra an-

gelangt sind, taucht tatsächlich kein Frosch auf und ich bin sehr erleichtert. Er führt mich dann noch weiter durch die sehr anrührende Meditation. Schließlich verabschieden wir uns und ich frage ihn, ob er die Übung wohl auch selbst einmal gemacht und was er für denn für Tiere gehabt hätte? »Seine« Chakren-Tiere habe ich in der Zwischenzeit alle vergessen, nur eines nicht: den Frosch in der Krone!

Den Körper befreien

»Du wirst im Laufe der Zeit einen neuen Körper mit einer anderen Ausstrahlung bekommen …
Verbinde täglich dein Bewusstsein mit deinem Körper …«

»Typischer Fall von latenter Hellsichtigkeit«, könnte man sagen. Ich musste bestimmt eine Woche lang über diesen intuitiven Volltreffer schmunzeln, nur ist das Ticken davon leider nicht weggegangen. Erst eine aus einem offenen Herz-Chakra heraus arbeitende, sehr erfahrene und mit allen Wassern gewaschene Heilerin hat es in einer mehrstündigen Session erfasst und konnte helfen, es aufzulösen. Es war vorgeburtlich und daher dem Verstand nicht zugänglich. In der Rückführung erlebe ich, wie die Sorge der werdenden Mutter vor einer ungewissen Zukunft als Energie direkt in den Solarplexus des Embryos hineinzischt. Auf Nachfrage bestätigte meine Mutter die Richtigkeit dieser Durchgehung. Danach hat das Ticken vollständig aufgehört und ich war um einige Erfahrungen reicher.

Das für mich Erstaunliche ist, dass diese Symptomatik erst zu einem bestimmten Zeitpunkt auftaucht und vorher nicht zu spüren gewesen ist. Warum ist die Bombe nicht auch vorher schon da gewesen? Dies wiederum legt folgende alternative Schlüsse nahe: Entweder hat der Autor dieser Zeilen bis zu jenem Zeitpunkt die Einschläge überhaupt nicht gespürt, das heißt, er ist absolut taub gewesen, oder es gibt so etwas wie eine weise Führung der Seele, die erst in dem Moment, in dem das Individuum reif genug ist, bestimmte Bewusstseinsinhalte aufzulösen, eine Symptomatik entstehen lässt, die es ihm gestattet, diese Bewusstseinsinhalte zu transformieren. Aus nahe liegenden Gründen tendiert der Autor zur zweiten Annahme.

Wieder wird mir vor Augen geführt, welch eine wichtige Rolle der Körper in unserer Bewusstseinsentwicklung spielt. Der Körper ist das Gefährt, unser Schiff, mit dem wir die Seele durch unser Leben steuern. Alle Informationen sind an Bord. Sie sind im Körper gespeichert. Wenn wir es schaffen, ob allein oder mit kundiger Unterstützung, diese Informationen freizusetzen, kann es gelingen, Ballast abzuwerfen und das Schiff eleganter und seine Bewegungen fließender zu machen.

Die Heilerin lädt mich daraufhin ein, an einem Wutseminar teilzunehmen. Da ich gerade in Experimentierlaune bin, denke ich: Warum nicht auch gleich noch in einem Abwasch die ganze Wut erledigen? Falls das überhaupt möglich ist! Wieder sind es sehr eindrückliche Körpererfahrungen, die ich mache. Es sind zweieinhalb Tage und es ist für die ganze Zeit nur ein einziges Gefühl zugelassen. Wut! Ach du meine Güte, und in den Pausen wird geschwiegen, es dürfen nicht einmal soziale Gespräche geführt werden. Sie führt die Teilnehmer durch alle nur erdenklichen Wutsituationen hindurch. Angefangen bei der Wut des Babys, wenn es hungrig oder durstig ist und keiner kommt, über die Wut als Kleinkind im Umgang mit Geschwistern, bei der Einschulung, als Jugendlicher, Wut auf das andere Geschlecht, auf das eigene Geschlecht, auf die Mutter, den Vater, Gott und die Welt, alle nur erdenklichen Situationen werden durchgespielt, kombiniert mit Körperbewegungen und Tönen. Zwischendurch wird immer wieder ins Herz gegangen. Das Erstaunliche ist, wenn sich bei Teilnehmern plötzlich Schreie lösen, ungeschrieene Schreie aus den tiefsten Tiefen der Seele, und sie danach einen völlig freien, klaren, vor Glück glänzenden Blick haben. Dieses Glück hatte ich dort zwar nicht, aber ich habe eine Woche lang einen zarten Babynacken gehabt, der so weich und wohlig war wie lange nicht und ein ziegenhaftes, meckerndes Lachen, von dem ich nie gedacht hätte, dass es sich in mir verbergen könnte. Positivster Nebeneffekt in der Woche danach: Ich bin so sehr in meinem Körper, dass ich Fußball spiele wie noch nie zuvor und Tore schieße wie am Fließband. Und mein Herzzentrum vibriert. So fühlt es also an, wenn man plötzlich ganz im Körper ist. *Erstaunlich.*

Meine Einstellung zur Spiritualität zuvor: Ich fühlte mich in den mentalen Regionen des Geistes sehr wohl, frisch, fromm, fröhlich, frei. Denken wunderbar, Ideenaustausch herrlich. Alles, was unterhalb des Mentalkörpers stattfindet, sind Felder, die ich mir in meinem Leben neu erschließen muss. Emotionalität, Sexualität, Selbstrespekt. Während andere Menschen in diesen Feldern eine natürliche Stärke haben, ist meine ursprüngliche Energie eher mental. Ich dachte, Spiritualität heißt, sich von dort wie auf einer Jakobsleiter transzendental und körperlos direkt in den Himmel zu meditieren. Mir war nicht bekannt, dass es auch Abstiegsmysterien gibt, bei denen es darum geht, immer mehr auf der Erde anzukommen und zunächst einmal diese Erde mit dem uns hier geschenkten Leben als Seele in einem Körper ganz anzunehmen. Ich komme mehr und mehr dazu, den Körper als Tempel der Seele zu sehen und als Erfahrungshintergrund, durch dessen Filter wir alle die wunderbaren Erlebnisse auf der Erde empfinden können. Körperfeindliche Religionen sind, so sehr ich jede Entscheidung für eine bestimmte Richtung toleriere und den Individuen bei ihrer Entscheidung alles Gute wünsche, aus meiner Sicht ein

Irrweg. Gleichzeitig halte ich jedoch auch die alleinige Fixierung auf den Körper für einen Irrweg.

Proviant für das Leben

»Deine wirkliche Nahrung kommt nicht aus der Erde, sondern aus dem Himmel ...«

Ein Herz-Wochenende ist gerade vorüber. Es ist Sonntagabend zweiundzwanzig Uhr, wir haben drei Stunden überzogen, die Teilnehmer sind glücklich, es ist alles abgebaut und vor mir liegt eine dreihundert Kilometer lange Heimreise. Mein Herz vibriert und schwingt. Mein Magen knurrt. Die einzige Möglichkeit, hier um diese Zeit noch etwas zu essen zu bekommen, ist McDonald's. Haben die beiden niedlichen Chickenburger die Kraft, mich von meinem vibrierenden Level herunterzubringen? Ich beschließe, das ungeheuerliche Experiment zu wagen ...

Manche Menschen denken, sie könnten sich zur Erleuchtung essen, indem sie eine bestimmte Diät halten. Sie werden so sensitiv, dass sie kaum noch in der Lage sind, ohne Schwingungsverlust in einem Supermarkt einzukaufen. Es wird eine weltferne Form der Spiritualität kultiviert, die Sinn machen kann, wenn man in einem Kloster lebt, jedoch nicht, wenn es darum geht, gleichzeitig in der Welt zu sein, einen Beruf zu haben, in einer Familie zu leben und ein soziales Leben zu führen. Herzzentrierte Meditationsformen hingegen stabilisieren für den Alltag und versetzen uns in die Lage, mit Stresssituationen jedweder Form weiser umzugehen. Es geht nicht darum, vor dem Stress zu fliehen, sondern ihn moderieren zu können.

Ernährung ist ein mit vielen Emotionen besetztes Spezialthema für sich und natürlich ist es wichtig, dem Körper die möglichst optimale und gesunde Nahrung zuzuführen. Spiritualität sollte jedoch nicht an dem gemessen werden, was in einen Mund hineingeht. Was aus einem Mund herauskommt, ist viel wesentlicher. Entscheidender sind andere Ebenen des sich Nährens wie unser Denken und Fühlen. Wie nähre ich mich emotional? Wie nähre ich mich mental? Wie nähre ich mich sozial? Wie nähre ich mich spirituell? Wo gibt es in diesen Feldern ungesunde Arten sich zu nähren? Wo geht die Art sich zu nähren, zu Lasten anderer Menschen? Schaffe ich stets von mir aus einen energetischen Ausgleich? Wo nähre ich möglicherweise andere Menschen in einer ungesunden Form?

In einem Schöpfungsmythos der Irokesen macht sich der Held Deganawidah auf seine Einweihungsreise. Er hat als Jüngling eine Vision. Er sieht, wie er in einem weißen Steinkanu den Fluss hinunterfährt und den verfeindeten Stämmen den Frieden bringt. Nun ist allgemein bekannt, dass Steine nicht schwimmen, aber das hält Deganawidah nicht davon ab, sein Kanu mühsam aus dem Fels zu hauen. Nach langer Zeit ist es vollbracht, er malt es weiß an und das Wunder geschieht: Es schwimmt. Jetzt fährt Deganawidah den Fluss hinab und kommt in eine Gegend, in der die Stämme sich aufs Heftigste bekämpfen und es gibt dort eine Frau, die eine Hütte im Niemandsland hat, an der die verfeindeten Krieger ihre Waffen ablegen, etwas essen und sich erholen können. Deganawidah sieht sie und seine erste Aktion besteht darin, sie aufzufordern, damit aufzuhören: »Hört auf, die giftigen Angreifer zu nähren!« Da die Mythen immer ein Stück innerseelischer Wirklichkeit im Außen spiegeln, wäre die Frage, die der Mythos an uns richtet: Wo nähren wir in uns giftige Verhaltensweisen, negative Gedanken, dunkle Gefühle, übernommene Gewohnheiten, Selbstverurteilungen, die schlussendlich für unser Leben und unseren Körper toxisch sind?

»Du bist, was du isst«, lautet ein ernährungsphilosophisches Motto. Nur: Was »essen« wir eigentlich mental, emotional, sozial, spirituell? Wie rein und gesund sind unsere Gedanken, Gefühle, Handlungen, Gebete? Wenn wir beginnen, das uns Nähren als einen interaktiven Prozess zu sehen, bei dem es um einen Austausch mit allen Energieformen außerhalb des eigenen Körpers geht, verstehen wir allmählich, dass die Beschränkung des Themas auf die physischen Substanzen, die wir uns zuführen, zu eng gefasst ist. Studien des Heidelberger Instituts über Langlebigkeit ergeben, dass der alles entscheidende Faktor, der einen großen Unterschied in der Anzahl der Lebensjahre ausmacht, nicht die gesunde Ernährung ist, sondern das »Wellbeing«. Damit sind wir mitten in der Spiritualität und aller Wege, die es sich zur Aufgabe gemacht haben, Glück und Glückseligkeit zu erforschen.

Wenn Buddha sagt, seine Lehren seien wie ein Floß und es ergäbe keinen Sinn, das Floß auf dem Rücken weiterzutragen, wenn wir das Ufer erreicht haben, dann lautet die Botschaft, dass alle Wege – Yoga, bestimmte Ernährungsformen, Atemübungen, Meditation – temporär sinnvoll sind, weil sie das Individuum in einen anderen Bewusstseinszustand überführen. Ist dieser jedoch jederzeit erreichbar, macht es keinen Sinn mehr, das Floß auf dem Rücken mit sich herumzuschleppen und daraus eine Philosophie zu machen.

Sinn und Ziel der Herzmeditation ist zu trainieren, möglichst unmittelbar in diesen Zustand überzuwechseln. Manchen Menschen gelingt dies am Anfang vielleicht nach siebzehn Minuten, ein Jahr später möglicherweise nach zwölf Minuten, vielleicht brauchen sie nach fünf Jahren nur noch drei Minuten, vielleicht schaffen sie es nach sieben Jahren in einem Augenaufschlag. Wenn der Weg frei ist und es gelingt, die Bewusstseinszustände in einem Augenaufschlag zu wechseln und über das Herz den Emotionalkörper zu meistern, dann benötigen wir ab irgendeinem Zeitpunkt das Floß nicht mehr.

Wer in der Lage ist, über das Herzzentrum Stress zu moderieren, hält einen hohen Trumpf in der Hand. Über achtzig Prozent der heutigen Zivilisationskrankheiten sind stressinduziert. Die meisten Herzinfarkte in den USA ereignen sich montags morgens gegen neun Uhr, wenn die Menschen aus ihrem regenerierenden Wochenende in einen stresserfüllten Job zurückkehren. Schamanen, die Methoden entwickelt haben, mit einzelnen Körperorganen zu sprechen, um per *body talk* den Körper zum Sprechen bringen, sind aus meiner Sicht auf einem richtigen Weg. Ein bekannter emeritierter amerikanischer Chirurg bekennt am Ende seiner Laufbahn, dass er bei seinen Operationen den Eindruck hatte, dass er nicht nur Organe entfernt hat, sondern im Prinzip innere Stimmen, die nicht gehört wurden. *Erstaunlich.*

Stress ist wie ein saurer Nieselregen, der biochemisch über die Organe regnet. Gleichzeitig ist Stress ein Wahrnehmungsphänomen. Was für eine Person stressig ist, ist es für eine andere nicht. Wenn mir im Ausland meine Brieftasche mit allen Kreditkarten, Führerschein, Personalausweis entwendet wird, dann gibt es zwei Möglichkeiten: Die erste ist: Stress, Drama und Sorgen. Der Emotionalkörper feuert aus allen Rohren. Die zweite Möglichkeit: Oh, es ist alles weg. Schauen wir einmal, wo mich diese Erfahrung hinführen wird. Ich bin schon ganz gespannt, wie das Universum dies ausgleichen wird.

Bei der zweiten – weisen – Möglichkeit wird nicht zugelassen, dass ein äußeres Ereignis den Menschen aus dem Herzen wirft. Warum auch sollte einem äußeren Ereignis, so schmerzhaft es sein mag, die Macht gegeben werden, uns aus dem Herzen zu vertreiben? So weit zum Ideal, die traurige Realität ist allerdings, dass Menschen dazu neigen, einmal erlittenen Schmerz in die Zukunft zu projizieren und dann ihr Herz zu verschließen, weil sie antizipieren, dass Ähnliches sich wiederholen könnte. Dadurch herrscht vergangener Schmerz über das heutige Leben. Keine sehr gute Idee.

Das Verkörpern oder Im Körper sein

»Erschaffe ein heiles Bewusstsein von deinem Körper.
Du brauchst seine Gesundheit für deine Aufgabe …«

Wir sind, was wir denken, fühlen und handeln. Es ist nicht übertrieben zu sagen: Mit fünfzig Jahren hat jeder Mensch das Gesicht, das er sich verdient hat. Unsere Körperlichkeit ist Ausdruck der Summe unserer Lebenserfahrung, die sich auf der physischen Ebene niederschlägt. Eine Ansammlung aller Gedanken, Gefühle, Handlungen und Gebete, die wir jemals ausgeführt haben. In dem Wort »jemals« sind vergangene Leben ausdrücklich mit eingeschlossen. Der Körper ist das Gefäß, in dem das jeweilig aktive Bewusstsein agiert. Zu jedem Zeitpunkt ist ein Wechsel von Bewusstseinszuständen möglich. Heilungen, bei denen in einem Moment auf dem Catscan ein Tumor zu sehen ist und drei Tage später nach einer Spontanremission nichts mehr erkennbar ist, erklären sich dadurch, dass es dem Individuum allein oder mit fremder Hilfe gelungen ist, aus einem Teil seines Bewusstseins, in dem die Krankheit existiert, hinüberzuwechseln in einen Teil seines Bewusstseins, in dem die Krankheit nicht existiert. Und der Körper zieht nach. Wir wissen nicht, warum er bei einigen Menschen nachzieht und bei anderen nicht, doch der Mechanismus liegt klar auf der Hand: Das Bewusstsein kommt zuerst.

Eine Fülle neuer Bewusstseinstechnologien wird zur Zeit entwickelt, wiederentdeckt und verfeinert. Die Kunst, den Körper energetisch aufzuladen, wird von immer mehr Menschen praktiziert. Da Psyche und Soma unmittelbar miteinander verknüpft sind, haben wir heute die Möglichkeit, mit neuen Methoden über die Psyche einen ungleich größeren Einfluss auf unsere Körper zu nehmen, als dies vorigen Generationen möglich war. Gleichzeitig hebt sich das kollektive Bewusstseinsniveau und macht es einfacher, direkte Resultate zu erzielen. Wir leben in einer aufregenden Zeit, in der Entwicklungssprünge in allen gesellschaftlichen Bereichen exponentiell ansteigend stattfinden.

Auf dem Weg des Herzens sind die tägliche Kultivierung der vier Herzqualitäten von Mitgefühl, innerer, angeborener Harmonie, der Kraft, zu segnen und zu heilen, und bedingungsloser Liebe zu einem wichtigen Werkzeug geworden. Es ist die reine Freude, sich früh morgens in die Meditation zu begeben und die Qualitäten zu kontemplieren. Ein wunderschöner Start in den Tag! Die Idee, zeitlose Qualitäten in die tägliche Meditation einfließen zu lassen und sich in ihnen zu versenken, stammt aus der Tradition der Mysterienschulen und basiert auf dem Gedanken, dass diese Qualitäten zu einer größeren Anwesenheit von Seele in dem Menschen führen und über kurz oder lang dessen Persönlichkeit transzendieren.

Können wir die vier Attribute des Herzzentrums, die Herzqualitäten von Mitgefühl, innerer, angeborener Harmonie, der Kraft, zu segnen und zu heilen, und bedingungsloser Liebe so verkörpern, dass sie uns zur zweiten Natur werden? Dass sie in unserer Zellen vibrieren, dass sie durch unsere Poren duften, dass sie in unseren Herzen schwingen, dass sie sich in unserem Leben ausbreiten? Und was hätte das für Auswirkungen auf unser »Wellbeing«?

Es ist für mich ein offenes Experiment mit dem eigenen Leben als Labor. Das, was ich bis heute dazu berichten kann, ist, dass es für mein Leben sehr segensreich gewesen ist, diesen Weg zu wählen. Es entsteht ein heilsames, transformatives Feld, aus dem heraus auch die Teachings und Conferencen geschehen. Dieses Feld ist wie eine Entität, wie ein Wesen, das segensreiche Energien anzieht. Es entsteht durch das kontinuierliche innere Sichverbinden und wiederholte Aufrufen dieser Energien.

Einer der nächsten Schritte in meinem Leben wird sein, zu erproben, ob sich eine zweite Entität mit variierten Herzqualitäten für Führungskräfte erstellen lässt. Dies ist für mich ein großes Abenteuer und es zieht mich dafür in die USA. In der Tradition der Mysterienschulen gibt es diese Differenzierung seit langem, weil ein Bewusstsein darüber vorhanden ist, dass Heiler, Therapeuten, Lehrer, Hausfrauen mit anderen Qualitäten in ihrem Alltag operieren müssen als zum Beispiel Soldaten und Kaufleute oder, wie in diesem Fall, Führungskräfte. Es ist, wie wenn man Methoden und Techniken für zwei unterschiedliche Bewusstseinsstrahlen entwickelt, wobei jeder Bereich ganz eigene Grundgesetze und Handlungsannahmen hat. Dennoch sind das Herz und die Kultivierung seiner jeweiligen Qualitäten der Schlüssel zur Transformation des Individuums, egal, wo es zu diesem Zeitpunkt in seinem Leben steht.

Ein weiterer Aspekt der Herzarbeit ist, dass wir den Körper mit dem Herzen als energetischem Knotenpunkt und Sammlungszentrum genau erforschen und erkunden können. Es gibt eine Fülle wirksamer Übungen, in denen es darum geht, in unterschiedliche Emotionen hineinzugehen und zu erspüren, wo diese Emotion sich im Körper niedergelassen hat, vielleicht als »Trauer«-Kloß in der Kehle, als »Angst« im Nacken oder »Wut« im Bauch, um nur einige der geläufigsten zu nennen. In einer Durchgehung ist es möglich, diese Emotionen aufzulösen und sich in eine immer entspanntere Bewusstheit des eigenen Körpers hineinzubewegen. Ein neues Körper-Gewahrsein entsteht. Wenn sich jemand beispielsweise verraten fühlt, wird diese Emotion sich sofort an einer Stelle des Körpers niederschlagen. Bewusste Arbeit kann verhindern, dass es zur Auslösung einer Krankheit kommt, indem die Emotion über den Atem und einen inneren Dialog von dort in das Herz genommen wird und sich auflöst. Die tibetische Tonglen-Technik der Herzmeditation, die davon ausgeht, dass wir in der Sonne des Herzens alle Negativität auflösen und einschmelzen können, spiegelt das gleiche Bewusstsein.

Auf Hawaii wird für mich besonders deutlich, dass wir uns mit unseren Körpern in einem interdimensionalen Feld auf dem Körper der Erde bewegen. Was wünschen unsere Körper? Sie wünschen Synchronisation und Harmonisierung. Womit? Mit den Rhythmen, die uns umgeben. Der zentrale Rhythmus ist der Herzschlag der Erde. Wenn wir wissen, wie wir uns mit diesem Rhythmus synchronisieren können, haben wir ein seetüchtiges Schiff. Gleichzeitig sind unsere Körper Rhythmen ausgesetzt, die wir gerne beherrschen würden, es jedoch zurzeit nicht vermögen – wie etwa Alterungsprozessen. Das Schwimmen mit Delphinen, das hier auf Hawaii so wunderbar möglich ist, gerät zu einer Übung mit Wesen, die in perfekt synchronisiertem Gruppenbewusstsein ihre Runden durch das Wasser ziehen. Ist es das, was Menschen an diesen Meeressäugern so sehr fasziniert? Warum fällt es mir hier viel leichter als an anderen Orten, mit dem Körper in Kontakt zu sein, ganz im Körper zu sein? Warum scheint es ebenfalls leichter, mit der Seele in Verbindung zu sein? Was ist das Geheimnis dieser Inseln?

Herzens-Anker: Das Verkörpern der Werte

Erst wenn die angestrebten spirituellen Ideale verkörpert sind, entfalten sie ihren tieferen Wert. Wir nähren durch die Kultivierung der Herzqualitäten unseren spirituellen Körper, der über kurz oder lang zur zweiten Natur wird. Als würde eine neue Software auf die zelluläre Festplatte aufgespielt.

Inwieweit verkörpern Sie zeitlose Werte in Ihrem Leben? Können andere Menschen sich auf diese Werte beziehen und auf sie zählen?

Haben Sie schon einmal unerklärliche Körpererfahrungen gehabt, die durch eine Heilung aufgelöst wurden?

Wie nähren Sie sich für Ihr Leben? Physisch, emotional, mental und spirituell?

Wie nähren Sie andere in Ihrem Leben? Physisch, emotional, mental und spirituell?

Haben Sie schon einmal herzzentrierte Meditationsformen ausprobiert und was sind Ihre Erfahrungen?

5
Galionsfiguren – Das Universum spricht

Logbuch: »Eichhörnchen« – ein Erleben

Mein Lehrer steht in Arizona vor mir und sagt: »So, Thomas, und jetzt gehst du in die Wüste und suchst dir einen Lehrer.« Ich schaue ihn verwundert an und antworte: »Wieso, du bist doch mein Lehrer.« Er wiederholt seine Ansage: »Geh in die Wüste und such dir einen Lehrer.« »Aber du bist doch mein Lehrer.« »GEH IN DIE WÜSTE und such dir einen Lehrer!!! Such Dir ein Sandkorn, einen Kaktus, ein Tier, den Wind, einen Stern, schau, ob etwas zu dir spricht, wenn du als erster den Dialog aufnimmst.« Ich schaue ihn mit großen Augen an und denke, die Mystiker haben gut reden, wie soll ich das mit einem westlich konditionierten Verstand schaffen? Doch mein Herz vibriert und ist offen für das Abenteuer. Ich gehe in die Wüste und finde einen Platz auf einem alten indianischen Berg. Ich sitze dort Stunde um Stunde in der sengenden Hitze. Kein Lehrer. Es gibt nichts dort, was meine Aufmerksamkeit so in Anspruch nimmt, dass ich den Eindruck hätte, diesen Dialog aufnehmen zu können. Ja, am Horizont schweben zwei Adler. Ich habe nicht das Gefühl, dass sie mit mir kommunizieren. Nach acht Stunden gebe ich es auf. Den nächsten Tag das gleiche Szenario. Ich sitze sieben, acht Stunden auf dem Berg. Und bin ganz froh, dass keine Klapperschlange oder ein Puma als Lehrer auftaucht. Die Hitze wird immer unerträglicher. Wieder kein Lehrer. Ich habe einfach nicht den Eindruck, dass irgendetwas dort zu mir spricht. Den dritten Tag das Gleiche. Wieder Stunde um Stunde auf dem Berg und nichts, mit dem ich kommuniziere. Ich bin bereit, das ganze Unterfangen aufzugeben, und treffe Vorbereitungen, den Berg hinabzusteigen. In dem Moment sehe ich plötzlich zwei kleine Eichhörnchen am Fuße des Berges herumtollen, einander um die Äste jagen, kleine Bäume rauf- und runterflitzen. Ich bin berührt von diesem verspielten, rasantem Treiben und denke: »Vielleicht sind das ja meine Lehrer …« Ich beschließe, einen allerletzten Versuch zu wagen, und setze mich wieder hin. Ich sende einen einzigen Gedanken hinunter zu den Eichhörnchen, und dieser Gedanke ist: »Eichhörnchen, wenn du mein Lehrer bist, dann zeig es mir.« In dem Moment, in dem ich diesen Gedanken denke, hält eines der Eichhörnchen inne und schaut nach oben in meine Richtung. Ich bin noch nicht geneigt, dass als Beweis gelten zu lassen. Es schaut halt nach oben. Doch dann verlässt es seinen Spielkumpanen und macht sich auf den Weg nach oben und kommt mir immer näher – 200 Meter, 100 Meter, 50 Meter, 25 Meter, 5 Meter – bis es sich schließlich einen Meter von mir entfernt direkt vor mich hinsetzt und mir in die Augen schaut. Ich bin zur Salzsäule erstarrt und traue mich nicht, eine einzige Bewegung zu machen. Wir schauen uns weiterhin ruhig in die Augen. Dann nickt es mit dem Kopf. »Eichhörnchen, wenn du mein Lehrer bist, dann zeige es mir.« Und es nickt ein zweites Mal. Ich bin total berührt. Schließlich flitzt es über den Berggrat zurück zu seinem Gefährten, um mit ihm weiterzuspielen.

Herzmedizin

»Du wirst Begegnungen habe, die dein Denken auf die Probe stellen …«

Die Begegnung mit dem Eichhörnchen hat mich zutiefst in meinem Inneren angerührt. In den nächsten beiden Wochen begegnen mir mehr Eichhörnchen als in den ganzen Jahren zuvor. Auf dem Anwesen in Arizona zeigen sie mir, wo sie ihr Versteck haben. Sie laufen vor meinen Wagen, sie umarmen und küssen sich vor meinem Auto. Mir wird bewusst, dass sie sich eigentlich schon angekündigt hatten. Auf dem Hinflug in die USA saß ich in London/Heathrow einige Stunden in der Airportlounge fest und auf der Bank gegenüber waren drei österreichische Teenager, Mädchen zwischen fünfzehn und achtzehn Jahren. Es war ein einziges Kichern, Gackern, Sprühen vor Lebenslust. Irgendwann bekommen sie mit, dass ich über ihr Verhalten schmunzeln muss. Jetzt gibt es kein Halten mehr, und der fremde Mann wird sofort in ihr Spiel integriert. Was sie mit mir spielen wollen? Ich soll Dialektworte erraten. Die erste Aufgabe: Was bedeutet »Oachkatz«? Ich weiß es: Eichhörnchen! Eine kleine nebensächliche Begebenheit auf dem Flugplatz, könnte man sagen, oder eine Ankündigung der Begegnung auf dem Berg? Möglicherweise versucht das Universum die ganze Zeit, mit uns zu kommunizieren, nur wir merken es nicht? Für mich erscheint diese Begegnung plötzlich in einem anderen Licht. Ich habe keine Ahnung, was es bedeutet, wenn Eichhörnchen mein Lehrer ist, und versuche zu diesem Zeitpunkt auch nicht, es zu verstehen. Es reicht mir aus, innerlich in die Berührtheit dieses Momentes zurückzugehen.

Neun Monate später gehe ich mit einigen Leuten am Strand von Asilomar in Kalifornien spazieren. Plötzlich läuft ein großes graues Eichhörnchen von links nach rechts über den Weg und ich sage ganz spontan: »Oh, mein Lehrer«. Neben mir geht eine indianische Medizinfrau, Arla Shining Star. Ihr Kopf fliegt herum, und sie fragt mich mit wachen, durchdringenden Augen: »Wie, Eichhörnchen ist dein Lehrer?« Ich schaue ebenso wach, mit klarem, festem Blick zurück und sage: »Ja, Eichhörnchen ist mein Lehrer.« Sie weiß nicht, was sie davon halten soll, und versucht mich mit ihren Röntgenaugen zu durchleuchten. Sie fragt weiter: »Und, weißt du überhaupt, was es bedeutet, wenn Eichhörnchen dein Lehrer ist?« Ich sage: »Nein, aber Eichhörnchen ist mein Lehrer!« Wir mustern uns beide durchdringend. Sie erkennt die Wahrheit in den Worten und entscheidet: »Wenn Eichhörnchen dein Lehrer ist und du nicht weißt, was es bedeutet, dann werde ich Dir das Eichhörnchen-Teaching unseres Stammes schenken.«

Vier Stunden später kommt sie mit zwei eng beschriebenen DIN-A4-Seiten zurück und überreicht mir als Gabe das Eichhörnchen-Teaching ihres Stammes. In den indianischen Traditionen benennt man spirituelle Kraft als »Medizin«, und jedes Tier steht für eine ganz besondere Art und Weise, mit der großen Einen Kraft in Verbindung zu gehen. Das *Erstaunliche*: Eichhörnchen ist aus der Sicht dieses Stammes eine »Herz«-Medizin. Eichhörnchen lebt in den Herzen der *standing people*, der Bäume. Über die Energie von Eichhörnchen wird mit dem Herzen in Verbindung getreten. Es ist eine federleichte, rasante, blitzschnelle, verspielte Energie. Kinder lieben diese Energie und trotzdem gibt es einen Moment, in dem Eichhörnchen inmitten der wildesten Bewegung innehält und in Kontakt geht mit dem, was die indianischen Stämme »Great Mystery«, das »Große Geheimnis« nennen. Das größte Geheimnis am Großen Geheimnis? Dass es für immer ein Geheimnis bleibt! Die Stämme nehmen hier in einer weisen Art Bezug darauf, dass es einen Aspekt in der Schöpfung gibt, den wir möglicherweise nie verstehen werden, der immer latent bleibt, und dass wir gut daran täten, diesen Aspekt in Stille und Einfachheit zu verehren, anstatt zu meinen, ihn kontrollieren zu können.

Eichhörnchen begleitet mich weiter. Als ich das allererste »Young at heart«-Herz-Wochenende in München gebe, kommt mir am Samstagmorgen eine Teilnehmerin entgegen, die schon etwas länger vor dem Zentrum gewartet hat, und sagt, so etwas hätte sie noch nie gesehen, ein Eichhörnchen sei die ganze Zeit um das Haus herumgelaufen, habe nach Tannenzapfen gesucht und schließlich den größten, den es finden konnte, direkt auf die Fußmatte vor die Eingangstür gelegt. Ich fühle mich gesegnet. Mit diesem Lehrer an der Seite kann nichts schief gehen.

Ein paar Jahre später bin ich dabei, letzte Vorbereitungen für eine Sacred Heart-Conference zu treffen. Die zwölftägige transformative Herzeinweihung ist eines der Kernstücke der Arbeit, und die beiden Termine im Juni und Oktober sind jeweils eine ganz besondere Zeit mit vielen Höhepunkten. Normalerweise bringen die Leute, die sich dort treffen, ein Thema mit, das sie alle verbindet, und ich fühle, wie diese Themen ungefähr eine Woche vorher anfangen sich in mir bemerkbar zu machen. Bei dieser speziellen Conference habe ich jedoch überhaupt keine Reaktion bezüglich eines Themas. Ich fühle überhaupt nichts, es ist wie tot. Am vorletzten Tag vor der Abreise läuft mir in Kisslegg ein Eichhörnchen über den Weg und ich gehe ihm vorsichtig hinterher. Es läuft schließlich über den Hof eines alten Schlosses und verschwindet auf der Strasse. Ich höre nur noch die Bremsen quietschen und sehe, wie es sich angefahren in einen Garten hineinschleppt. Ich renne schnell durch zwei Vorgärten und finde es mit gebrochenen Beinen unter einer Hecke. Die Tränen schießen mir in die Augen. Es lässt sich von mir aufnehmen und ich frage den Nächstbesten nach einem Tierarzt. Während ich mit dem Eichhörnchen zum Wagen gehe und es sanft an mein Herz halte, stirbt es in meiner Hand. Ich fahre noch zum Tierarzt, aber es lässt sich nichts mehr machen. Schließlich fahre ich in den Wald und bette es in Moos. Auf dem Rückweg laufen mir zwei Eichhörnchen über den Weg.

Ich habe vorher in meinem Leben noch nie die Erfahrung gemacht, wie es ist, wenn das Leben aus einem Lebewesen entweicht, wie es ist, wenn jemand stirbt. Ich habe von Menschen Abschied genommen, aber ich war nie direkt bei dem Moment des Sterbens dabei. Eichhörnchen hat mir gezeigt, wie der Tod sich in der Hand anfühlt. Es dreht sich bei der Conference neben einer wunderbaren Herzeinweihung die ganze Zeit um das Thema »Tod«. Es ist das zentrale Thema für alle Teilnehmer zu diesem Zeitpunkt in ihrem Leben. Ich bedanke mich innerlich bei Eichhörnchen für die erteilte Lehre und Vorbereitung.

Als ich das erste Mal nach Hawaii geflogen bin und den Kahuna getroffen habe, war ich vorher etwas traurig gestimmt. Ich hatte in einem Reiseführer gelesen, es gäbe keine Eichhörnchen auf Hawaii. Die Trauer verflog etwas, als direkt vor mir ein kleines Mädchen durch die Sicherheitsschleuse ging mit einem Riesenstoffeichhörnchen, das zu sperrig war für den Koffer-Scanner. Na also, dann gibt es ja doch Eichhörnchen auf Hawaii!

Die erste Nacht auf Kauai übernachte ich in einem Bed'n'Breakfast in Hanalei, und am nächsten Morgen trete ich aus der Tür, während zeitgleich sich die Tür gegenüber öffnet und ein etwa elfjähriger Junge mit seiner Mutter heraustritt. Wir frühstücken gemeinsam. Ich frage nach seinem Namen. »Kieran«, antwortet der aufgeweckte Knabe. »Und was bedeutet dein Name?« »Little dark one.« Er wirft mir ein maliziöses Lächeln zu. Ich blicke auf sein verwaschenes T-Shirt, auf dem ein Eichhörnchen abgebildet ist, schaue ihn an und sage: »Da, auf deinem T-Shirt, Eichhörnchen, das ist mein Lehrer.« Er schaut etwas länger überlegend zurück und fragt: »Wie, gibt es bei Ihnen eine Frau Eichhörnchen an der Schule?« Ich antworte: »Nein, das Tier, Eichhörnchen ist mein Lehrer!« Er schaut mich erneut länger an und zieht das Fazit: »I think you are a bit out of your mind.« Etwas den Verstand verloren. Ich lächle und antworte: »Danke für das Lob, deswegen bin ich nach Hawaii gekommen.« Ich nehme es als Bestätigung, dass ein kleiner Teil meiner Dreißig-Zentimeter-Reise vom Kopf ins Herz schon zurückgelegt ist.

Innere Lehrer – Äußere Lehrer

»Bleib offen für das Leben und tritt mit leeren Händen vor die Menschen ...«

Die Rolle eines spirituellen Lehrers wird im Westen häufig missverstanden. Jede Form eines Teachings oder einer Lehrsituation im spirituellen Rahmen ist eine Übertragung innerer Prozesse auf ein äußeres Bild. Der Lehrer ist Stellvertreter für eine Form von Energie, die in dem Schüler, Studenten, Teilnehmer, Abenteurer, Bewusstseinspionier latent vorhanden ist. Der Teilnehmer projiziert sein inneres Herz auf den Lehrer und kann dadurch eine Beziehung im Außen mit ihm eingehen. An irgendeinem Punkt auf der Reise kommt unweigerlich der Moment, an dem die Projektion auf den Lehrer zurückgenommen werden muss. Die Galionsfigur muss wieder losgelassen werden. »When you meet Buddha on the road, kill Buddha.« Warum denn, er hat mir doch gar nichts getan, könnte man naiv fragen. Es geht darum, den Lehrer im Außen loszulassen, um den Lehrer im Inneren ganz zu spüren. In dieser Phase tauchen häufig Träume auf, in denen der Lehrer stirbt. Ein Hinweis darauf, dass ein großer Teil Integrationsarbeit geleistet wurde. Sobald Menschen beginnen, sich in ihrem Herzen zu fokussieren, verbinden sie sich mit ihrem Inneren Lehrer und haben Zugang zu zeitloser Weisheit. Sie erlangen die Fähigkeit, Entscheidungen mit absoluter innerer Klarheit zu treffen. Je mehr sie diesem Inneren Lehrer vertrauen, desto stärker und unabhängiger wird ihr Energiefeld. Das Herz weiß unmittelbar und geht über die Fähigkeiten des Verstandes hinaus. Der Schlüssel liegt darin, die Stimme des Herzens zu erkennen und ihr vollständig zu vertrauen.

Nichtsdestotrotz sagen viele Traditionen, dass man Lehrer braucht. Optimal ist es, wenn der Lehrer sein Ego so transzendiert, überwunden, temporär zur Seite geschoben hat, wenn er so leer geworden ist, dass er einen Raum schaffen kann, in dem der Suchende sich selbst begegnen kann. Der Lehrer muss innerlich voller Mitgefühl und Liebe für den Schüler sein. Ein Suchender, der leidenschaftlich sucht, wird unweigerlich immer das höhere Prinzip erkennen, das durch den Lehrer hindurch wirkt. Dadurch kommt er in die Lage, sich damit zu verbinden und über den Lehrer hinausgehen. Die Intention ist entscheidend. Ein guter Lehrer arbeitet also ständig daran, sich selbst überflüssig zu machen. Dann wird er energetisch zu einem besten Freund. Wirklich gute spirituelle Lehrer sind selten. Sie sind wie kostbare Juwelen. Man erkennt sie an den Fortschritten ihrer Teilnehmer.

Wenn wir in das Bewusstsein gehen, dass alles zu uns spricht, kann jede Begegnung, jedes Ereignis zu einer Lehre, einem Teaching werden. Die Verbindung zu Krafttieren wurde in den nordamerikanischen indianischen Traditionen so verfeinert, dass sie ein natürlicher Teil des Lebens sind. Die Idee dahinter ist, wenn wir auf eine Visionssuche gehen, um unseren Lebenstraum, die Grosse Vision, zu finden und an Ort und Stelle oder in einem Traum, einem Tier dreimal begegnen, dann handelt es sich um unser Krafttier. Jetzt wird der Kontakt intensiviert. Bei jedem Essen wird heimlich ein Krümel für die unsichtbare Krähe zur Seite gelegt. Bei jedem Spaziergang geht der *spirit wolf* direkt neben der Person. Ein innerer Dialog beginnt, der nicht als Phantasie oder als irreal missverstanden werden darf. Für die Stämme ist es eine wirkungsvolle und erfahrbare Realität. Auch spielt die Größe eines Krafttieres für die spirituelle Qualität keine Rolle. Ein Medizinmann mit Maus-Medizin mag ungleich kraftvoller sein als jemand mit einem größeren Tier, weil er wie eine Maus mit Tunnelblick und feinstem Schnurrhaar auch das kleinste Detail wahrnimmt. Das Krafttier verkörpert über seine spezifischen Eigenschaften ein präzises Bewusstseinsprofil und stellt eine für das Individuum zu diesem Zeitpunkt passende Brücke in die große Eine Kraft hinein dar. Für mich persönlich ist die Verbindung zu Eichhörnchen eine anhaltende und sehr beglückende, wenn auch nicht die einzige. Die indianischen und auch hawaiianischen Wege haben sich einen Kontakt zu den Mysterien der Natur bewahrt, der dem kognitiven Westen verloren gegangen ist.

»Sprache ist nur eine Übersetzung der Wirklichkeit.«

Wenn wir wie John C. Lilly in einen Samadhi-Tank steigen oder das Delphinbewusstsein erforschen, wenn wir wie Robert Monroe die Hemisphären-Synchronisation als Werkzeug für außerkörperliche Erfahrungen erproben oder mit Raymond Moody Nahtoderlebnisse recherchieren, dann ist uns mit den Lehrern vieler spiritueller Traditionen eines gemeinsam: Sprache kann nur eine Annäherung an das sein, was wir Wirklichkeit nennen. Warum haben die Hopi-Indianer es vorgezogen, rhythmische Begriffe nicht zu substantivieren? Nicht zu sagen, der Puls schlägt, sondern »pulsieren«, denn der Puls und das Schlagen sind ja offensichtlich das gleiche? Warum haben sie dadurch ein anderes Zeitbewusstsein? Wieso kennen die Eskimos fünfzig verschiedene Begriffe für Schnee und die Pygmäen eine ähnliche Anzahl von Grüntönen? Wir kartographieren weltweit eine unsichtbare Wirklichkeit neu. Doch was wissen wir eigentlich wirklich selbst? Glauben wir das zu wissen, was die Galionsfiguren erforscht haben? Inwieweit ist Sprache selbst ein Symbol für Wirklichkeit? Besitzen wir ureigenes Erfahrungswissen und wenn nicht, wie können wir es uns aneignen?

Aus meiner Sicht erfordert es allen Mut und eine große Experimentierfreude, sich in spirituelle Wirklichkeiten hineinzubewegen. Was ist, wenn wir inbrünstig zu Gott beten – so wie eine Teilnehmerin eines meiner Seminare, die gebetet hatte, dass sie an diesem Tag an den richtigen Ort geführt werde und 20 Minuten später wird vor ihren Augen jemand erschossen, der in ihren Armen stirbt?

Sie hatte völlig verdrängt, dass sie in ihrer Jugend ihrem Stiefvater den Tod an den Hals gewünscht und sogar dafür gebetet hatte. Dieses wurde ihr zwar nicht erfüllt, doch nun führt ihr Gebet sie zunächst in eine Situation, in der sie das Sterben eines Menschen hautnah erfährt.

Was ist, wenn der spirituelle Weg ein ständiges Aufs-Gesicht-Fallen ist? Eine Universität der harten Schläge, der tiefen Prüfungen, ohne Persilschein auf Unversehrtheit? Was ist, wenn trotz aller Führung Schicksalhaftes passiert? Sind wir dann immer noch bereit, den Seelenkontakt, die Verbindung in einen überpersönlichen Bereich hinein, ins Herz, um jeden Preis aufrechtzuerhalten? Was ist, wenn der Lehrer es sich zur Aufgabe gemacht hat, fixierte Strukturen, die er im Schüler erkennt, aufzulösen, wenn er darauf aus ist, einen Zustand der Unzufriedenheit zu erzeugen, ohne den keine neue Offenheit möglich ist? Was ist, wenn Ermutigung schwächt und die Wildheit eines Lehrers letztendlich zur Freiheit führt? Sind wir dann immer noch bereit für das Teaching?

Das Ego versucht grundsätzlich, sich Spiritualität zu erwerben. Hier ist das Geld, her mit der Erleuchtung! Viele möchten unterhalten werden, ohne sich wirklich verändern zu wollen. Eine wirkliche Lehre zielt darauf ab, das Ichbewusstsein zu transzendieren und in einen neuen umfassenderen Bereich von Vertrauen vorzustoßen. Manchmal wollen sich Schüler vor dem Lehrer verstecken, im Prinzip wollen sie sich vor der Realität verstecken. Sie möchten Sicherheit und nicht Wachstum. Es geht ihnen nicht um Transzendenz. Wirkliche Spiritualität kann sehr ernüchternd sein. Das Bedürfnis, ein besserer Mensch zu werden, indem man spirituell ist,

ist eine Strategie des Egos zu überleben. Sich dieses einzugestehen kann äußerst frustrierend sein. Wer wirklich das Herz erfahren möchte, ist bereit für eine große Wandlung. Er ist bereit, sich auf Erfahrungen einzulassen, die nicht kontrollierbar sind.

Das Fundament

»Geh wieder und wieder in dein reines Herz. Erlaube dir, dich selbst zu sehen …«

Jede Generation hat das Recht, einen eigenen Weg in das große Ganze hinein zu kreieren. Sie hat die Freiheit, sinnvolle Traditionen fortzusetzen, Sinnloses gehen zu lassen und sich vollkommen neu zu verbinden. Wer hätte vor hundert Jahren gedacht, dass wir uns heute mit DNA-Aktivierung und Lichtkörperharmonisierung beschäftigen, aurasomatisch kultiviert den neuesten Algencocktail schlürfen, um uns alle Chakren kurz vertikalisierend tachyonenschnell zur Arbeit zu bewegen? Sind wir dadurch spiritueller als andere? Kommt es nicht vielmehr auf eine neue Charakterschulung an? Wo, wenn nicht im Herzen, findet diese Bildung statt? Wie lernen wir zu unterscheiden, was im Sinne der Seele unserer Entwicklung förderlich ist und worauf wir gut und gern verzichten können?

In den Mysterienschulen wird großer Wert darauf gelegt, ein Fundament im Herzen zu legen, die Reinheit des Herzens viele Jahre lang zu kultivieren, bevor es darum geht, die Ebenen des dritten Auges zu bereisen, welche kühl, gleichgültig, vollkommen indifferent sein können und daher die Tendenz haben, sich für manipulative Zwecke einsetzen zu lassen, sofern kein Fundament gelegt wurde. Auch sollte genügend Schattenarbeit geleistet worden sein. Das Wort »Schatten« löst häufig unwohle Empfindungen aus. Es klingt dunkel und gefährlich. Aus meiner Sicht ist es lediglich eine Umschreibung dessen, was zu diesem Zeitpunkt im Leben des

Individuums unbewusst ist. Das kann alles sein, ein blinder Fleck, ein Hemmnis, eine unbekannte Angst, ein Potential, ein Talent. Wenn wir wirklich bewusst werden wollen, kann es nur heißen, das Unbewusste bewusst zu machen, Licht in die Dunkelheit zu bringen, das heißt: alles, was wir an uns nicht wahrnehmen, wahrnehmen zu *wollen*! Ob es nun schöne oder nicht so schöne Aspekte sind. Der Punkt ist, dass diese Aspekte in einem wesentlich größeren Maße unser Leben bestimmen, als wir es gemeinhin wahrhaben wollen. Und diese Aspekte sprechen. Sie sind aktiv. Sie zeigen sich. Sie wollen gesehen werden. Stellen wir uns das Bewusstsein einmal vor wie einen Wald mit lauter Bäumen, die unterschiedliche Aspekte symbolisieren. Ein Baum, der brillant und großartig ist, einer, der schön ist, einer, der hässlich ist, ein Baum, der ständig eifersüchtig ist, einer, der sanft und zart ist, einer, der mitfühlend ist, einer, der kleinkariert ist, all die unterschiedlichen Bäume in unseren Bewusstseinswäldern. Wenn wir einige dieser Bäume als nicht zu uns zugehörig betrachten, und sagen, wir sind all die schönen und guten Bäume, die anderen Bäume, das sind die anderen, dann führt diese einseitige Identifikation zu einer energetischen Aufladung der verdrängten, abgespaltenen Bäume und andere Individuen treten in unser Leben und konfrontieren uns mit dieser Energie. Wenn ein nicht erkannter Aspekt hoch aufgeladen ist, kann es für die Entwicklung des Individuums gefährlich werden und mehr als nur Dramen im Leben erzeugen. Dann treten »negative« Galionsfiguren in unser Leben und sprechen zu uns. Sie führen solange ein Drama auf, bis wir das Thema innerlich umgewandelt haben. Das Herz hat dabei folgende Funktion. Es ist die Kraft, die dem ganzen Wald als Energie zugrunde liegt. Wir können aus vereinzelten Aspekten unseres Bewusstseins in diese zentrale Energie, ins Herz hineinwechseln. Dort halten wir inne und haben die Option, zwischen unterschiedlichen Handlungsweisen, Wahrnehmungsweisen zu wählen.

Das Phänomen der Induktion

»Alles, was du für dich erlöst, wird zu einem Schlüssel, von dem andere nehmen dürfen ...«

Wir sitzen im Vortrag eines spirituellen Lehrers und spüren gar nichts. Wir sitzen bei einem anderen spirituellen Lehrer und unser Herz geht auf. Es fängt an zu vibrieren. Was ist passiert? Warum bei dem einen, und nicht bei dem anderen? Grundsätzlich geht es um das Phänomen der Induktion. Es ist die Nicht-Sprache eines Vortrages, die die Seele der Zuhörer erreicht und eine Saite in ihnen zum Schwingen bringt. Wenn zwei Geigen in einem Raum stehen und auf einer wird ein Ton erzeugt, wird bei der zweiten Geige die gleiche Saite leicht mitvibrieren. Es wird eine Schwingung im Raum erzeugt. Wenn ein Lehrer in andere Bewusstseinszustände hinüberwechselt, können die Zuhörer dies nachvollziehen, frei nach dem Motto: Wenn der Lehrer lacht, kugeln sich die Chakren. Der Bewusstseinszustand, aus dem heraus z.B. ein Vortrag gehalten wird, ist ein anderer als der, aus dem heraus Traumschau oder Heilung durchgeführt wird. Selbstverständlich ist es möglich, auch über die Stille in transzendente Bereiche zu gelangen. Eine einzige Person hat die Kraft, mit ihrem Sein einer Gruppe Seele einzuhauchen. Ich habe mehrfach erlebt, wie ein Mensch mit seiner Geschichte den ganzen Raum inspiriert.

Geschichten sind aus meiner Sicht essentiell. Eine Geschichte, es kann eine Schöpfungsgeschichte, ein Traum, eine Legende, etwas gerade Erlebtes sein, ist ein Gefäß, durch das wir spirituelle Wirklichkeiten wahrnehmen können. Menschen sind Geschichten erzählende Wesen. Jeder Mensch ist eine wandelnde Geschichte. Das Erste, was morgens auf Hawaii stattfindet, wenn man sich zur Arbeit trifft, ist »Let's talk story«. Es werden Träume erzählt, der jüngste Klatsch, Neuigkeiten aus der jeweiligen Gemeinschaft.

Heute ist die Kunst, selbst Geschichten zu erzählen, etwas verkümmert, da wir uns um das digitale Lagerfeuer Fernsehen versammeln und das Geschichtenerzählen lieber den Profis überlassen. Eine Geschichte ist eine Sinngebung, und wir sind sinngebende Wesen. Die Redekunst und Wortgewalt der alten Barden wird heute wieder dringend benötigt.

Wenn in den indianischen Traditionen ein Mitglied der Twisted Hair Society in das Dorf einreitet, gibt es kein Halten mehr. Jetzt werden Geschichten erzählt, neue, alte, und die Geschichte ist das Gefäß, durch das der Geist der Gemeinschaft neu gewebt werden kann. Die Geschichte hält den Geist am Leben. In dem Moment, in dem Menschen von ihrer persönlichen, alltäglichen Geschichte durchbrechen in eine überpersönliche, wenn sie Teil einer größeren Geschichte werden, eines größeren Ganzen, einer Beziehung, einer Familie, eines Sportclubs, einer Firma, einer Bewegung, eines Landes, vielleicht eines Mythos, in dem Moment passiert eine Verwandlung. Sie werden zu einem Teil eines größeren Zusammenhanges. Das Phänomen der Separation ist aufgelöst. Die größere Geschichte gibt den tieferen Sinn. Sie realisieren, dass sie in Kontakt sind mit einer Kraft, die weit über ihre Person hinausgeht. Ihr Leben trägt eine umfassendere Sinnhaftigkeit. In einem Satz: Sie befinden sich urplötzlich auf einer Heldenreise.

Vertrauen auf die Antwort

»Das Vertrauen, das du schenkst, wird dir zurückgeschenkt …«

Wie werden wir Teil eines größeren Ganzen? Eigentlich ist die Frage falsch gestellt, denn wir sind es ja in jeder Sekunde. Also, wie realisieren wir, körperlich spürbar mit jeder Faser, dass wir Teil eines größeren Ganzen sind? Es beginnt mit dem Eintreten in einen Dialog. Wenn wir nicht beginnen, den Dialog von uns aus aufzunehmen, verbleiben wir in einem separierten, getrennten Bewusstsein. Wir verbleiben gleichsam auf dieser Bewusstseinsstufe. Eintreten in den Dialog bedeutet nicht, in animistische, prärationale Bewusstseinsstufen zurückzufallen, wie sie in früheren Zeiten kultiviert wurden, sondern sich voller Vertrauen in Erfahrungen zu begeben, bei denen wir überhaupt nicht wissen, was dabei herauskommen kann. Die spirituelle Reise ins Herz ist die größte Reise, die man als Mensch unternehmen kann. Es bedeutet, mit offenen Armen auf die Welt zuzugehen. Das Gesicht, das wir dem Göttlichen zeigen, zeigt es uns. Zeigen wir ein liebendes Gesicht, zeigt es uns ein liebendes Gesicht. Sobald wir aktiv in einem Dialog sind, wird die Welt zum Symbol. Die spirituellen Kräfte um uns herum werden alles tun, um Antworten zu kreieren.

Eine Szene in Hawaii am Strand. Ein junges Paar fährt mit einem Kajak. Sie sind viel zu weit von der Stelle weg, an der sie ihre Fahrt begonnen haben. Der Rückweg wäre zu lang und die Brandung ist zu hoch. Sie kämen dort nicht mehr aus dem Wasser heraus. Sie kämpfen und wissen nicht, was sie tun sollen. Zwei amerikanische Frauen wollen helfen und versuchen, sie an den Strand zu winken. Zwei Hawaiianer gehen auf sie zu, innerlich aufgewühlt, und fordern sie auf, das zu unterlassen. Es kommt zum Streit. Die Frauen setzen sich durch. Das Paar steuert den Strand an und wird von einer von ihnen zu ihrem Auto gefahren. Die andere setzt sich mit den Hawaiianern auseinander. Warum haben sie nicht eingegriffen? »Das ist Hi'iakas Angelegenheit.« Die Göttin Hi'iaka, die jüngere Schwester von Pele, wird unter anderem mit dem Ozean in Verbindung gebracht. Die Hawaiianer fragen zurück: »Warum habt ihr so früh eingegriffen? Hi'iaka war gerade dabei, ihnen ein Teaching zu geben. Wenn sie wirklich in Gefahr gewesen wären, hätten wir eingegriffen.« Was wissen wir wirklich von Hi'iaka, was wissen wir vom Ozean? Welches Verhalten ist angemessener?

Vielleicht wären sie noch kraftvoller aus der Prüfung hervorgegangen. Vielleicht hätten sie am Strand übernachtet? Vielleicht hätten sie in der Nacht ein Kind mit hawaiianischem Spirit gezeugt und es Hi'iaka genannt?

Ich bin immer wieder neu fasziniert, wenn sich an einem Wochenende Menschen zusammenfinden, die sich um ein besonderes Thema herum gruppieren. Offiziell geht es um Herzöffnung, doch dann kommen plötzlich alle Leute zusammen, deren Thema Selbstmord in der Familie ist. Schauplatz ist das Souterrain einer Theaterwerkstatt in Freiburg. Wände schwarz, Boden schwarz, keine Fenster, ein Teaching wie aus einer Gruft und von tief unten wird der Weg ins Herz geebnet. Ein Wochenende später ein völlig anderes Setting, eine Kung-Fu-Schule, eine Riesenhalle mit hoher Decke und einem knallgelben Bodenbelag. Gut für die Kung-Fu-Kämpfer, denn das Gelb hilft ihnen, noch höher zu springen, und die Menschen, die sich hier zusammenfinden, sind alle schon etwas abgehoben. Sie channeln, und einige von ihnen nehmen mich vorher zur Seite, um mir mitzuteilen, mit welchem Aufgestiegenen Meister sie in persönlichem Kontakt sind. Sanft werden sie ins Herz hinab gebeten. Ein Wochenende danach kommen Männer und Frauen zusammen, die Hautkrankheiten als Thema haben. Es ist für mich als Lehrer frappierend, dies Wochenende für Wochenende wieder zu sehen, und ein Teil in mir fragt sich ständig: Welche Kraft orchestriert diese Zusammentreffen? Wer organisiert das alles?

Ich spreche das erste Mal auf den Basler PSI-Tagen, einem der größten europäischen Kongresse zum Thema Spiritualität. Es ist die Abschlussveranstaltung vor etwa fünfhundert Menschen, und alle Referenten sind noch einmal auf der Bühne, um ein Schlusswort zu sprechen. Links neben mir hat gerade Jasmuheen, die australische Lehrerin, gesprochen, doch das Mikro wandert nicht zu mir, sondern wird dem Musiker übergeben, der rechts neben mir am Flügel sitzt. Bevor er anfängt zu spielen, beginnt er plötzlich, eine kurze Rede zu halten, und holt dafür ein großes Keramikeichhörnchen hervor. Er hält es die ganze Zeit direkt vor mein Gesicht und erzählt, dass das Eichhörnchen lange Zeit sein Talisman gewesen sei und er es nun als Dankeschön den PSI-Tagen überreichen möchte und auch extra für diesen Abend ein Eichhörnchenlied komponiert habe. Ich bin völlig perplex, und die Hälfte des Auditoriums, die meine Erfahrungen mit den Eichhörnchen-Begegnungen vorher in einem anderen Saal gehört hat, kichert in sich hinein. Während er am Klavier das Eichhörnchenlied spielt, weiß ich überhaupt nicht mehr, was ich später sagen soll, und schaffe es gerade noch, einige Worte des Dankes zu formulieren. Schließlich ist die Veranstaltung beendet, und beim Verabschieden bekomme ich vom Grandseigneur des Kongresses, Professor Alex Schneider, mit einem weisen Lächeln das Eichhörnchen als Geschenk überreicht. Ich bin fassungslos. Die erste Kongressteilnahme in der Schweiz und ich gehe mit einem Eichhörnchen nach Hause. Die Antworten kommen.

Herzens-Anker: Das Eintreten in den Dialog

Wenn wir aktiv von uns aus in einen Dialog mit dem Universum eintreten, können Antworten geschehen, die wir vorher nicht für möglich gehalten hätten. Alles spricht plötzlich zu uns und ein größerer Sinn fängt an, sich in unseren individuellen Leben zu offenbaren.

Haben Sie schon einmal probiert, mit dem Universum als einer schöpferischen Intelligenz in einen kreativen Dialog zu treten? Was ist dabei passiert?

Gibt es etwas, dass Sie daran hindert, voller Vertrauen mit dem Universum zu kommunizieren? Wenn ja, was?

Was sehen Sie in einem spirituellen Lehrer?

Wie können Sie über einen Lehrer in einen tiefen Kontakt mit Ihrer Seele kommen?

Haben Sie eine Ahnung davon, was die größere Geschichte Ihres Lebens sein könnte?

6
Der Viermaster – Mitgefühl, Innere, angeborene Harmonie, die Kraft, zu segnen und zu heilen, bedingungslose Liebe

Logbuch:
»Die Talkshow-Moderatorin« – ein Erleben

Ein sehr guter Freund, ein älterer Geschäftsmann aus Kansas, reicht mir kurz nach dem Tod meines Vaters die Hand und stellt mir für drei Monate sein gerade erworbenes Ferienhaus in den Rocky Mountains zur Verfügung. Zum Schreiben und zum Regenerieren. Ich bin zum ersten Mal drei Monate lang im Tiefschnee und fange an vom Ozean zu träumen. Schnee ist zwar auch eine Form von Wasser, für meinen Geschmack jedoch eindeutig zu kalt. Ich bin also in einer der schönsten Wintersportregionen der Welt und fahre kein Ski. Ich trauere und schreibe. Wenn ich dort nicht schreibe, bereite ich mir etwas zu essen zu und gehe der unspirituellen Betätigung nach, während des Essens fernzusehen. Ich zappe mich durch die Programme. Irgendwann bleibe ich an einer spirituellen Talkshow hängen. Die souveräne Moderatorin, eine blonde Frau in ihren Fünfzigern, interviewt auf eine sehr subtile, weise Art zwei Yogalehrerinnen. Es ist kein kurzer Durchschnittstalk, sondern ein einstündiges faszinierendes und lebendiges Tiefeninterview. Ich denke, das wäre wirklich das ideale Forum, um das Material, an dem ich schreibe, vorzustellen, und beschließe, die Talkshow-Gastgeberin anzurufen und ihr diese Idee vorzuschlagen. Es ist kein Problem, die Telefonnummer herauszubekommen. Einen Tag später habe ich die Frau am Apparat und trage ihr mein Anliegen vor. Bei ihr ist sehr viel Lärm im Hintergrund, doch sie hört geduldig und professionell zu, nur um dann zu sagen, sie könne sich leider jetzt nicht darauf konzentrieren, habe aber Interesse, ob ich nicht in einer Woche noch einmal anrufen könne? Das ist zwar nicht das, was ich mir vorgestellt hatte, aber ich habe ja genug zu tun mit dem Schreiben. Eine Woche später rufe ich sie erneut an. Wieder erzähle ich, wer ich bin und worum es geht, wieder hört sie geduldig zu, wieder ist sehr viel Lärm im Hintergrund und wieder sagt sie, es würde sie sehr interessieren, sie könne sich aber leider nicht darauf konzentrieren, ob ich nicht in einer Woche noch einmal anrufen könne. Ich komme mir schon ein bisschen vor wie in dem Film »Und täglich grüßt das Murmeltier«. Eine Woche später das gleiche Szenario: Ich rufe an, trage meinen Text vor und es ist wieder Lärm im Hintergrund, da schwenkt das Gespräch urplötzlich auf eine vertrauensvolle, seelische Ebene über und sie sagt ganz offen, sie würde mir wirklich gern ihre Aufmerksamkeit schenken, aber sie sei in der Krise ihres Lebens. Während sie in Europa war, habe eine Lawine ihre Ranch überrollt und ihr gesamtes Hab und Gut sei zerstört. Alles Opfer der Schneemassen. Sie sei umgeben von Anwälten, Versicherungsagenten, Sachverständigen. Ob ich nicht in einer Woche noch einmal anrufen könne? Natürlich kann ich. Meine Ungeduld ist mit einem Schlag verflogen. Für mich ist es tatsächlich zu diesem Zeitpunkt relativ unerheblich, ob es zu diesem Interview kommt oder nicht. Sie dagegen ist in einer wirklichen Krise. Ich halte mitten in meiner Bewegung inne und überlege. Vielleicht geht es gar nicht darum, dass sie mir hilft, vielleicht hat die Begegnung ja einen ganz anderen Sinn? Vielleicht ist es umgekehrt? Ich gehe daraufhin in Meditation und stelle mir eine einzige Frage: »Wie kann ich ihr dienen? Gibt es irgendetwas, womit ich ihr dienen kann?« Die Antwort kommt direkt und prompt. Die innere Stimme sagt: »Teil ihr mit, wenn sie nicht sofort anfängt, fünf bis sieben Liter Wasser täglich zu trinken, werden ihre Nieren versagen und… sie wird daran sterben.«

Ach du meine Güte, geht es nicht ein bisschen weniger dramatisch, wer bin ich denn, dass ich einem wildfremden Menschen so etwas mitteile? Ich frage noch einmal nach. Wieder die gleiche Antwort. Ich frage, woher das Problem mit den Nieren kommt. »Aus der Beziehung mit dem zweiten von drei Ehemännern.« Ich bin im Zwiespalt. Ich habe in den Seminaren festgestellt, dass ich meiner inneren Stimme hundertprozentig vertrauen kann. Andrerseits bin ich kein

Dunkelseher und es ist nicht meine Intention, möglicherweise Angst zu erzeugen und Menschen Dinge zu sagen, nach denen sie mich nicht einmal gefragt haben. Ich beschließe, es dem Moment zu überlassen, ob ich die Botschaft übermitteln werde. Eine Woche später rufe ich die Moderatorin wieder an. Diesmal ist es der richtige Moment. Eine Stunde vorher hat sie all ihre Angelegenheiten einer Firma übergeben und hat nun Zeit. Wir verabreden uns für den gleichen Abend und ich schlage vor, uns in dem großen Haus meines Freundes zu treffen, da wir ungestörter reden können als in einem Restaurant. Sie hat damit keine Probleme und sagt zu. Ich weiß immer noch nicht, ob ich es ihr sagen werde. Sie kommt um sieben und geht als Erstes auf den offenen Küchenbereich zu. Dort liegen verschiedene Teesorten. Sie greift sich eine Teepackung mit dem Namen »DETOX AM – Entgiftung am Morgen« und sagt ganz spontan: »Oh, Entgiftung, das könnte ich jetzt auch gut gebrauchen.« Ich denke in diesem Moment, danke lieber Gott, das war wirklich die perfekte Vorlage, und nehme den Ball sofort auf. Innerhalb der ersten fünf Minuten erzähle ich ihr alles, was ich erfahren habe. Sie hört mehr als aufmerksam zu und ist sehr dankbar über die Information. Es stellt sich heraus, dass ihre Nieren vier Monate zuvor bei einem Aufenthalt in Europa kollabiert waren und sie fast gestorben wäre. Die Ärzte haben sie bereits damals dringend aufgefordert, fünf bis sieben Liter Wasser täglich zu trinken. Dennoch tut sie es nicht. Das gesamte Gespräch an diesem Abend läuft auf einen etwa sechsstündigen Soul Talk hinaus, in dem es die ganze Zeit darum geht, sie aus dem Bewusstsein einer Viereinhalbjährigen herauszuhebeln, die von ihrer Mutter mit dem Kopf auf den Spülstein geschlagen wurde und sich geschworen hatte, sich von nichts und niemandem zum Trinken zwingen zu lassen. Diese Viereinhalbjährige hatte in der Psyche dieser sonst so souveränen, weisen und einfühlsamen Frau das Kommando, und zwar so sehr, dass es sie fast das Leben gekostet hätte

Auf der Brücke – Das offene Meer

»Hilfe kommt in vielen Gewändern. Halte dich offen, damit du sie wahrnehmen kannst ...«

Die Muster aus der tiefen Psyche bestimmen uns mehr, als wir zu glauben bereit sind. Egal, wie intuitiv, intelligent, weise und spirituell wir uns wähnen oder tatsächlich auch sind. Allen positiven Eigenschaften zum Trotz hat ein Aspekt in der Psyche dieser Frau das Sagen, dessen Ressourcen begrenzt sind und der sie fast umgebracht hätte. Andererseits kommen aus irgendeinem Grund Kräfte von außen ins Spiel, wie in diesem Fall meine Person oder andere, die versuchen, der Situation eine positive Wendung zu geben. Im Gespräch stellt sich heraus, dass sie vor Jahren schon einmal in einer akuten Vergiftungssituation in eine Spezialklinik nach Deutschland geflogen werden musste. Dort konnte ihr nur durch einen eigens aus dem Ruhestand zurückgeholten Professor das Leben gerettet werden. Diese Klinik liegt in unmittelbarer Nähe meines damaligen Wohnorts. Schon wieder kommt die Hilfe für sie aus der gleichen Region. *Erstaunlich.* Wer organisiert das alles?

Was muss alles passieren, damit es überhaupt zur Übermittlung dieser Botschaft kommt? Ein Freund muss sein Haus anbieten. Ein spiritueller Lehrer muss beim Essen fernsehen, dann an einer bestimmten Sendung hängen bleiben und auch noch den Impuls haben, einen Kontakt herzustellen. Sie muss offen genug sein, den Kontakt zuzulassen, und im entscheidenden Moment noch offener, um ihre Situation zu schildern. Er muss mitfühlend genug sein, um aus seiner ursprünglichen Bewegung herauszufinden in etwas Umfassenderes. Ein Teil in mir staunt immer wieder wie ein Kind, dass so etwas möglich ist.

Gleichzeitig zeigt dieses Beispiel, wie schwierig es sein kann, der Stimme des Herzens zu vertrauen, und dass die Herausforderungen nicht kleiner werden. Es ist wie eine Fahrt über das offene Meer. Der sichere Hafen ist längst verlassen. Plötzlich kommen unerwartete Aufgaben auf uns zu. Stürme, Flauten, Strömungen, Witterungsumschwünge – die Kunst besteht darin, in jeder Situation auf der Brücke navigieren zu können und auf die richtige Entscheidung zu vertrauen.

In der spirituellen Arbeit mit Menschen zeigt sich, dass die Kultivierung der vier Herzqualitäten bei dieser Entscheidungsfähigkeit eine Schlüsselrolle spielt und zu einer Form von Präsenz führt, die verbunden ist mit den umfassenderen Ressourcen der eigenen Seele. Sie schaffen Raum für die Seele, sich im Körper auszudehnen und aufzuhalten. Die alten Weisen wussten um diese Wirkung und praktizierten die Qualitäten täglich.

Mitgefühl – Die Tiefe des Herzens

»Die Verweigerung einer Gabe kann sinnvoller sein als das unfreiwillige Geben. Es gibt eine Passage auf dem Weg, während derer du nicht alle Hände, die nach dir greifen, nehmen darfst …«

Mitgefühl ist die erste zu kultivierende Herzqualität und führt das Individuum zu einer Haltung, die dem Universum gegenüber freundlich gesinnt ist. Häufig wird Mitgefühl etwas zu passiv verstanden, weil wir ja »mit« etwas Vorgegebenem fühlen. Diese Sicht ist zu eng, denn Mitgefühl setzt eine aktive Entscheidung voraus, mit der eigenen Seele und der eines Gegenübers in steter Verbindung zu sein.

Ich gebe ein Wochenende in einer Stadt in Deutschland. Ich lasse am Samstagmorgen ein Begrüßungsritual durchführen. Eine Teilnehmerin steht vor mir und es geht darum, sie willkommen zu heißen. Tausendmal stehe ich vor verschiedenen Menschen und ich heiße sie jedes Mal von ganzem Herzen willkommen. Diesmal geht es nicht. Meine innere Stimme schreit: Nein. Ich kann es kaum fassen. Jeder ist willkommen. Es geht um die Einübung der vier Herzqualitäten von Mitgefühl, innerer, angeborener Harmonie, der Kraft, zu segnen und zu heilen, und bedingungsloser Liebe. Doch innerlich höre ich ein ganz klares Nein. Aber es geht doch um die bedingungslose Liebe. NEEIIN!!!! Ich ziehe mich einen Augenblick aus der Situation heraus und lasse die Momente Revue passieren, in denen ich diesem Nein nicht gefolgt bin. Sie waren selten, aber es gab sie. Jedes Mal kam es schlussendlich doch zu einem späteren Nein, in dem Sinne, dass sich herausstellte, dass das Wochenende für diese speziellen Personen zu diesem Zeitpunkt nicht das Richtige war und das Nein zeitverzögert ausgesprochen werden musste. Immer war es für alle Beteiligten sehr offensichtlich, warum dieses so geschah. Nur diesmal gibt es überhaupt keinen äußeren Grund. Ich habe schlussendlich keine Wahl, als der Stimme zu vertrauen, und spreche nach einem Gespräch mit der Frau vor der Gruppe das Nein aus und lasse ihr das Teilnehmerhonorar zurückgeben. Jetzt zeigt sich unmittelbar, warum das Nein erforderlich war. Es kommt im Vorraum zur emotionalen Explosion und einer gewaltigen Hasstirade. An welchem Punkt ihrer Entwicklung auch immer diese Frau steckte, es war nicht der richtige Zeitpunkt oder der richtige Ort oder der richtige Lehrer. Inzwischen sehe ich das Nein als Gabe an. Es muss nur sichergestellt sein, dass der Lehrer nicht aus persönlicher Betroffenheit heraus handelt. Dies muss er jederzeit ausschließen können. Viele spirituelle Menschen denken, nur das Ja sei spirituell, kosmisch und allumfassend, ich teile diese Ansicht nicht. Ein Nein kann eine der wirksamsten Gaben überhaupt sein. Letztendlich ist es ein Ja zu einer höheren Form von Wahrheit, in diesem Fall spürbar über die innere Stimme.

Ich beginne zu realisieren, dass wirkliches Mitgefühl eine schwer zu meisternde Tiefe trägt und dass es von vielen spirituell Suchenden nur ansatzweise verstanden wird. Theoretisch sind wir mit dem Mitgefühl in Verbindung, doch in der Umsetzung in die Praxis zeigt sich, wer wirklich mitfühlt.

Wahrhaftes Mitgefühl ist in Verbindung mit dem größeren Bogen der Seele des Betreffenden. Wahrhaftes Mitgefühl ist in steter Verbindung zu einer höheren, umfassenderen Form von Wahrheit. Es ist *immer* in Verbindung und gekennzeichnet durch seine Offenheit. Es kann in Offenheit Ja sagen, Nein sagen, zuwenden, zurücktreten – das Entscheidende ist die Verbindung zur Seele des Betroffenen. Es gibt keine innere Wertung, sondern nur Mitgefühl. Für die Armen … und die Reichen. Für die Kranken … und die Gesunden. Für die Hungernden … und die Satten. Für die Älteren … und die Jungen. Mitgefühl macht keinen Unterschied. Insbesondere in sozialen Bereichen, in denen es um Suchtarbeit geht, oder in Psychiatrien ist es eine schwierige Gratwanderung, mitfühlend mit der Seele eines Menschen zu sein und möglicherweise eine Form von *tough love* zu praktizieren, die ihm langfristig nutzen kann.

Die schwierigste und tiefste Form des Mitgefühls, die ein Mensch haben kann, ist aus meiner Sicht nicht das Mitgefühl für die Feinde. Denken wir nur an das in spirituellen Kreisen gern bemühte Beispiel des tibetischen Mönches, der seine chinesischen Peiniger, die Verwandte von ihm ermordet und ihn selbst gefoltert haben, immer noch voller Mitgefühl betrachtet, weil er ihnen nicht die Macht gibt, seine Geisteshaltung zu dominieren. Dies ist eine wahrhaft hohe Kunst, doch noch schwerer zu meistern scheint mir das Mitgefühl für sich selbst. Damit ist ausdrücklich nicht Selbstmitleid oder narzisstische Selbstbeweihräucherung gemeint, sondern eine Ebene des tiefen Verständnisses um den Stand der eigenen Entwicklung, der möglicherweise kein vollkommener ist und nicht der eines Meisters, und eine tiefe mitfühlende Wertschätzung desselben. Die Selbstbewertung und Selbstverurteilung ist unter spirituell Suchenden zum Teil so hoch, dass sie für alle anderen Mitgefühl empfinden wollen, nur nicht für sich selbst. Wer sich mitfühlend allen Aspekten der eigenen Seele zuwenden kann, tritt aus dem ewigen Kreislauf von Verurteilung und Bewertung aus. Wirkliches Mitgefühl durchbricht diese inneren Blockaden und Zweifel. Es schmilzt sie hinweg. Es ist mit dem Herzschlag hinter allen Kämpfen und Tränen in Verbindung. Es liebt das Leben in jedem Moment.

Innere, angeborene Harmonie – Die Stille des Herzens

»Such stets die Liebe hinter dem Schmerz.
Bleib nicht beim Sichtbaren stehen …«

Wenn der Dalai Lama in seinem Lamrim-Teaching von der Interdependenz aller Wesen spricht und auf ein Bewusstsein der Verbundenheit aller mit allen abzielt, dann bewegt er sich im Bereich der zweiten Herzqualität von innerer, angeborener Harmonie. In dem Moment, in dem wir realisieren, dass wir als Menschen *eine* Herkunft haben, dass wir mit anderen Lebewesen *einen* Planeten teilen, dass es *eine* Luft ist, die wir atmen, kultivieren wir eine Form innerer, angeborener, im Sinne von ursprünglicher, immer schon in uns anwesender Harmonie. Wir befinden uns im Einklang. Die Schwierigkeit liegt darin, diesen Einklang auf allen vier primären Ebenen zu spüren: mental, emotional, physisch und spirituell. Dies ist in einer aus dem natürlichen Takt geratenen Gesellschaft zugegebenermaßen schwieriger. Je technischer und funktionaler Menschen Arbeitsabläufe, Städte, selbst private Beziehungen oder sogar ihr Meditationsprogramm gestalten, desto schwieriger wird es, die Essenz dieser Herzqualität konstant zu erleben. Die Herzen geraten aus dem Takt.

Wirkliche Stille führt zu einem unmittelbaren Frieden im Grunde des Herzens, verbunden mit einer tiefen Lebensfreude. Das Herz ist in Harmonie mit allen. Vielleicht muss diese Harmonie zunächst in der Natur, in einem temporären Rückzug, auf einem Seminar neu erspürt werden, doch wenn die wahrhafte Stille darin gefühlt wird, dann lässt sie sich auch in der Hektik der Großstadt bewahren. Diese Form von Einheit ist spürbar im Glück und im Schmerz. Aus der inneren, angeborenen Harmonie heraus ist es möglich, in jeglicher Konfliktsituation Ruhe zu bewahren. Innere, angeborene Harmonie beantwortet eine Situation mit Freundlichkeit. Es ist der eigene innere Frieden, der die Situation gestaltet.

Die tägliche Kultivierung der zweiten Herzqualität führt zu dem Einverständnis, Teil eines größeren Ganzen zu sein. Sie arbeitet kontinuierlich daran, innere Widerstände aufzulösen. Widerstände, die versuchen, ein Gefühl der Separation aufrechtzuerhalten. Unser Ego arbeitet permanent daran, die Widerstände aufrechtzuerhalten, die Herzqualität steuert gegen. Es ist eine existenzielle Hinwendung zur Hingabe. Menschen mögen die Harmonie in ganz besonderen Momenten ihres Lebens spüren, wenn sie heiraten, ein Kind geboren wird, ein langfristiges Projekt glücklich beendet wird, doch sie ist eigentlich in jedem Moment spürbar. Es ist die innere Vereinbarung, in jedem Moment den Frieden zu wählen.

Ich begegne einer jungen Frau auf Hawaii, die ihren Mann während der Angriffe auf das World Trade Center vom 11. September verloren hat und jetzt als Witwe ihre Kinder allein großzieht. Sie hat sich in aller Öffentlichkeit gegen den amerikanischen Präsidenten gewandt, um klarzustellen, dass sie nicht wünscht, dass im

Namen ihres Mannes Rachefeldzüge gegen andere Länder geführt werden. Sie hat den Frieden in jedem Moment gewählt und nicht zugelassen, dass erlittener Schmerz, Verluste aus der Vergangenheit, zum Maßstab ihres Handelns werden.

Als Menschen haben wir die erstaunliche Fähigkeit, uns energetisch zu verschließen oder zu öffnen. Wir sind so kreativ und kraftvoll, dass wir mit dem manifestierenden Instrument des Verstandes unsere Wirklichkeit täglich neu erschaffen. Insbesondere haben wir die Fähigkeit, ganze Wirklichkeitsbereiche auszuschließen. Wir nutzen diese Fähigkeit, um nicht fühlen zu müssen. Ohne dass wir es wollen, trennen wir uns gleichzeitig von den höheren spirituellen Kräften der eigenen Seele ab. Es bricht mir das Herz, wieder und wieder zu sehen, wie vergangenem Schmerz eine solche Macht eingeräumt wird, die Zukunft zu dominieren, und wie Individuen sich in einem Leben in einer kleinen Box einrichten und so aus der Verbundenheit allen Lebens herausseparieren. Das Leben ist nicht schmerzfrei. Punkt.

In den indianischen Traditionen gibt es mit der Narbenhexe eine mythologische Figur, die dieses kraftvoll illustriert. Man geht davon aus, dass der Mensch nach seinem Tod einen Raum betritt, in dem er zunächst der Narbenhexe begegnet. Die Narbenhexe prüft den Menschen und beginnt dann, alle Narben, die er in seinem Leben angesammelt hat, vom Körper herunterzufressen. Wehe dem, der auf seiner Lebensreise keine Narben angesammelt hat! Einem solchen Menschen frisst sie die Augäpfel aus der Höhle und er ist blind im Jenseits.

Die Grundaussage des Mythos ist, dass wir über die Wunden in Kontakt kommen mit spirituellen Energien. Die Wunde ist die Öffnung, durch die das Spirituelle in die Zeit eintritt. Menschen, die keine Wunden erfahren haben, sind aus der Sicht dieses Mythos im Jenseits geblendet, können also in diesen Bereichen nicht navigieren. Wir finden das gleiche Motiv in vielen anderen Kulturen, ob es um die Figur des verwundeten Heilers geht, den christlichen Einweihungsweg mit der Kreuzigung, die Ferse des Achilles, das Auge Odins, die Leber des Prometheus – gemeinsam ist diesen Mythen ein besonderer Umgang mit dem Leiden respektive der Wunde.

Die zentrale Frage, die sich daraus ergibt, lautet: Ist Leiden notwendig, um zu wachsen? Meine Antwort ist: Ich habe keine. Vielleicht gibt es die Möglichkeit, zwischen zwei Toren zu wählen, auf dem einen steht »Dankbarkeit« und auf dem anderen »Leiden«, vielleicht auch nicht? Ich habe jedoch eine Antwort auf den bewussten Umgang mit leidvollen Situationen: Das Herz führt direkt heraus! Seine Liebe ist die Energie, die den Schmerz langjähriger Wunden heilt und die Seele voller Dankbarkeit erblühen lässt. Diese Liebe ist nicht emotional, nicht sexuell, nicht intellektuell. Selbst unter größten Anstrengungen und im tiefsten Schmerz ist das Herz zugleich fähig, Freude zu empfinden. Es ist immer mit einer Ebene der Glückseligkeit verbunden und braucht dafür keinen Grund. Innere, angeborene Harmonie weist den Weg. Sie ist verbunden mit der Liebe hinter dem Schmerz.

Die Kraft, zu segnen und zu heilen –
Das Strahlen des Herzens

»Für alles Unheile gibt es im Himmel ein heilendes Bild.
Nimm es und gib es weiter …«

Die dritte Qualität des Herzzentrums ist eine aktive. Es geht darum, das Herz in die Hand zu nehmen, es in jeder Form von Handlung durchstrahlen zu lassen. Es geht darum, für andere Menschen

Segen und Heilung zu sein, in welchem Rahmen auch immer. Für jeden Heiler, Therapeuten, Arzt, jede Krankenschwester ist es unerlässlich, einen Zugang zum Herzen zu haben, aus dem heraus sie wirken. Da Heiler und Klient in einem gemeinsamen Raum wirken, ist der Heiler, der aus rein persönlichen Ressourcen arbeitet, nach einer gewissen Zeit je nach seiner Grundkonstitution mehr oder weniger aufgebraucht und erschöpft. Der Heiler hingegen, der mit transpersonalen Ressourcen arbeitet, ist in der Lage, sein Energiefeld konstant auch in »kranken« Umgebungen aufrechtzuerhalten. Er benutzt den Hollow Bone aus dem Vier-Knochen-Teaching, das heißt, er lässt die Kraft, zu segnen und zu heilen, durch sich hindurchfließen, egal, ob über die Hände, direkt aus dem Herzen oder über das Wort. Er hält eine Form heilender Präsenz aufrecht, eine heilende Welle, eine heilende Frequenz. So stellt er sicher, dass er konstant eine heilende Vibration aussendet und nicht umgekehrt aus dem Takt geratene Schwingungen aufnimmt, die ihn aus der Balance bringen könnten. Insbesondere für Heiler, die mit Hands-on-Healing oder Quantum Touch arbeiten, ist es unerlässlich, Atemübungen zu praktizieren, die sicherstellen, dass das Ausatmen während der gesamten Heilung grundsätzlich drei- bis viermal länger dauert als das Einatmen. Das Prinzip dahinter ist das gleiche. Es geht darum, Sender zu bleiben.

In Situationen meines Lebens, in denen ich Heilung gebraucht habe, durfte ich feststellen, dass Heiler, die aus einem geöffneten Herzzentrum heraus arbeiten, ungleich effektiver waren als die, die nicht damit arbeiteten. Sie kennen den Weg in die Seele. Jedenfalls in meine. Essentiell bei jeder Form von Heilung ist eine innere Haltung aus einem Raum der Vergebung. Vermag es der Heiler, diesen Raum aufrechtzuerhalten, anderen und sich selbst gegenüber, ist der erste Schritt in eine erfolgreiche Heilung getan.

Gleichzeitig sollten wir uns fragen: Was ist eigentlich Heilung? Ist es die Abwesenheit körperlicher Beschwerden, oder sollte die Vorstellung, die wir von *heil sein* haben, eine umfassendere sein? Aus meiner Perspektive arbeitet die Seele über verschiedene Ebenen. Wir können über die emotionale Ebene unser Leben transformieren, dann werden wir eine Fülle emotionaler Hochs und Tiefs, Himmel und Höllen durchleben. Oder wir können unsere Dramen im sozialen Alltag, in beruflichen Feldern durchleben und durchleiden. Wir können über spirituelle Sinnkrisen wachsen oder uns über den Körper transformieren. Aus meiner Sicht sind alle diese Ebenen gleichwertig. Ich teile nicht die Ansicht vieler New Ager, die meinen, dass Menschen mit physischen Problemen etwas falsch gemacht haben oder ihr Bewusstseinslevel nicht hoch genug sei. Die heiligsten Männer und Frauen haben die schlimmsten Krankheiten erlebt, doch einzig entscheidend ist, dass es ihren Geist, ihren Spirit, nicht beeinträchtigt hat. Heil ist aus meiner Sicht, wer eine heile, starke Verbindung in diesen spirituellen Bereich hinein hat, wer ein geführtes Leben führt, wer in der Lage ist, unter welchen Umständen auch immer ein ausgeglichenes, integriertes Bewusstsein aufrechtzuerhalten. Manchmal kennen wir den größeren Bogen der Seele nicht. Da ist eine indianische Medizinfrau, die über viele Jahre immer wieder heftige Kopfschmerzen mit wochenlangen Fieberschüben erduldet. Jeder Versuch zu deuten, worum es geht oder es zu heilen, schlägt in dieser Zeit fehl und wäre ihr auch nicht gerecht geworden. Schließlich hören die Schmerzen von einem Tag zum anderen auf und ihr körperliches Nervensystem ist durch die ständigen Fieberschübe so durchgeglüht, dass sie plötzlich für ihren Stamm in der Lage ist, eine völlig neue Heilkunde wahrzunehmen und weiterzugeben.

Die Frage ist, ob wir uns, bevor überhaupt Heilung im klassischen Sinne stattfindet, trauen, eine in Ärztekreisen absolut verbotene und tabuisierte Frage zu stellen. Diese Frage lautet: »Wem oder was dient die Krankheit?« Sie lässt sich auf der physischen Ebene nicht beantworten, denn da ist ein Mensch mit Schmerzen und möchte nur, dass diese aufhören. Diese Frage ist auch emotional und intellektuell kaum zu fassen. Nur wenn wir eine mitfühlende Seelenebene betreten, bekommen wir eine Ahnung von tiefer liegenden, unbewussten Prozessen, die sich über den Körper als energetischer Bühne ausdrücken. Die Kraft, zu segnen und zu heilen, wirkt aus diesem mitfühlenden seelischen Bereich heraus. Sie durchströmt den Heiler während der Heilung und erzeugt ein Feld, in dem sich Körperzellen an ihren natürlichen, gesunden Zustand erinnern, oder er projiziert, wie es die Kahunas auf Hawaii zum Teil tun, ein kraftvolles Bild der heilen Person, das aus dem Überbewusstsein geholt wird, in das Herz und Tagesbewusstsein des Klienten. Die Methoden sind vielfältig, der Anschluss ist entscheidend und das hingebungsvolle Sichöffnen für das Durchströmen einer Kraft, die vollkommen über die Person hinausgeht – die Kraft, zu segnen und zu heilen.

Bedingungslose Liebe – Die Weite des Herzens

»Offen und weit ist deine Natur. Wähle immer die Liebe, egal was geschieht …«

Bedingungslose Liebe ist die vierte und zentralste aller Herzqualitäten. Sie spielt in vielen spirituellen Traditionen eine Schlüsselrolle. Sie ist der Weg und das Ziel in einem. Wer nur ein einziges Mal in ein Erlebnis bedingungsloser Liebe durchbricht, weiß, warum er hier auf Erden ist. Es ist ein direkter Kontakt mit dem Seinsgrund. Bedingungslose Liebe wertet nicht, urteilt nicht und zieht keine Vergleiche. Bedingungslose Liebe stellt per se keine Bedingungen. Sie kennt keine Täter und keine Opfer, keine Kläger und keine Beklagten. Sie ist reine, überpersönliche, transzendente

Herzensliebe, unbedingte Liebe, entspringend einem zeitlosen Bereich der Schöpfung. Wenn das Herz entflammt ist von dieser Liebe, kehren wir in den Kern unseres Seins zurück. Die Einübung bedingungsloser Liebe entspricht der Anerkennung einer Gottsohnschaft oder Gotttochterschaft auf dieser Erde. Wer wirklich bedingungslos liebt, zollt der Gegenwart Gottes in sich die allerhöchste Anerkennung. Der Begriff Gott ist möglicherweise neben dem Begriff Liebe das am meisten missbrauchte und missverstandene Wort überhaupt. Für mich sind beide Begriffe letztendlich identisch. Wenn wir, um ein christliches Beispiel zu nehmen, nach dem Ebenbild einer Gottheit geschaffen sind, dann geht es darum, zu realisieren, dass diese Gottheit nur eine bedingungslos liebende sein kann. Die tägliche Kultivierung bedingungsloser Liebe führt uns in einen Bereich des Urgrundes der Schöpfung, ein Feld transzendenter, alles überstrahlender Liebe, dem wir als Seelen entstammen. Ich spreche bewusst von der Kultivierung oder Einübung bedingungsloser Liebe, weil ich glaube, dass sie von allen Herzqualitäten am schwersten zu realisieren ist und im Grunde genommen einer Ebene der Erleuchtung entspricht. Der Weg des Herzens führt über diese Liebe. Er ist diese Liebe, und aus ihr entfaltet sich alles. Wenn Menschen es schaffen, in diese Bereiche vorzudringen, und alles und jeden bedingungslos lieben können, ohne das kleinste Körnchen Misstrauen oder Zweifel, dann erschaffen sie die Grundlage für eine erleuchtete planetare Gesellschaft der Zukunft, die über jedes nationale Denken hinausentwickelt ist. Aus meiner Perspektive sind wir alle Teil dieses Experiments und es kann glücken oder auch nicht. Doch wie kann es Einzelnen gelingen, in einen Erfahrungsbereich bedingungsloser Liebe vorzustoßen?

Für Lehrer geht es darum, eine ständige Brücke in diesen Bereich hinein zu sein. Insbesondere in den Momenten, in denen Menschen zweifeln, im Schmerz gefangen sind, sich in heiklen Übergängen befinden, stellt der Lehrer manchmal die einzig begehbare Brücke in die bedingungslose Liebe zur Verfügung. Bedingungslose Liebe fokussiert sich auf das Licht, das jemand in sich trägt, und nicht auf seine Fehler. Liebe ist die Essenz dessen, was wir sind als menschliche Wesen. Die liebende Beziehung zu anderen Menschen, egal ob von Eltern zu Kindern oder umgekehrt, von Partner zu Partner, oder von Freund zu Freund, macht es möglich, einen Teil dieser Liebe körperlich spürbar an einem Gegenüber zu fühlen. Aus diesem Grund ist es für menschliche Wesen so schwer, geliebte Menschen loszulassen. Das Gefühl meint, die Liebe sei nicht mehr da. Sie ist zumindest nicht mehr so konkret spürbar wie vorher mit dem geliebten Gegenüber. Das ist eine harte metaphysische Nuss, die der liebe Gott uns und den Eichhörnchen zu knacken gegeben hat, und die gesamte Menschheit rätselt, ob es Wege gibt, diese Form von bedingungsloser Liebe ständig zu spüren. Die gute Nachricht ist: Es gibt sie. Die nicht ganz so gute Nachricht: Obwohl es unsere Essenz ist, müssen wir den Zugang neu erlernen.

Bedingungslose Liebe heißt bedingungsloses Verzeihen. Wenn wir in der Lage sind, anderen und uns jeden jemals gemachten Fehler zu verzeihen, jede Krankheit, dann fangen wir an, den Geschmack bedingungsloser Liebe zu kosten. Wenn wir jeden zukünftigen Fehler im Voraus segnen, dann erstarkt die Liebe. Es gibt einen Indianerstamm in den Rocky Mountains, der mit drei goldenen Regeln lebt, deren Befolgung aus seiner Sicht ein glückliches Leben garantieren. Regel Nr. 1: Bedaure deine Vergangenheit nicht! Sie ist vorbei und du kannst sie nicht ändern. Bedaure sie daher nicht. Wie viele Menschen schaffen es tatsächlich, bedingungslos liebend auf ihre eigene Vergangenheit mit all ihren Höhen und Tiefe zu schauen? Regel Nr. 2: Sorge dich nicht um die

Zukunft! Sie kommt garantiert. Mit oder ohne deinen Sorgen. Keine Sorge, die du dir machst, wird die Zukunft davon abhalten zu kommen. Wie viele Menschen können von sich sagen, dass sie bedingungslos liebend in die Zukunft schauen? Und Regel Nr. 3: Ehre den gegenwärtigen Moment! Er ist alles, was wir jemals besitzen werden. Wie viele Menschen schaffen es, diesen Moment bedingungslos zu lieben? Und … sind Sie einer davon?

Herzens-Anker:
Die Bildung des Herzens

In den verschiedenen Weisheitstraditionen rund um die Welt wird größter Wert darauf gelegt, das Herz zu erwecken. Es gibt auf all diesen Wegen eine innerste Herzkammer. Das erleuchtete Herz wird wieder und wieder herbeigesehnt, aufgerufen, angebetet und kultiviert.

Wie haben Sie in Ihrem Leben gelernt, ihr Herz zu bilden?

Gab es Momente in Ihrem Leben, in denen sie von tiefem Mitgefühl erfasst wurden? Wenn ja, welche?

Ist es Ihnen schon einmal gelungen, sich mit einer zeitlosen Form von Harmonie rückzuverbinden? Wie geschah dieses?

Haben Sie an Wendepunkten Ihres Lebens Kräfte des Segens und der Heilung erfahren?

Wären Sie bereit, als lebenslanges Experiment eine Form bedingungsloser Liebe zu kultivieren, ohne zu wissen, was dabei herauskommt? Kennen Sie bedingungslos Liebende? Was für ein Leben führen diese Menschen?

7
Das große Abenteuer – Der Lebenstraum

Logbuch: »Bebe« – ein Erleben

Ich sitze mit zehn Menschen an einem runden Esstisch im kalifornischen Asilomar. Mir gegenüber sitzt eine sechzigjährige Amerikanerin. Sie trägt ein Namensschild auf ihrer Bluse. Darauf steht: Bebe. Weil ich ihren Namen sehr schön finde, frage ich sie, woher er kommt. Sie sagt: »Das ist ganz einfach. Als ich ein Baby war, konnte mein älterer Bruder, der damals drei war, das Wort ›Baby‹ nicht aussprechen und hat mich andauernd ›Bebe‹ genannt. Seitdem heiße ich für alle ›Bebe‹.« Ich antworte ihr: »Großartig, das ist aber eine sehr ungewöhnliche Namensfindung.«

In diesem Moment kommt ihre fünfundzwanzigjährige Tochter von der Veranda hereingestürmt und stammelt ganz aufgeregt: »Mom, Mom, die Frau dort draußen …« Man sieht durch die Glasfront auf der Veranda eine etwa fünfundsiebzigjährige Frau kerzengerade und vollkommen zentriert sitzen. »Diese Frau dort ist ein Angel Channeler, sie channelt Schutzengel. Ich habe mich ihr gegenüber gesetzt. Sie hat mir gesagt, wie mein Schutzengel heißt, und ich durfte dem Engel eine Frage stellen. Eine einzige!« Die Tochter ist völlig aus dem Häuschen. Als sie ihre Geschichte fertig erzählt hat, geht plötzlich ein Ruck durch Bebe und sie sagt: »Das will ich auch.« Schnell bewegt sie sich auf die Veranda zu und setzt sich der Frau gegenüber. Durch die Glasfront ist alles deutlich zu sehen. Die Frau legt eine Hand auf Bebes Knie, und das Ganze dauert maximal fünf Minuten. In diesen fünf Minuten passiert eine unglaubliche Veränderung mit Bebe. Sie ist nicht nur knallrot im Gesicht und hat leuchtende, strahlende Augen, ihr ganzes Feld fängt auch an zu glühen. Sie kehrt wie verwandelt an den Tisch zurück. Ich schaue sie staunend an und frage: »Und? Bebe, was ist mit dir geschehen?« Sie antwortet: »Thomas, du kannst dir nicht vorstellen, was gerade passiert ist. Ich setze mich dort hin, sie legt eine Hand auf mein Knie und nennt mir den Namen meines Schutzengels.« Ich sage etwas ungeduldig: »Ja gut, und dann?« »Dann konnte ich eine Frage stellen. Eine einzige« »Ja und … was war die Frage?« »Thomas, ich gehe so gerne auf diese Conferences, weil ich die spirituelle Energie spüren kann und ich das so gerne mag, und dann sind dort all diese wunderbaren Menschen, einer ist Komponist und hat gerade ein neues Lied geschrieben, jemand anders ist Seminarleiter und hat gerade einen neuen Workshop konzipiert, eine Frau ist Schriftstellerin und hat gerade ein neues Buch veröffentlicht, wieder eine andere ist spirituelle Künstlerin und sie hat gerade eine neue Ausstellung. Und wenn ich mich dann in dieser Reihe sehe, weiß ich manchmal gar nicht, was ich hier eigentlich soll. Ich bin eine ganz einfache Masseurin. Seit einem Vierteljahrhundert massiere ich täglich von morgens bis abends die unterschiedlichsten Menschen. Ja, ich liebe es, hier auf der Conference in dieser Energie zu sein, doch dann frage ich mich: Was ist eigentlich meine ureigene Lebensaufgabe?« Dies ist schlussendlich die eine Frage, die Bebe dem Angel Channeler stellt. Die Antwort ihres Engels via dieser Lady lautete: »Deine Aufgabe in diesem Leben, Bebe, ist es nur zu sein – to be. Und damit du dich ein Leben lang daran erinnerst und auch gleich damit anfängst, hat dich dein älterer Bruder schon als du ein kleines Baby warst, BEEE-BEEE genannt, damit Du es niemals vergisst.« Als sie den Grund ihrer Namensgebung von dem Angel Channeler hörte, war das ein Moment, den man in den Mysterienschulen Kairos *nennt, das richtige Wort zur richtigen Zeit von der richtigen Person zur richtigen Person gesprochen, wie der goldene Schlüssel, der direkt in ihr persönliches Schloss passt. Sie ist komplett berührt und verwandelt.*

Die Essenz des Traumes

»Stell keine Bedingungen an dein Glück …«

Der Lebenstraum enthält die Entelechie eines Menschen, das Schlussbild, die ausgewachsene Form, die größtmögliche Vision. Wie die Eichel den kompletten und ausgewachsenen Eichenbaum schon in sich trägt. Der Lebenstraum ist das, was wir nicht vergessen dürfen. Er ist die Vision, der wir entgegen wachsen. Wie groß darf die Vision sein? Hat sie etwas mit bedingungsloser Liebe zu tun? Ist die Vision beseelt? Voller Mut und Zuversicht geht es darum, die Segel zu setzen und der Vision, dem großen Abenteuer, entgegenzusegeln. Wir wissen nicht, was uns erwartet, doch wir befinden uns auf einer Reise, die unser Leben verwandeln wird. Wir folgen unserem Lebenstraum.

Oder geht es darum, einen perfekten Körper zu haben, ein perfektes Haus, einen perfekten Partner, einen perfekten Beruf? In der Hoffnung, dass dies zum Glück führt? Ja? Dann sind wir mitten in einem großen Teaching. So viele Bedingungen und alle müssen erfüllt sein, bevor das Glück genossen werden darf. Perfektion ist ein gefährliches Wort. Seine Grundlage ist Angst, eine große, tief sitzende Angst vor Fehlern, vor dem nicht Perfekten. Was auf der materiellen Ebene durchaus logisch erscheint – wer will schon gerne in einem defekten Flugzeug fliegen –, hat spirituell einen großen Haken. Perfektionistisches Denken ist auf eine äußere körperliche Realität begrenzt. Liebe geht darüber hinaus. Sie ist die Energie, die uns mit jedem verbindet und in allen Wesen vorhanden ist. Perfektionistisches Denken führt uns weg von der Wahrheit, dass wir spirituelle Wesen in einem Körper sind. Wir konzentrieren uns auf das, was trennt, den Körper. Hier ist mein Körper, dort ist Ihr Körper. Die Falle ist die oben beschriebene. Ein auf Perfektion ausgerichtetes Denken, Fühlen und Handeln führt weg von der Liebe. Es basiert auf Angst. Die beiden großen polaren Kräfte, denen jeder Mensch auf der Erde ausgesetzt ist, sind Liebe und Angst. Wir können ein Bewusstsein entwickeln und trainieren, dass in allem die Liebe sucht und findet, oder wir trainieren ein Bewusstsein, das die Perfektion sucht und findet und damit Angst kreiert. Was ist der in der Kindheit geträumte Traum von diesem Leben? Gibt es ihn? Wie können wir ihn wiederfinden? Was ist geschehen, dass er sich nicht realisiert hat, oder nur teilweise? Was ist die Essenz dieses Traumes? Und was möchte die Seele?

Können wir uns mit der Erleuchtung verabreden?

»Das Geheimnis offenbart sich dir nur,
wenn du ihm nahe bist …«

Ein Traum vieler spiritueller Menschen ist: Erleuchtung. Was für eine Faszination liegt in diesem Wort: Erleuchtung! Und was meint es genau? Über das Wasser gehen, komplette Beherrschung aller bekannten und nicht bekannten Körperfunktionen, vollständige Hellsichtig- und Hellfühligkeit, den Rest des Lebens im Samadhi in der Höhle sitzen als Liebessatellit, umfassende Heilkraft oder universelles Wissen? Oder alles zusammen? Oder vielleicht die vollständige Anwesenheit. Von was? Von der Seele. Die Erfahrung von Unsterblichkeit in einem sterblichen Körper? Oder vielleicht die vollständige Abwesenheit von etwas, wie Buddha es sagte, von Leiden? Oder ist es das mit jeder Zelle gefühlte Einssein mit der Umgebung, mit allem? Ist es ein dauerhafter oder ein vorübergehender Zustand? Sind die Menschen, die ihn vorübergehend gekostet haben, glücklicher als die, die ihn nie erfahren? Oder fühlen sie sich den Rest ihres Lebens verworfen, weil sie den Zustand nicht aufrechterhalten konnten oder weil er vielleicht nur für eine gewisse Zeit bestimmt war? Heißt Erleuchtung vierundzwanzig Stunden am Tag in einem bestimmten Zustand zu sein? Während des Wachens und Schlafens? Oder nur während des Wachens? Oder etwa nur während des Schlafens? Es mag Menschen geben, die in diesem Zustand »erleuchteter« sind als am Tage. Waren wir vielleicht schon in anderen Leben erleuchtet und müssen in diesem verdrängte Seelenanteile einsammeln? Vielleicht nach acht Inkarnationen als griechischer Mönch jetzt mal eine als achtfache katholische Mutter und Hausfrau in Bayern?

Wir fangen an, uns der Erleuchtung zu nähern, wenn wir aufhören, sie als übermenschliche Leistung zu betrachten, wenn wir aufhören, uns als getrennt vom Gegenüber zu erleben, wenn wir keinen Mangel mehr spüren, wenn wir anfangen, uns als Brüder und Schwestern zu sehen, als Menschen auf einer gemeinsamen Reise. Offensichtlich hat es etwas mit Nähe zu tun. Wenn es keine Trennung mehr gibt, sind wir mit allem verbunden, dem Leben nahe. In Liebe. Der Schlüssel ist praktizierte Liebe. Herzensliebe. Ein Leben in bedingungsloser Liebe zu leben erfordert den größten Mut und die größte Bescheidenheit. Jeder von uns hat dafür einen erleuchteten Kern, das Herz. Dort sind wir zeitlose, ewige Wesen.

Was ich wahrnehme, ist, dass Energien, die früher nur nach harten Jahren der Übung in Initiationsmysterien erlebbar waren, heute allen zur Verfügung gestellt werden. Einssein ist heute theoretisch für jeden erlebbar. Erleuchtung goes democrazy. Das heißt nicht, dass es einfacher wird, diesen Zustand zu erlangen, es heißt vielmehr, dass das Wissen kollektiv zur Verfügung steht, während sich gleichzeitig das Energieniveau der Erde hebt. Waren vorige Zeitalter rein auf das physische Überleben konzentriert, so strömt heute eine neue Energie in unsere Herzen und Träume. Es braucht eine neue Form von Wachsamkeit, von innerer Offenheit und Verpflichtung, von gesundem Menschenverstand und Pragmatismus, gepaart mit einem abenteuerlichen Geist, bereit, das Unbekannte zu erkunden. Alte Wege der Wahrnehmung, altes spirituelles Denken, lieb gewonnene spirituelle Identitäten müssen losgelassen werden, um Raum zu schaffen für Neues. Wesentlich erscheint, dass wir uns nicht nur als spirituelle Wesen in einem Körper wahrnehmen und aufhören, körperzentriert und damit separierend zu denken, sondern dass wir auch die Erde als ein Wesen wahrnehmen, als eine lebendige Entität und nicht nur als einen Körper. Die Energie der Erde wandelt sich und wir sind Teil dieser Wandlung. Es geht darum, Liebe und Weisheit in die Materie, in die materielle Ebene hineinzubringen, und das erfordert ein gemeinsames spirituelles Handeln. Jeder Beitrag ist wichtig.

Ein neues Bewusstsein senkt sich auf die Erde herab und sucht Möglichkeiten, seine Liebe in alle Winkel dieser Welt strömen zu lassen. Wir sind Pioniere, die Ausdrucksformen entwickeln, dieses Bewusstsein in alle gesellschaftlichen Bereiche zu bringen. Dadurch, dass Spiritualität heute allen frei zur Verfügung steht, ergibt es keinen Sinn mehr, als Mystiker in einen mehr als temporären Rückzug zu gehen. Es geht heute um bewusstes Teilnehmen. Um den Wandel in der Welt. Um das Fließenlassen der inneren Weisheit in äußere Formen. Der Marktplatz ist genauso göttlich wie das Kloster. Viele spirituell Suchende, die zeitloses Wissen in sich durch Meditation kultiviert haben, sind für das Einströmen dieser neuen Energien empfänglich geworden. Jetzt wird ihre Teilnahme für die Weiterentwicklung der gesamten Menschheit gebraucht. Eine Gefahr besteht darin, dass sie in ihrer Spiritualität stecken bleiben. Dass sie spirituelle Sicherheit dem Weiterschreiten vorziehen. Eine weitere Gefahr besteht in spirituellem Dünkel. Weil schon so viel meditiert wurde, weil schon so viel an sich gearbeitet wurde, kann es doch nicht sein, dass es allen gleich offen steht, auch denen, die gerade erst anfangen. Doch, genau das ist der Fall.

Jeder hat ein Herz und jeder hat die gleiche Möglichkeit, den Durchbruch in seine transzendenten Ressourcen zu schaffen. Von jetzt auf gleich!

Vielleicht müssen wir den Fokus auf Erleuchtung einmal loslassen und uns davon abwenden, vielleicht müssen wir uns in unserer verantwortungsvollen Teilnahme, in unserem Wirken für die Welt so sehr vergessen, dass wir wie nebenbei erleuchtet werden. Das Problem mit der Erleuchtung ist: Man kann sich nicht auf den Punkt genau mit ihr verabreden. Es ist eher so wie auf einem Blind Date. Wir wissen nicht genau, was kommt. Ob überhaupt was kommt. Und wenn was kommt, kann das, was kommt, sehr schön, sehr hässlich, es kann alles sein. Das Einzige, was wir sagen können, ist: »Mystery, Great Mystery, we are here.«

Bei den Bemühungen um Erleuchtung lassen sich in der Regel zwei große Schulen ausmachen, die immanenten und die transzendenten. Die Immanenten sagen: »Ich bin schon da. Ich brauche nichts mehr zu tun. Ich muss es nur noch irgendwann merken.« Die Transzendenten rufen: »Ich bin noch nicht da. Ich sehne mich danach, da zu sein. Ich muss es nur noch irgendwann loslassen.« Dies ist natürlich eine völlig unzulässige Reduzierung ganzer Weltreligionen und spiritueller Wege auf zwei banale Sätze, dennoch werden diese beiden theoretischen Pappkameraden gerne gegeneinander ausgespielt. Worauf ich hinaus möchte, ist: Es geht heute um eine bewusste Teilnahme am Ganzen, um das freiwillige Zur-Verfügung-Stellen eigener Ressourcen für einen höheren Zweck, um die Freisetzung der Freude, die eintritt, wenn plötzlich jenseits jeglicher Konzepte eine ganz ursprüngliche Form von Lebensfreude wieder aufbricht, weil wir wieder angeschlossen sind und teilnehmen an einer liebenden Bewegung, die ihren Segen in sich trägt. Jetzt geben wir uns dem Leben ganz hin und das Leben gibt sich uns hin.

Zu lange wurde Spiritualität als Abwendung von der Welt gelehrt, als Rückzug, als Isolation. Das ist, als würde jemand nur einatmen. Jetzt geht es ums Ausatmen. Es geht darum, den erfahrenen Segen mit der Welt zu teilen. Es geht darum, dass jeder in die Möglichkeit versetzt wird, die gleiche Form von Gnade zu erfahren. Mitzuerleben, wie bei Menschen unterschiedlichster Art das Herzzentrum erwacht, ist eines der größten Abenteuer unserer Zeit.

Das Aufgeben von Sicherheiten

»Es gibt für dich keine Sicherheiten außer deinem liebenden Herz …«

Wenn wir einmal die Transzendierung der eigenen Körpergrenzen erfahren haben und Bewusstseinsebenen bereisen können, die darüber hinausgehen, wird unsere Weltsicht eine mystische. Nichts ist mehr »normal«, sondern die Wirklichkeit ist durchwebt von vielen unterschiedlichen Ebenen. Einige schwingen schneller als die physische Realität. Ein Korb Kirschen kann zu einer ganzen Galaxie von Einsichten und Inspirationen werden. Wer Zugang zu diesen Ebenen hat, ist aufgefordert, die Früchte seiner Arbeit allen zur Verfügung zu stellen. Trauriges Faktum ist jedoch, dass Menschen, die durch ihre innere Arbeit in transzendentale Zustände überwechseln können, ihnen manchmal wie einer Droge verfallen. Sie flüchten sich in das Disneyland ihres eigenen Bewusstseins. Ihre Meditation wird statisch, sie ist nicht mehr in Bewegung, offen für das Leben, offen, für das, was passieren möchte, sie sind gefangen im eigenen Rückzug. Es entsteht spirituelles Sicherheitsdenken. Der Alltag wird immer langweiliger und nur in der Meditation wird eine Form von Berührtheit erfahren. Oder nur in der Natur ist die Seele angerührt, nicht aber unter den Menschen. Hier entsteht eine seelische Kruste, ein inneres Verlies, in das Menschen sich zurückziehen, weil ihnen etwas in der äußeren Welt widerfahren ist, das nicht verarbeitet werden konnte. Dies mag aus diesem Leben oder aus vergangenen herrühren. Es ist wie ein mit spirituellen Ideen überhöhtes Leben in einem kleinen Teilbereich der Psyche. Dort liegt aber nicht die wahre Kraft, denn es handelt sich um eine Strategie des Egos mit einem spirituellen Mäntelchen. Wirkliche Spiritualität umarmt das ganze Leben. Wirkliche Spiritualität folgt den Zeichen. Wirkliche Spiritualität lebt den Lebenstraum, gibt dafür Sicherheiten auf und versucht, das Unmögliche möglich zu machen. Der Einsatz ist das eigene Leben. Wir wissen nicht, was sich aus unseren individuellen Lebensentscheidungen ergeben wird, wenn wir den inneren Träumen, der inneren Realität folgen, aber wir wissen, dass wir alles gegeben und versucht haben und dass wir nicht irgendwann auf dem Sterbebett liegen werden mit dem Gefühl »Hätte ich doch …«, »Warum habe ich nicht …« oder »Ich habe die innere Stimme doch gehört …«.

Wir sind selbst das Labor für eine neue Bewusstseinsentwicklung. Mit unseren Herzen, mit unseren Gefühlen, mit unseren Träumen. Es findet in uns statt, in einer inneren Realität. Die Frage ist, wie wir ihr näher kommen können. Eine Möglichkeit ist die Arbeit mit transformativen Mustern, wie sie in allen Kulturen der Menschheit benutzt worden sind. Erleuchtung ist ein Bild von vielen: Sie basiert darauf, dass Licht in die Dunkelheit gebracht wird. Ein weiteres Motiv ist etwa das Lüften der Schleier. Wir gehen davon aus, dass die Wahrheit oder der Urgrund des Seins verhüllt ist und wir die Schleier durchtrennen müssen. Oder nehmen wir das Motiv der Reinigung: Ebenen, die vorher »unrein« waren, durchlaufen einen Prozess der Purifikation. Ein weiteres Motiv ist das des Erwachens. Der Übertritt aus dem unbewussten Schlaf in das helle, erwachte Bewusstsein. Die Motive sind zahlreich und sehr kreativ. Sie zeigen sich wiederholt in den Träumen vieler Menschen und es scheint, dass dieser imaginative Bereich eine Art Brücke bildet in eine Erfahrung des formlosen Urgrunds.

Imagination verbindet die innere mit der äußeren Realität. Der individuelle Geist braucht für eine Phase des Übergangs die Bilder, selbst wenn sie später wieder losgelassen werden. Sie haben vorbereitenden Charakter. Es ist eine archetypische Welt, bevölkert von Göttern, Teufeln, Engeln, Monstern, Helden, Zauberern, Heiligen. Durch den Kontakt mit dieser archetypischen Welt realisiert das Individuum, dass es Teil einer viel größeren Geschichte ist, die sich durch die individuelle Psyche ausdrücken will. Die Schale der Persönlichkeit wird aufgebrochen, und transzendente Kräfte können einfließen.

Keine Verurteilung

»Es gibt nur die Liebe ...«

Eine japanische Frau träumt während eines Retreats in Indien folgenden Traum: Sie geht in einen kleinen Shop auf dem Gelände des Retreat-Centers. Sie will sich dort eine Postkarte aussuchen. Es sind lauter ägyptische Motive. Sie möchte eine Postkarte, auf der die Göttin Isis abgebildet ist, doch der Mann, der den Shop betreut, sagt ihr: »Nein, diese Postkarte hier ist die richtige.« Auf ihr ist Osiris abgebildet.

Wie gehen wir damit um, wenn wir solche archetypischen Motive träumen? Wo ist die Verbindung zur individuellen Psyche? Die Frau weiß weder, was der Traum bedeutet, noch hat sie eine Ahnung, worum es in dem Mythos von Osiris tatsächlich geht, doch sie hat die Fähigkeit, sich in ihrer Meditation mit einer Ebene höheren Wissens zu verbinden. Sie sieht dort einen Buddha und fragt ihn: »Was bedeutet ›Osiris‹?« Seine weise Antwort: »Frag ihn selbst!« Sie sieht sich dann in Ägypten in einer schwarzen Pyramide die Stufen zu Osiris hinaufwandern. Auf einer Paralleltreppe sieht sie eine lange Reihe von Toten, die auf ihre Begegnung mit Osiris warten. Sie fragt die Gottheit: »Was ist das Geheimnis?« Die Antwort der Gottheit: »Das tiefste Geheimnis ist: Keine Verurteilung! Alle denken, es findet eine Verurteilung statt, doch es gibt keine Verurteilung!« Osiris fährt fort, den Verstorbenen die Augen aufzudrücken, damit sie im Jenseits sehen können. Er weckt sie auf.

Dieser Frau ist es gelungen, sich mit ihrer höheren Weisheit zu verbinden und das in einem Traum vorgestellte mythische Motiv »Osiris« in einem halbbewussten, meditativen Zustand erklärt zu bekommen. Bei diesem zweiten Bewusstseinsprozess handelt es sich um aktive Imagination. Sie ist ein Zugangsweg in archetypische Bereiche. Es ist für die tiefe Psyche des Individuums völlig irrelevant, ob das Material geträumt oder aktiv imaginiert wurde. In beiden Fällen entstammt es der gleichen Psyche. Ungleich interessanter ist, dass ohne ein vorheriges Wissen zentrale Aspekte des Mythos präzise erfasst wurden, denn bei Osiris handelt es sich tatsächlich um einen Unterweltmythos, der in die Welt der Toten führt, bis es zur Wiederauferstehung kommt. Noch erstaunlicher ist es, wenn wir uns vom Mythos in die persönliche Biographie der Frau hinein bewegen und feststellen, dass sie schon früh mit den Unterweltmysterien in Kontakt gekommen ist. Nicht nur hat sich in jungen Jahren ein ehemaliger Lebenspartner das Leben genommen, ein Ereignis, das ihr Leben seitdem mit den damit häufig verbundenen Schuldgefühlen überschattet, sondern ihre Großmutter war auch ein Medium für Verstorbene. Wie wird diese Frau jetzt in Zukunft damit umgehen, einmal mit dem familiären Erbe, zum anderen mit dem Schmerz aus der Biographie?

Der Schlüssel liegt im Mythos, so wie sie ihn gesehen hat. Der Mythos sagt es ganz klar: »Keine Verurteilung. Alle denken, es findet eine Verurteilung statt, doch es gibt keine Verurteilung.« Wird sie es schaffen, die Selbstverurteilung, die nach dem Suizid des Ex-Partners stattgefunden hat, abzulegen? Wird sie es schaffen, die Beziehungslosigkeit zu durchbrechen, die aus der unbewussten Angst entstanden ist, ein folgender Partner könnte das Gleiche machen? Kann die Aussage des Osiris: »Keine Verurteilung!« zu ihrem persönlichen, täglichen Mantra werden, bis es ihr in Fleisch und Blut übergegangen ist? Es ist einzig und allein davon abhängig, wie sie das ihr zugespielte Wissen jetzt umsetzt. Ihr großes Abenteuer wird möglicherweise sein, das Mysterium des Todes zu erforschen und den Menschen aus anderen Wegen und Religionen dieses zuzuflüstern: »Keine Verurteilung! Alle denken, sie werden verurteilt, doch es gibt keine Verurteilung.«

Das Muster durchbrechen

»Löse dich von allem, was dich unfrei macht …«

Wie können wir alte Denkschleifen durchbrechen? Unbewusste Stimmen, die in Familien über Generationen weitergegeben werden. Realitätsfilter, die einen winzigen Ausschnitt an Wirklichkeit zulassen und andere ausschließen. Wie können wir emotionale Prägungen erlösen, die bestimmtes Verhalten favorisieren? Was haben wir emotional mit unseren Vorgängern und Vorgängerinnen gemeinsam? Was davon ist der eigenen Entwicklung förderlich und was ist hinderlich? Was sind die körperlichen Muster, die wir unbewusst übernommen haben? Vielleicht eine bestimmte Art zu gehen, die immer wieder in dem gleichen Hüftleiden endet? Eine spezielle Art zu sprechen oder vielleicht eine besondere Art hin- oder wegzuhören? Eine besondere Art, schnell zu essen und schlecht zu verdauen? Diese Muster können sehr subtil sein, sie sind wie energetische Koordinaten, in denen wir gewohnt sind, uns zu bewegen, zu leben und zu sterben. Ein Beispiel aus meinem eigenen Leben mag dies illustrieren:

Überdurchschnittlich viele Männer aus der mütterlichen Linie meiner Familie haben eine unangenehme Angewohnheit: Sie sterben an Kopfverletzungen, und das auch noch reichlich früh. Ich spiele als sechsjähriger Junge mit einem etwa zwanzigjährigen Cousin aus dieser Linie an einem Strand Fußball. Er schießt mir den Ball aus der Familiengeschichte zu. Der Ball fliegt in den Torwinkel, ich hechte hinterher und knalle mit dem Kopf gegen einen rostigen Eisenpfeiler. Es fließt sehr viel Blut, doch die Wunde kann durch das beherzte Eingreifen meines Vaters rechtzeitig genäht werden. Es ist die einzige Kopfverletzung in meinem Leben. Der zwanzigjährige Cousin verunglückt im Alter von fünfunddreißig bei einem Werftunfall tödlich. Ihm fliegt ein Gewicht, das an einem Kran hängt, gegen seinen Kopf. Ich treffe selber viele Jahre später völlig unerwartet während eines Auslandsurlaubs einen weiteren Cousin aus dieser Linie. Er hat mitten auf der Stirn, dort, wo ich meine Verwundung davontrug, eine in allen Regenbogenfarben schillernde Beule, man kann fast sagen, eine Art Horn. Ich habe so etwas noch nie gesehen und frage ihn: »Was ist das? Was hast du da?« Er sagt, es sei ein gutartiger Tumor. Ich frage weiter: »Seit wann hast du den?« »Seit mein Bruder an einem bösartigen Tumor gestorben ist, den er genau an der gleichen Stelle hatte.«

Worauf ich hinaus möchte, ist folgendes: Diese Muster sind vollkommen unbewusst, und doch bestimmen sie alles. Es ist wie eine energetische Imprägnierung, die quasi in der Luft liegt und von dem Kind, dem Bruder oder der Schwester, in unbewusster Loyalität neu konstelliert wird. Zu seinen eigenen Ungunsten. Es opfert sich und sein Lebensglück aus unbewusster Liebe zu seinem Familiensystem. Unbewusste Liebe deshalb, weil bewusste Liebe zu einem anderen Resultat führen würde. Solche Prozesse bringen die erstaunlichsten Phänomene hervor.

Eine Teilnehmerin einer Conference auf Hawaii schildert, wie sie als amerikanische TV-Produzentin einen mehrjährigen Job in Taiwan hatte. Während sie dort lebt, beginnt sie, sich für die Geschichte der Frauen im alten China zu interessieren, insbesondere für die Art und Weise, wie diese ihre Füße bandagiert haben. Es galt damals als Schönheitsideal, bandagiert zu sein, um dadurch kleine Füßchen zu bekommen, und damit langfristig verkrüppelte Füße in Kauf zu nehmen. Dieses Ideal ist aus heutiger Sicht höchst fragwürdig, und ich neige sehr dazu, anthropologischen Stimmen Recht zu geben, die sagen, alles sei nur von den Männern erdacht, damit die Frauen nicht weglaufen können, oder feministischen, die ergänzen, alles sei nur zum Lustgewinn der Männer, weil durch den Trippelschritt die Vaginalmuskeln permanent trainiert werden. Wie auch immer, die TV-Produzentin ist fasziniert davon und stellt sich zwei dieser Fußbandagen auf einen Altar in ihr Wohnzimmer. In der Zeit, die sie in Taiwan verbringt, schrumpfen ihre Füße um anderthalb Schuhgrößen von 36 auf 34,5. Später in den Staaten wachsen die Füße wieder zur ursprünglichen Größe heran.

Die Psyche dieser Frau tritt hier durch ihre persönliche Faszination mit einem kollektiven Bewusstseinsmuster in Verbindung. Die energetische Prägung dieser unsichtbaren Struktur ist so stark, dass ihr Körper nachzieht. Mittlerweile gibt es immer mehr Möglichkeiten, solche energetischen Muster zu durchbrechen, um aus einer solchen Serie auszusteigen. Familientherapeuten wie Bert Hellinger oder visionäre Bewusstseinsforscher wie Chris Griscom haben in diesem Bereich hervorragende Pionierarbeit geleistet und Übungsreihen entwickelt, mit denen wir an der Auflösung dieser unbewusst übernommenen Energien arbeiten können. Aus meiner Perspektive ist jedoch in jedem Fall zusätzlich die Kultivierung des Herzzentrums erforderlich. Die Arbeit am Herzen ist zentral. Wenn wir das Herz durch unsere Liebe so sehr ins Schwingen bringen, dass sich die Eigenschwingung eines Menschen erhöht, können diese energetischen Muster nicht mehr greifen, weil die unbewusste Resonanzfläche nicht länger gegeben ist. Wir sind aufgefordert, einen sechsten Sinn dafür entwickeln, diese Energien wahrzunehmen, zu decodieren und schließlich zu transformieren.

Das universale Pochen

»Geh in das Herz dieser Welt und lausche dem Klang ...«

Was ist das Herz dieser Welt und welchem Klang sollen wir lauschen? Gibt es einen Herzschlag, der uns alle verbindet und mit dem wir uns verbinden können? Sind wir Teil einer Bewusstseinsmatrix, wie Figuren in einem gigantischen Computerspiel, die dabei sind, den Quellcode des eigenen Programms zu knacken? Und wer hat ihn programmiert? Wenn wir in unseren Herzen eine Melodie zu hören beginnen, sind wir dann *in synch* mit dem Herzen der Welt, mit einem einzigen universalen Pochen?

Meine geliebte Frau liegt in meinen Armen und ich höre ihr Herz pochen. Ist es ihr Pochen, mein Pochen oder ist es Ein Pochen, Sein Pochen? Während ihr Atem sanft geht, denke ich an die vielen schönen Momente, die wir teilen. Ich fühle mich in diesem Moment unsterblich, angekommen, zu Hause, die Welt könnte untergehen und ich würde vor lauter Glück im Glück sterben. Höre ich das Herz dieser Welt? Ist das der Klang? Sind wir ihm besonders nahe, wenn wir tief lieben, wenn die geliebte Frau, der geliebte Mann oder das geliebte Kind in unseren Armen liegt? Wir spüren das Pochen. In diesen Momenten ist es ganz fühlbar. Können wir es auch wahrnehmen in einem Tier, in einem Stein, einem Stern, einem Menschen, der uns nicht so nahe steht? Würden andere Lebensformen sich uns offenbaren, wenn wir sie nur intensiv genug lieben?

Ist das Herz dieser Welt ein gigantisches Energiefeld, das die Erde umspannt, darauf wartend, von uns gehört, wahrgenommen, kanalisiert, materialisiert zu werden? Ein unsichtbares Netz bestehend aus Licht und Liebe? Gleichsam so, als hätten wir ein mit bloßem Auge nicht sichtbares Netz an Satelliten. Oder denken wir an das Internet, das ein noch vor fünfzig Jahren nicht für möglich gehaltenes, materielles Abbild einer universalen Datenbank darstellt, aus der sich jeder zu jedem Zeitpunkt alles Wissen herunterladen kann. Wie können wir heute die Liebe aus dem Herzen dieser Welt herunterladen? Wie können wir seine Melodie erhören? Und was ist mit der Erleuchtung? Wir können uns nicht auf sie fixieren, dann wird sie flüchtig, dennoch müssen wir sie mit ganzem Herzen für erfahrbar halten. Möglicherweise befinden wir uns mitten in einem paradoxen Zen-Koan, der unseren Verstand an die Grenze treibt: *Höre den tonlosen Ton.*

Herzens-Anker: Die Größe der Vision

Tief in Ihrem Inneren gibt es eine Blaupause, die die Seelenabsicht, die höchste Möglichkeit der eigenen Lebensreise enthält. Ist diese einmal in ihrer ganzen Schönheit bewusst, geht es darum, dieses Ziel nicht aus dem Auge zu verlieren.

Was ist Ihr Lebenstraum? Was ist die größte Vision, die Sie von Ihrem Leben haben?

Wie wichtig ist der Gedanke an Erleuchtung in Ihrem Leben? Was ist Erleuchtung für Sie?

Welche Muster aus Ihrer Herkunftsfamilie dienen Ihrem Wachstum und welche nicht?

Wie nah sind Sie dem Leben? Gibt es Möglichkeiten, dem Leben noch näher zu kommen?

Sind Sie bereit, für Ihr Wachstum lieb gewonnene spirituelle Identitäten loszulassen? Wenn ja, welche?

8
OM Shanty – Gemeinsame Freude ist doppelte Freude

Logbuch: »Alle Herzen dieser Welt« – ein Traum

Eine Teilnehmerin eines Wochenendes träumt folgenden Traum: Sie ist auf der Suche nach einem Gefäß für ihr Herz. Sie geht in ein Kaufhaus. Sie sucht in allen Abteilungen und kann nichts finden. Schließlich landet sie in der Kinderabteilung, und nach längerem Suchen findet sie dort endlich ein passendes Gefäß für ihr Herz. Es ist ein kleines rosa Täschchen. Ihr Herz passt ganz genau in dieses kleine rosa Täschchen. Sie ist glücklich und strahlt. Szenenwechsel. Plötzlich ist sie in China und steht ihrem Qigonglehrer gegenüber. In der Mitte seiner Brust, dort, wo normalerweise das Herzzentrum ist, klafft ein großes Loch. Er schaut sie mit traurigen Augen an und sagt: »Nun habe ich all diese Jahre jede nur mögliche Technik studiert und kann doch immer noch nicht fühlen, was das Herz des Ganzen ist.« Sie steht vor ihm mit ihrem kleinen rosa Täschchen und denkt sich: »Dem Manne muss geholfen werden.« Kurz entschlossen nimmt sie ihr Herz aus dem Täschchen und legt es ihm in die Brust. Er fängt an zu strahlen und zu vibrieren. Energieströme gehen von seinem Herzzentrum in all seine Körperbereiche hinein. Seine Augen leuchten und er sagt: »Danke, ich weiß nicht, wie ich dir danken soll. Jetzt weiß ich endlich, wie sich das Herz anfühlt …« In dem Moment steht plötzlich links neben ihr ihr deutscher Zen-Lehrer. Dieser ist ein etwas strengerer Charakter und blickt sie vorwurfsvoll an: »Wie kannst du nur diesem Mann Dein Herz geben? Jetzt hast du doch selbst keines mehr.« Sie schaut ihm unschuldig in die Augen und antwortet: »Ich habe alle Herzen dieser Welt. Ich habe alle Herzen dieser Welt, um sie zu verschenken.«

Miteinander wachsen

»Wenn Herzen sich verbinden, entsteht eine neue Welt ...«

Seefahrer aus allen Ländern haben in früheren Zeiten eine Form des Zusammenwirkens entwickelt, die sie stärker macht. In einem gemeinsamen Gesang, dem Shanty, bündeln sie ihre Kräfte und können mit diesem Arbeitslied ihre Aufgaben leichter bewältigen. Der Geist der Gruppe wird aktiviert und es entsteht ein viel kraftvolleres Miteinander.

Eine der wirksamsten Methoden, die immer mehr Menschen heute nutzen, um mit dem Herzen in Verbindung zu gehen, ist der Weg über eine Gruppenarbeit. In dieser zumeist temporären Gemeinschaft von Gleichgesinnten wird das neue Bewusstsein erforscht und erprobt. Überall auf der Welt bilden sich spirituelle Gruppen zu diesem Zweck, und eine Gruppe wird durch die gemeinsame Arbeit zum Vehikel für höhere Energien. Dadurch, dass jedes Gruppenmitglied mit seinem höchsten Aspekt, seinem Herzen, in Verbindung geht, entsteht ein Vortex aus Energie, den ein einzelner schwerlich erzeugen kann. In der Tradition der Mysterienschulen gab es die Idee, Gruppengrößen so zu halten, dass individuelle spirituelle Arbeit immer noch möglich ist. Wenn jeder sich selbst freigibt und jeder sein Selbst frei gibt, dann entsteht ein freies Geben, Teilen und Nehmen. Das eine Individuum hält mit seiner Gabe, seinem Geschenk, seinem erlebten Leben, mit speziellen und einzigartigen Erfahrungen den Schlüssel für den Wendepunkt in der Biographie eines anderen Individuums in der Hand. In der Gruppe kommt es darauf an, dass diese Schlüssel tatsächlich getauscht werden.

In den Mysterienschulen sind Tränen und Lachen gleichermaßen willkommen, wobei das Lachen eindeutig überwiegt. Die verschiedensten Bewusstseinsebenen werden erforscht. Das Ziel ist, in diesen Durchgehungen schlussendlich das Herzzentrum in seiner ganzen Schönheit zu spüren, körperlich zu fühlen, wie es vibriert und pulsiert. Das Feedback der Teilnehmer darauf ist in der Regel überwältigend und voller Dankbarkeit. Eine Grundidee aus den antiken Mysterienschulen ist, die Psyche in eine Schwellensituation zu bringen, von der aus der Mensch einen Schritt in eine neue transzendentale Dimension hinein machen kann. Interessanterweise gab es in diesen Schulen selbst in vorchristlicher Zeit keine Unterschiede, was Rang und Stand anging. Jeder war als gleichwertiges Mitglied eines solchen Kreises herzlich willkommen. Eine spirituelle Bruderschaft und Schwesternschaft wird beispielhaft in diesen Kreisen praktiziert und es ist sehr berührend zu sehen, wie es immer wieder Menschen gelingt, in die höhere Wahrheit ihrer Seele durchzubrechen. Wenn es darüber hinaus gelingen könnte, zwischen Kreisen unterschiedlichster Couleur Verbindungen herzustellen, wäre viel gewonnen. Ein zartes Gittergeflecht aus hoch schwingenden spirituellen Energien würde die Erde umschließen.

Manche Teilnehmer sind vielleicht das erste Mal in einer Situation, in der sie aus tiefstem Herzen beten und durch das vorhandene Energiefeld spüren, wie intensiv ein Gebet sein kann. Egal, ob als Dankgebet, als Fürbitte, als fokussierte Energie – die Kraft direkt aus dem Herzen gesprochener heiliger Worte erzeugt eine erstaunliche Energie. Entscheidend ist bei einigen die Ermächtigung, überhaupt spirituell sein zu dürfen und urplötzlich eine riesige Kraft dahinter zu spüren. Das Beten also nicht den Priestern zu überlassen. Viele spirituell Suchende sagen, sie glauben an Gott, aber nicht an das Bodenpersonal, was so viel heißt wie: Sie wünschen sich eine direkte Verbindung nach oben – ohne Stellvertreter dazwischen. Ein Gebet ist eine direkte Kommunikation mit einer größeren Kraft, egal, wie wir sie benennen und aus welcher Kultur wir kommen. Offensichtlich kommt es auf die innere Haltung an, auf die Einstellung. Das Gleiche gilt für die Meditation. In dem Moment, in dem wir nicht wie abzockte Meditationsprofis in einer Kenn-ich-schon-weiß-ich-alles-weil-mein-Kopf-so-groß-ist-Haltung stecken bleiben, sondern uns mit der Einstellung eines unbefangenen Anfängers tatsächlich öffnen für eine neue Erfahrung, in dem Moment passiert etwas Umfassenderes. Es ist eine der kraftvollsten Methoden, seinen Geist zu öffnen. Wir brauchen auf unserem spirituellen Weg mehr von dem, was die Zen-Buddhisten *beginner spirit* nennen, Anfängerbewusstsein im positivsten Sinne, eine Haltung, mit der wir unbefangen und ungezwungen in eine Meditation hineingehen, als sei es die erste, die wir je erleben. In dem Bewusstsein, dass in jedem Moment alles passieren kann. Offen wie ein Kind. Es geht darum, jeden Tag so zu sehen, wie wenn es der erste Tag wäre, den wir je erleben. Jeden Menschen so wahrzunehmen, wie wenn wir ihn das erste Mal kennen lernten. Sich selbst so zu sehen, wie wenn man zum ersten Mal ein neugeborenes Baby anschaut. Den geliebten Partner anzuschauen, Familie, Freunde, Kollegen, zufällige Begegnungen, wie wenn es das erste Mal wäre. Das *Erstaunliche* ist, dass offenbar gerade diese scheinbar anfängerhafte Haltung den Geist einlädt zu verweilen.

Es geht darum, eine Faszination für den Wandel lebendig zu halten, eine Leidenschaft für das Mögliche, das Neue lieben zu lernen. Wenn wir uns mit Hermann Hesse davon inspirieren lassen, dass jedem Anfang ein Zauber innewohnt, jubiliert die Seele. Es ist wie bei diesem Indianerstamm, der alle fünfundzwanzig Jahre sein Territorium wechselt. Nicht weil es nicht mehr schön, nicht weil das Wasser schlecht geworden ist oder die Heilpflanzen ausgehen, nein, weil es schlichtweg langweilig geworden ist. Jetzt wird tausend Meilen weiter ein neues Quartier aufgeschlagen und alle Lebensgeister des Stammes kommen in Bewegung. Es muss wieder neu herausgefunden werden, wo sich das Wild versteckt, wo es das beste Wasser gibt, wo die Heilpflanzen wachsen. Alle Ressourcen der Seele werden neu aktiviert. Es herrscht Aufbruchsstimmung, und ein neuer Geist durchschwingt die Gemeinschaft.

Der Geist einer Gruppe

»Alle wirken mit an einem größeren Herz.
Sorge dafür, dass es Seele hat …«

Wenn die Freude daran, Teil eines größeren Ganzen, einer zutiefst sinnhaften Durchgehung zu sein, eine Gruppe erfasst, dann wird die Gruppe selbst zum Gefäß. Es entsteht ein individueller Gruppengeist. Die Aufgabe eines Lehrers ist es, diesen Geist zu aktivieren, ihn aufzurufen oder auch ihn am Leben zu halten in Momenten, in denen das spirituelle Feuer zu verlöschen droht. Er muss das unterliegende Muster einer Gruppe lesen und in der Lage sein können, den gemeinsamen Nenner zu finden, der diese Menschen zusammengeführt hat, und ihn artikulieren können. Er muss in jedem Moment das, was unterschwellig geschieht, in die Bewusstheit heben und für alle deutlich machen können. Dabei muss sein besonderes Augenmerk auf Individuen gerichtet sein, die sich innerlich oder äußerlich absentieren, auf Individuen, die innerlich oder äußerlich hadern, er muss jede noch so feine Schwingung, jede kleine Emotion in einem Raum wahrnehmen und blitzschnell für alle formulieren. Nur so ist gewährleistet, dass eine Gruppe nicht in unbewusste Verhaltensmuster fällt.

Wenn dies geschieht und das Unsichtbare sichtbar gemacht wird, wird der Gruppengeist lebendig. Es kreiert sich ein Feld der Transformation und Heilung. Der Lehrer muss weiterhin bereit sein, jede Form von Gruppenthema zu akzeptieren. Vielleicht hat er eine Gruppe mit lauter humorvollen Leuten und das Wochenende ist ein einziges Lachen. Vielleicht hat er eine Gruppe mit lauter depressiven Menschen und es ist ein einziges Weh und Ach. Vielleicht hat er eine Gruppe, die den Weg in das Herz über physischen Schmerz findet, und es ist ein einziges Ringen. Was auch immer es ist – die innere Verpflichtung des Lehrers besteht darin, unter allen Umständen in der Lage zu sein, den Weg ins Herz zu weisen und kreativ mit dem Gruppengeist zu arbeiten, so dass die Gruppe zu einem Gefäß für Herzenergie werden kann. Er muss in der Lage sein, seine spirituelle Energie im Kraftfeld völlig unterschiedlicher Gruppierungen zu jedem Zeitpunkt aufrechtzuerhalten. Er muss wissen, wie er in Kontakt mit seiner Seele führt und so für alle anderen den Schlüssel trägt, auch die eigene Seele einzuladen. Er muss in der Lage sein, aus jedem psychischen Zustand den Weg in das Herz beispielhaft für die Gruppe zu gehen. Jetzt entsteht Hoffnung und Freude, und in dieser Atmosphäre entstehen neue Lösungen.

Ich gebe einen öffentlichen Vortrag an einem Freitagabend in einer größeren Stadt. Es ist ein sehr großer Sitzkreis aufgebaut worden und alle Plätze sind besetzt, nur links und rechts neben mir sind noch zwei Plätze frei. Ich beginne den Vortrag und plötzlich kommt eine vielleicht fünfundfünfzigjährige Frau hereinstolziert, aufgedonnert und zurechtgemacht wie für die Oper. Sie setzt sich neben mich, unterbricht kess den Vortrag und kündigt an: »Mein Mann kommt auch gleich noch. Er sucht gerade einen Parkplatz, aber es kann sein, dass er ein bisschen sauer ist. Ich wusste nämlich nicht, wie ich ihn hierher kriegen sollte, da habe ich ihm einfach gesagt, dass wir in die Oper gehen. Der weiß gar nicht, wo er hier landet. Man muss die Männer eben manchmal zu ihrem Glück zwingen.« Der ganze Kreis gluckst und kichert in sich hinein. Ich denke, das kann ja heiter werden, und fahre mit dem Vortrag fort. Zehn Minuten später kommt der Ehemann mit hochrotem Kopf hereingestapft, setzt sich auf die andere Seite neben mich und zischt ihr angesäuert im Vorbeigehen zu: »Pass nur auf, das hat ein Nachspiel.« Ich spüre, dass ich, direkt im Spannungsfeld zwischen Streithahn und Streithenne sitzend, wie automatisch immer mehr anfange, über das Herz in Beziehungen zu sprechen, wie man es aufruft, wie wichtig Aufrichtigkeit ist, wie man Harmonie herstellen kann, wie der Schatten gewürdigt wird, über das Beibehalten von Liebe in der Kommunikation. Das gesamte Wochenende dreht sich fast ausschließlich um Beziehungsthemen. Die beiden Kontrahenten selbst nehmen nicht teil. Es ist, als habe der liebe Gott sie vorbeigeschickt, um dem ganzen Kreis eine Extra-Vorführung zu geben. In diesem Fall war es wirklich nicht besonders schwer, das Gruppenthema zu lesen. Ich saß sozusagen mittendrin. Doch gibt es Gruppen, in denen es sehr verborgen sein kann und es sehr viel Geduld und Fingerspitzengefühl erfordert abzuwarten, bis es sich zeigt.

Gruppenarbeit kann faszinierend sein. Sie bringt Menschen ein Stückchen weiter auf ihrem spirituellen Weg. Meine eigene Vorstellung, bevor ich mit der speziellen Kunst von Gruppenarbeit, die aus der Tradition der Mysterienschulen stammt, vertraut wurde, war zugegebenermaßen nicht frei von Vorurteilen. Ich hatte keine Ahnung, welche Bewusstseinstiefe erreicht werden kann, wenn Individuen sich auf ihrer Seelenebene begegnen, wenn Inspirationen und Geistesblitze die Herzen erhellen, wenn Wahrheit gesprochen wird, wenn Individuen tatsächlich mit ihrem heiligsten innersten Aspekt in Verbindung gehen und diesen für die gemeinsame Arbeit zur Verfügung stellen, wenn der Lehrer zu einem Ziel geworden ist und andere sich auf die Energie, die er verkörpert, aufschwingen können.

Sobald der Geist der Zusammenarbeit durch die Gruppe schwingt, wird es für die Teilnehmer zu einem Privileg und einer Ehre, nicht nur selbst Heilung zu erfahren, sondern auch essentieller Teil des Wachstums und der Transformation anderer zu sein. Wieder und wieder erlebe ich, dass Individuen insbesondere bei den Herzeinweihungen Durchbrüche direkt bei ihrer eigenen Einweihung erfahren, andere jedoch, während sie völlig selbstvergessen etwas für jemand anderen tun. Zeuge dieser Erlebnisse zu sein, ist ein Geschenk in sich. Sobald jeder einzelne bewusst am Aufbau solcher Gruppenenergie mitwirkt und seine seelische Kapazität voll zur Verfügung stellt, öffnen sich die Himmel und es finden Antworten statt, die der normale Verstand nicht für möglich hält. Die Gemeinschaft in der Gruppe ist für die Dauer des Zusammenkommens die physische Entsprechung des Herzens. Die seelische Verbundenheit aller mit allen, die bei dieser sehr speziellen und heiligen Form von Gruppenarbeit entsteht, ist fast so tief wie familiäre Bande. Manchmal sogar noch tiefer. Eine gebündelte, aus dem Herzen der Herzen, dem innersten Heiligtum, kommende Intention wirkt Wunder.

Die vier antiken Künste

»Die Seele wünscht, ganz zu sein …«

In der Tradition der Mysterienschulen wurden in der Regel vier antike Künste praktiziert: Heilkunst, Geschichten erzählen, Traumschau und Prophetie, die Wahrsagekunst. Man mag sich das in etwa vorstellen wie in den Tempeln des Asklepios in Griechenland, wo all diese Künste miteinander verwoben wurden. Es wurden rituelle Theaterstücke aufgeführt, es gab exzellente Seher, die die Zukunft lesen konnten, Kranke begaben sich zum Heilschlaf in die Tempel, in die nachts, während sie in einer Art Halbschlaf waren, die Priester kamen und in weißen Gewändern ihre Heilkunst praktizierten, beteten, Mantren sangen, Verbände wechselten. Am nächsten Morgen ging es dann zur Traumdeutung.

In diesem Ansatz wird eine sehr umfassende Vorstellung von Heilsein oder Ganzsein offenbar. Es geht um die ganze Seele, um das Seelenheil des Einzelnen, und durch alle vier antiken Künste wird die Seele auf jede nur mögliche Art angesprochen. Es geht darum, eine Bewegung des Bewusstseins auszulösen, zum Beispiel von einem Zustand, in dem eine Krankheit existent ist, in einen, in dem sie nicht existent ist, oder von einem uninspirierten, hoffnungslosen Zustand in eine klare Schau der Zukunftsvision.

Heute wird die Kultivierung dieser antiken Künste neu vermittelt. In einer experimentellen Herangehensweise werden Techniken erforscht, die von den Weisen in den unterschiedlichen Weisheitstraditionen genutzt wurden, um kluge Entscheidungen für das Wohl des Ganzen zu treffen. Es ist, um das Beispiel der Wahrsagekunst zu nehmen, zu vergleichen mit der Zukunftsschau eines Sehers. Präzise und mit Feingefühl wird die Zukunft im Werden erfasst. Über das Sehen von Bildern, die Deutung von Träumen und das Erlernen symbolischer Schau werden Menschen in Kontakt gebracht mit den spirituellen Ressourcen eines Sehers. Während viele Menschen einen mehr oder wenig genutzten Zugang zur Intuition haben, zeigt sich ein Klassenunterschied, wenn diese Bereiche konkret trainiert werden und sich durch permanentes Einüben immer mehr verfeinern. Wir brauchen heute Weitsichtige, die sich trauen, in ihren jeweiligen Lebensbereichen Führungsaufgaben zu übernehmen. In der Ära der Informationsüberflutung haben wir nicht mehr genügend Zeit, alle Implikationen einer Entscheidung zu prüfen. Wir benötigen eine Renaissance intuitiver Kräfte, um in der Lage zu sein, die jeweils höchste Wahrheit, die, welche dem Wohl des Ganzen dient, herauszufiltern und transformierend tätig zu werden.

Ebenso benötigen wir den Mut, ungewöhnliche Wege der Heilung zu erproben. Ob es sich um Hands-on-healing, Quantum Touch oder Geistheilung handelt – wir brauchen unerschrockene Pioniere, die zeitloses Wissen reaktivieren und aus den Tiefen ihrer Seele hervorträumen, die ihren eigenen Körper als Forschungslabor sehen, bereit unterschiedlichste Erfahrungen zu machen. Was macht der Körper, wenn wir über längere Zeit in Dunkelheit meditieren? Wie reagiert er, wenn wir über längere Zeit in die Stille gehen? Was passiert in der Interaktion, in der körperlichen Liebe oder wenn wir sie eine Zeit nicht ausleben? Wie finden Energieübertragungen statt und wie dauerhaft sind sie? Wie wirkt sich eine drastische Ernährungsumstellung auf den Körper und die Seele aus? Das sind alles Fragen, die wir wieder und wieder mit unseren Körpern als Forschungsstätte erproben. Obwohl ich meinen Körper als Versuchslabor sehe, gab es doch auch Wachstumssituationen, auf die ich lieber verzichtet hätte:

Eine längere Conference beginnt und das tiefere, unbewusste Thema der Gruppe ist Transformation über körperlichen Schmerz. Es ist nicht besonders schwer, dies zu erkennen, denn bereits am zweiten Tag gibt es einen kleinen Zwischenfall. Eine Session ist beendet, und ich spreche mit einer Teilnehmerin, die sich dabei ausdrücklich für das Vertrauen bedankt, das sich über diese Form der Arbeit aufbaue. Sie verbeuge sich innerlich vor diesem Vertrauen. Über Vertrauen als Grundpfeiler der Arbeit sinnierend gehe ich danach mit mehreren Teilnehmern aus dem Seminarraum, und eine Person, die schräg hinter mir geht, wirft mir aus diesem Winkel eine Art Ball zu und ruft: »Fang, Thomas!« Voller Vertrauen greife ich nach vorn und fange ich den Ball. Es ist eine Kastanie mit lauter spitzen, nadelfeinen Stacheln, die sich sofort mit ihren Widerhaken in die Haut bohren. Es blutet und ein unangenehmer Schmerz durchzuckt die Hand. Ich bin für einen Moment fassungslos und spüre die Automatismen meines tausend Jahre alten Emotionalkörpers blitzartig hochfahren: »Faust an Großhirn: Lasst uns zurückschlagen, sofort! Großhirn an Faust: Sekunde … wir haben noch nicht alle Daten. Herz an alle: Ihr habt sie wohl nicht alle? Großhirn an Herz: Sag ich doch!« Schließlich siegt das Herz und ich ziehe mich aus der Situation heraus. Die werfende Person hat sich selbst sehr erschrocken und will sich sofort entschuldigen. Die spontane Entschuldigung nehme ich bewusst nicht an und lasse alle Beteiligten zunächst stehen. Ich vertraue und werde verletzt. Es entsteht Schmerz – eine Situation, wie sie in anderen Zusammenhängen millionenfach auf der Erde entsteht.

Meine Intuition sagt mir, dass die betreffende Person einen sehr tiefen Schmerz auf der Seele tragen muss, wenn sie Schmerz als Mittel der Kontaktaufnahme wählt. Ich realisiere, dass es ihr Muster ist, über zugefügten Schmerz plus sofortiger Entschuldigung in eine tiefere Verbindung mit ihren Mitmenschen zu gehen, und entscheide bewusst, darauf nicht einzugehen, was bedeutet, die in der nächsten Session von ihr vor der Gruppe ausgesprochene Entschuldigung auch nicht anzunehmen, sondern sie stattdessen aufzufordern, den verborgenen Schmerz in sich zu suchen. Sie versteht es zunächst nicht, aber sie macht sich auf die Suche. Session um Session traktiere ich sie nun mit nadelfeinen Fragen, bis sie irgendwann durchbricht in einen uralten, seelischen Schmerz, der nur darauf wartete, erlöst zu werden. Ich rede später ein ernsthaftes Wörtchen mit meinen Schutzengeln und fordere sie auf, demnächst bei unbekannten Flugobjekten wachsamer zu agieren, doch schlussendlich ist die ganze Durchgehung in sich sinnvoll. Wie soll ich als Lehrer mit einer Gruppe von Leuten arbeiten, die kollektiv gesehen aus einer Situation körperlichen Schmerzes heraus den Weg in ihr Herz finden müssen? Ich frage mich allerdings, ob mein Commitment, zum Wachstum anderer beizutragen, nicht etwas zu weit geht, doch gleichzeitig ist es ein guter Wachstumsmoment. Ich realisiere, dass ich am ehesten aus meiner Energie fallen könnte, wenn körperlicher Schmerz im Spiel ist. Zum Glück weist das Herz den Weg.

Unerschütterliches Vertrauen

»Was geschieht, geschieht. Vertraue weiter …«

Das Herz, das Herz, wie sehr muss es sich noch öffnen? Wie oft muss es noch brechen, um ganz gespürt zu werden? Wie weit muss es sich noch dehnen, bis es alles umfasst? Wie tief muss es vertrauen, bis es alle Abgründe enthält? Das Herz, das Herz, es kennt kein Misstrauen, es öffnet sich allem zu jeder Zeit und ist verbunden mit einer Ebene des Vertrauens.

Es gibt das kleine und das große Vertrauen. So wie jemand kleinherzig oder großherzig sein kann. Kleines Vertrauen ist ein Kuhhandel, ein Geschäft, ein Deal. Es sagt, wenn du mir vertraust, vertraue ich dir. Weil ich dir vertraue, erwarte ich dieses oder jenes Verhalten. Großes Vertrauen kennt kein Misstrauen. Es ist immer vorhanden, unabhängig davon, was auf einer menschlichen Ebene geschieht. Es braucht keine Bestätigung, denn es kann nicht verraten werden. Es vertraut. Dieses Vertrauen ist der Schlüssel zu den Mysterien.

Während ich diese Zeilen schreibe, bebt unter mir die Erde und das Haus wackelt, leichtes Erdbeben, Madame Pele, die Vulkangöttin, macht sich auf Big Island Hawaii deutlich bemerkbar. Vertrauen heißt, sich nicht davon erschüttern zu lassen. Die äußere

Ebene ist erschüttert, die Erde bebt. Die innere Ebene ist im Vertrauen. Unerschütterlich. Der Seele ist es egal, wie häufig wir den Körper wechseln. Der Mystiker, der im Vertrauen lebt, erreicht irgendwann einen Punkt des Einverstandenseins mit jeglicher Bewegung. Er setzt ihr keinen Widerstand entgegen. Seine Sicht des Einen, seine Einsicht, lässt dies nicht zu.

Wahres Vertrauen ist furchtlos. Wahres Vertrauen erwartet stets das Beste. Wahres Vertrauen vertraut dem höheren Selbst. Es entsteht Selbstvertrauen. Dieses Vertrauen ist die Grundlage jeder Beziehung. Es kann nicht enttäuscht werden. Es ist das Gegenmittel gegen jede Form von Angst. Es lässt der Angst keinen Platz im eigenen Sein. Es vertraut in sich. Voller Vertrauen richtet es den Blick auf das höchste Potential. Es ist wie das Umschalten auf einen anderen Kanal und erfordert eine hohe Form der Bewusstheit. Vertrauen sieht die Mitmenschen so, wie Gott sie gemeint haben könnte, und residiert in einem erleuchteten Herzen. Dieses Vertrauen lässt uns eintreten in eine Ebene der Freiheit und Freude.

Bevor wir die Seele ganz erfahren, müssen wir lernen zu vertrauen. Vertrauen ist der notwendige Zwischenschritt in die transzendenten Bereiche hinein. Der spirituelle Haken ist, dass die meisten Menschen so sehr damit beschäftig sind, ihre äußere Realität mit ihrem Verstand zu steuern, dass es umso schwerer wird, ein nicht urteilendes Denken zu realisieren. Vertrauen ist eine Grundtechnik, sich nicht im urteilenden Verstand zu fixieren, sondern ihn zu transzendieren. Sich innerlich unabhängig zu machen von Ereignis und Resultat.

Mit dem Vertrauen, welches Menschen beispielsweise in einen Lehrer setzen und dessen er sich würdig erweisen muss – vertrauenswürdig –, steht und fällt die ganze Lehre. Menschen sind gewillt, jemandem zu folgen, der sich selbst vollkommen vertraut und Zuversicht ausstrahlt. Sie spüren, dass dieser Mensch einem inneren Ruf folgt, und sind dadurch inspiriert selbst auch etwas Umfassendem zu folgen. Sie folgen mit Freude und ohne Widerstand. Vertrauen weckt den Geist der Zusammenarbeit. Vertrauen ist der Zauberstab des Lehrers. Vertrauen führt zu Freiheit und Freude. Lehrer vertrauen dem Universum und das Universum vertraut ihnen.

Das Singen des Herzens

»Wenn das Herz singt, kommt das Kind hervor …«

Eine große Frage ist: Wie erkennen wir eigentlich Spiritualität? Ja, es ist Erfahrungswissen, ja, es ist nicht religiös, doch woran erkennen wir es genau? Ist es begeistert sein? Muss es allein erfahren werden oder in einer Gruppe oder in beiden Zusammenhängen? Woran erkennen wir wirkliche Spiritualität, wahrhaftes Erfülltsein? Das wohl deutlichste Phänomen, das einen spirituellen Menschen auszeichnet, ist eine tiefe, unauslöschliche Lebensfreude, egal, wie das Leben spielt. Wenn Freude das Herz durchstrahlt, wandeln sich die Zellen in unserem Körper. Freude ist die Signatur einer göttlichen Präsenz in einem menschlichen Körper. Freude ist nicht oberflächlicher Spaß, nicht derbes Schenkelklopfen, sondern tief durchdrungenes Empfinden. Es ist ein Hüpfen im Herzen, ein Lächeln der Seele. In der Einheit mit unserem höheren Selbst herrscht Freude. Wenn das Ego das Kommando abgegeben hat und alle viere von sich streckt, fängt ein himmlischer Freudenchor an, im Herzen zu singen. Das Herz singt. Es singt ein uraltes Lied, das die Seele an ihre Absicht erinnert. Es singt eine uralte Weise, deren Töne eine Ahnung der eigenen Herkunft aus den Tiefen der Zeiten auftauchen lässt. Das Herz singt ein Lied des Miteinander, eine Fuge kosmischer Harmonie, eine Symphonie von Klängen, die einander umspielen und neue Verbindungen eingehen. Sein Singen lässt den eigenen Lebenstraum vor dem inneren Auge sichtbar werden, fühlbar werden, Gestalt annehmen. Farben bekommen Töne und Klänge werden bunt.

Das Singen des Herzens erweckt die Liebe und lässt alle fühlenden Wesen ihre Zukunft schauen. Sein Singen lüftet die Schleier und hebt die Trennung auf zwischen uns und dem Göttlichen. So ist das also. Wieso haben wir das nicht schon immer gefühlt? Das Universum steht still. Der Verstand schweigt ergeben. Ewig dauert der Moment. Zeitlos ist der Kuss. Die Liebe der Seele fließt hinab durch die Schleusen des Herzens. Glückselig erschauert der Körper.

Mystiker wissen, dass diese Ebene natürlicher Freude immer zugänglich ist, zu jeder Minute erlebbar, dass sie nur verdeckt, ummäntelt, verschüttet ist von irdischen Gesetzen, doch niemals verloren. Wenn sie gute Lehrer sind, haben sie einen kosmischen Klappspaten dabei, dessen Eine Bewegung die Erde umpflügt und die Freude freisetzt. So ist das also.

Poeten versuchen, die Freude einzufangen in dem Lachen eines Kindes, dem Zwinkern eines Auges, dem Blick eines Liebenden. Narren kitzeln die Freude aus ernsten Zeitgenossen hervor mit einem Witz aus heiterem Himmel. Freude vibriert vor Möglichkeiten, eröffnet neue Perspektiven, macht lebendig. Leben und Freude gehören auf ewig zusammen. Traulich vereint in Lebensfreude. Ihr Kind wohnt im Herzen. Wie ein göttlicher Spion lugt es aus der Mitte des Herzens in die Welt. *Erstaunlich.* So ist das also.

Innerlich verbunden mit den Kreisen spiritueller Seefahrer aus anderen Zeiten und anderen Kulturen, singt es mit ihnen: OM Shanty, OM Shanty. Es lächelt in sich hinein. Darf es das? Ein

Friedensmantra umwandeln in ein Freudensmantra? Darf es das? Das Lied der Freude laut und falsch singen? Darf es das? Trunken vor Liebe seine Freude der ganzen Welt mitteilen? OM Shanty, OM Shanty. Eine Weise wider den spirituellen Ernst hallt durch die Säle. Es hört nicht mehr auf zu singen.

Herzens-Anker: Der Segen des Miteinander

Menschen bündeln ihre Energien und erzeugen gemeinsame Kraftfelder, die weit über die Kapazitäten einer einzelnen Person hinausgehen. Wenn das Ego freiwillig zurückgestellt wird, können sich die weisen Aspekte der Seele in all ihrer Schönheit entfalten.

Gibt es in Ihrem Leben Erfahrungen, in denen die gebündelte Kraft einer Gruppe zum Katalysator für eigenes Wachstum wurde? Wenn ja, welche?

Wann haben Sie zum letzten Mal etwas vollkommen Neues gelernt aus reiner Freude? Was war das?

Gab es Situationen in Gruppen, die Sie davon abhalten, zukünftig zu vertrauen? Welche waren dies und warum geben Sie diesen Situationen die Macht, ihre Zukunft zu bestimmen?

Sind Sie in Kontakt mit Ihrem inneren Kind, Ihrem Baby-Girl oder Baby-Boy? Wie drückt sich dieses aus?

Ist es für Sie vorstellbar, ein Vertrauen zu entwickeln, das unabhängig ist von Ereignis und Resultat? Wenn ja, wie könnten Sie dieses kultivieren?

9
Energie-Piraten – Wenn das Ego dreimal klingelt

Logbuch: »Nicht der Sündenbock dieser Familie« – ein Traum

Dieser Traum wurde geträumt zu einer Zeit weit vor den Herzeinweihungen, als ich im Begriff war, mich aus der schon erwähnten dysfunktionalen Beziehung zu lösen, aber innerlich noch festhänge. Ich träume, ich gehe mit einem Stoß Akten in das Haus der Eltern meiner damaligen Freundin. Es ist mitten in der Nacht und alle schlafen. Mein Läuten weckt sie und im ganzen Haus geht das Licht an. Nachdem ich die Tür geöffnet habe, lässt sie sich nicht mehr verschließen. Die Freundin und ihre Eltern sind nervös und angespannt, als sie mich dort mitten in der Nacht mit diesem Aktenordner sehen. Ich gehe ins Wohnzimmer und stelle alles klar, was jemals unklar gewesen sein könnte. Dann knalle ich mit einem Gefühl innerer Befreiung die Akten auf den Tisch und sage: »Und im Übrigen: Ich bin nicht der Sündenbock dieser Familie. Dafür müssen Sie sich einen anderen suchen. Hier steht es schwarz auf weiß. Die Akten belegen alles.« Mit einem leichten Gefühl inneren Triumphes lasse ich die Anwesenden stehen und denke: »So, das musste aber auch mal deutlich gesagt werden!« Dann will ich das Grundstück verlassen, doch ich komme nicht weg. Egal, welchen Weg ich auch wähle, auf jeder Einfahrt haben sich zwei große schwarze Hunde ineinander verbissen. Ich komme nicht an den Hunden vorbei.

Schuld = Ego

»Kämpfe nicht um dein Recht, lebe für die Liebe . .«

Nach dem Aufwachen aus diesem sehr speziellen und deutlichen Traum spüre ich, dass ich mich beim Herausgehen aus der Beziehung in keine weiteren Händel hineinziehen lassen werde, die ich durchaus hätte führen können. Die Tür, die sich nicht mehr schließen ließ, und die schwarzen Hunde, die sich wie zwei große, dunkle Emotionalkörper ineinander verbeißen, sind Warnung genug. Das Ego wünscht Anerkennung und klingelt bei der falschen Adresse. Mir steht eine höhere Summe zu und auch die lasse ich gehen. In dem Moment, in dem ich das Geld gehen lasse, fühle ich, wie sich der letzte Enterhaken in meinen Herzzentrum löst. Eine sehr berührende, körperlich spürbare Erfahrung. *Erstaunlicherweise* bekomme ich später genau die gleiche Summe von jemand ganz anderem am anderen Ende der Welt geschenkt. Das Universum sorgt für den Ausgleich. Wieder und wieder erlebe ich, dass das Universum alles ausgleicht.

Grundsätzlich findet ein andauernder Kampf in uns statt zwischen dem, was wir das Ego nennen, und der Seele, dem spirituellen Aspekt unseres Seins. Das Ego steht für einen verengten Persönlichkeitsaspekt, der Wachstum verhindert. Es wird im Folgenden darum gehen, subtile Strategien des Egos aufzuzeigen, die Seele in Schach zu halten, um nicht wachsen zu müssen. Schuldgefühle spielen eine große Rolle im Verhindern möglicher Entwicklung.

Wir sind häufig darauf fixiert, von bestimmten Menschen, von denen wir uns übervorteilt, verletzt, verwundet, ungerecht behandelt fühlen, einen direkten Ausgleich zu bekommen, die Schuld sozusagen auf Biegen und Brechen einzufordern. Keine sehr gute Idee. Wenn wir darauf vertrauen würden, dass der Ausgleich in jedem Fall stattfindet, wären viele Biographien um einiges freudvoller. Solange wir diesen Ausgleich erwarten, hängen wir emotional fest. Egal, ob wir im »Recht« sind, in einer Position, in der wir unser Gegenüber verurteilen und schuldig sprechen oder ob wir die »Sündenböcke« sind, die von anderen schuldig gesprochen werden, wir kreisen unweigerlich um das Thema »Schuld«. Die Idee vom Sündenbock, einem Ziegenbock, dem quasi die kollektive Schuld eines Dorfes aufgeladen wurde und mit der er dann aus dem Dorf gejagt wurde, stammt aus der Zeit, in der die Menschheit sich im Übergang befand vom Menschen- zum Tieropfer. Es hatte befreienden Charakter, so wie der Gang zum Beichtstuhl und das Freisprechen von Sünden. Was dabei vergessen wird, ist, dass auch der Freispruch sich in einem Schuldkreislauf bewegt. Die Frage ist also nicht, wie bekommen wir den Freispruch, sondern vielmehr, wie verlassen wir die Ebene, auf der dieses Drama inszeniert wird? Wollen wir sie überhaupt verlassen, oder hat sie auch unbewusste psychologische Vorteile? Wie erreichen wir ein Bewusstsein, das in der Lage ist, dem Drama zu entwachsen und darüber hinauszugehen?

Insbesondere in spirituellen Kreisen ist Schuld ein fein säuberlich ummanteltes und verdecktes Thema. Man wähnt sich schuldfrei und permanent liebend. Wie schuldfrei ist das Ausleben von Sexualität? Wie schuldfrei ist das Erziehen von Kindern? Wie schuldfrei ist unsere Beziehung zum Spirituellen, zum Göttlichen? Es gibt keine Verurteilung, raunt uns Osiris aus den ägyptischen Mysterien zu. Keine Verurteilung? Wie intensiv glauben wir wirklich daran?

Rückzug und Schuld gehen Hand in Hand. Das Ego hat ein Interesse an der Aufrechterhaltung von Schuld. Es kreiert wieder und wieder die gleichen Schuldgefühle, die dafür sorgen, dass einem Ereignis aus der Vergangenheit die Macht gegeben wird, die Gegenwart zu überstrahlen. Dahinter steckt eine subtile Angst, im Leben voranzuschreiten. Wir ziehen uns zurück, vor dem Leben, vor anderen, vor uns selbst. Ebenso stehen alte Schuldgefühle häufig dem Aufbau von Nähe zu einem Partner im Weg. Sich selbst schuldig zu fühlen oder zu sprechen gibt dem Ego die Kontrolle über einen sehr begrenzten Ausschnitt der Wirklichkeit. Die amerikanische Definition von Ego mit »Edging God Out«, »das Göttliche draußen vor lassen«, ist mehr als zutreffend. Die Seele braucht nicht voranzuschreiten. Es ist die gleiche unbewusste Form von Liebe, die wir aus den Familienaufstellungen kennen, die gleiche unbewusste Solidarität mit einem Ereignis aus der Vergangenheit. Es ist die Weigerung, ganz anwesend und hier zu sein. Auf einer subtilen Ebene gibt uns die Schuld die Ausrede, nicht das zu werden, wofür wir bestimmt sind: bedingungslos liebende Wesen.

Schuld wird niemals das Ereignis, den Fehler, das Geschehen ungeschehen machen. Es wirkt im Gegenteil wie ein Geschmacks- und Gefühlsverstärker, der uns immer wieder in diese Situation hineinführt. Manche Menschen glauben unbewusst, sie könnten, indem sie sich selbst bestrafen oder gar verunfallen, einen Preis bezahlen, der sie erlöst. Doch sie sind in einem Kreislauf gefangen. Allein der Akt der Selbstbestrafung oder auch der Unfall löst wiederum neue Schuldgefühle aus. Der »scheinbare« psychologische Vorteil – scheinbar, weil allein das Ego den Vorteil hat – ist: Wir brauchen unserer Seelenabsicht nicht zu folgen. Wir sind ja schuldig. Was soll's?

Wir können bei vielen Arten von Unfällen darauf wetten, dass unbewusste Schuldenergien im Spiel sind, die dieses Ereignis mitkreieren. Der oder die »Schuldige« ruft nach Bestrafung. Entweder man verunfallt selbst, indem man sich stößt, stürzt oder anderweitig eine Verletzung zuzieht, oder die Aufladung des Schuld-Feldes ist so stark, dass ein Magnetismus entsteht, der dazu führt, dass die Person in einen Unfall mit Beteiligung anderer Personen verwickelt wird. Sie ist in diesem Fall ein wahrer Energiepirat, denn ihr Schuldgefühl erzeugt einen Sog, in den Menschen, deren Feld zu diesem Zeitpunkt vielleicht nicht ausgeglichen ist, hineingezogen werden. Es gibt wahre Schuldspezialisten, die sich davon »nähren«, negative Aufmerksamkeit zu bekommen, also besonders »schlimm« oder »schlecht« oder »böse« zu sein. Ihr Ego wünscht, um jeden Preis etwas Besonderes zu sein. Es genügt ihnen, dass überhaupt psychische Energie in ihre Richtung fließt. Welche Art spielt für sie keine Rolle.

Wichtig ist, dieses Phänomen in jedem Moment durchschauen zu können, sonst verlieren wir den Zugang zu unseren eigenen höheren Kräften und verbleiben in der Projektion unserer Energie auf eine andere Person. Es ist wie ein energetisches Leck. Wirkliche Aufmerksamkeit, in einigen spirituellen Traditionen »Achtsamkeit« genannt, durchschaut diesen Prozess im Moment des Entstehens und verbleibt in einem Zustand der zentrierten Aufmerksamkeit oder wechselt, falls es schon zu spät ist, so schnell wie möglich zurück in eine achtsame Bewusstseinsebene.

In all diesen Fällen geht es darum, den Kreislauf zu verlassen. Das heißt, sich weder von anderen schuldig sprechen zu lassen noch selbst jemanden schuldig zu sprechen. Die einzige Lösung ist, den Teufelskreis zu verlassen. Der Teufel als Schreckensgestalt stellt selbst eine Projektion von Schuld auf eine mythologische Figur dar. Er ist die Obersünde, der Schuldigste unter den Schuldigen. Er ist der Te-u-fel, der in die Zwei Gefallene, der Dia-bolo, der in die Zwei Geworfene. Der Zwei-Fall oder Zwei-fel ist seine Signatur. Er steht für ein in der Polarität gebundenes Bewusstsein. Gefangen auf dieser eingegrenzten Ebene von Wirklichkeit. Die Sprache verweist hier auf ein tieferes Phänomen. Sie verdeutlicht, dass eine Erfahrung des Einheitsbewusstseins nicht in der Sphäre normalen polaren Denkens erlebt werden kann, sondern nur jenseits davon. In den älteren Tarotdecks ist dies gut nachzuvollziehen in dem Symbol Nr. 15, »Der Teufel«. Wir sehen dort den bocksbeinigen Gehörnten, eigentlich der ursprünglich positiven griechischen Frühlingsgottheit Pan nachempfunden, über einem angeketteten Liebespaar thronen. Der Clou an diesem Symbol: Die Ketten sind so weit, dass die Liebenden sie jederzeit abstreifen könnten, wenn sie sich nicht ins Bockshorn jagen ließen. Schon würden sie sie sich zur Quersumme von Symbol Nr. 15 transformieren, sie wären auf der Nr. 6, »Die Liebenden«.

In vergangenen Zeiten schob man dem Teufel die Verantwortung zu. Der Teufel war an allem schuld. Das Vieh war krank, ein Kind starb. Der Teufel hat es geholt. Er hat sogar den Schnaps gemacht. Heute ist es das Unterbewusstsein oder die Familie oder ein Trauma aus der Vergangenheit. Die Bewegungsrichtung ist die gleiche: Jemand anderes oder etwas anderes ist verantwortlich. Nur wir nicht. Vorteil Ego: Wir brauchen unserem Lebenstraum nicht zu folgen. Die Lösung liegt, wie in der befreienden Bewegung des Tarots angedeutet, hin zur Liebe. In dem Moment, in dem wir jegliche Schuld in unser Herz nehmen und es dort auflösen, können wir voranschreiten. Dies ist wörtlich gemeint. Die tägliche Meditation auf unser Herzzentrum, unseren göttlichen Kern, lässt im Brustbereich das Herz zu einer vibrierenden Sonne werden, in deren Glühkraft wir jegliche Emotion schmelzen, auflösen, umwandeln können. In den körperzentrierten Herzübungen geht es darum, sich wie ein Meditationsmeister hinzusetzen und in den Körper hineinzuspüren, wo eine bestimmte Emotion sich lokalisieren lässt. Wenn eine Körperstelle erspürt ist, atmen wir dort hinein, gehen mit unserer Bewusstheit in diesen Bereich und schließlich heben wir nach einem inneren Dialog diese Emotion in unser Herzzentrum. Dort findet die Umwandlung statt.

Das Herz ist der Schmelztiegel aller Emotionen. Es wird allzu häufig gleichgesetzt mit Gefühlen. Das ist aus meiner Perspektive nicht trennscharf genug. Der Bauch ist die emotionale Ebene respektive die unteren drei Chakren. Das Herz meistert den Emotionalkörper, indem es diese Gefühle umwandelt: Aus Blei wird Gold. Es geht um die alchemistische Idee, aus dem Blei des Unbewussten in das Gold des selbstverwirklichten Herzens vorzudringen. Die Alchemisten haben in ihren Traktaten verschlüsselte Anweisungen für einen sehr komplexen Einweihungsweg hinterlassen, bestehend aus mehreren Durchgehungen, welche die Psyche des Individuums umfassend transformieren.

Die zentrale Frage hierbei lautet: Wie durchbrechen wir konkret den Schuldkreislauf? Die Antwort darauf kann nur sein: Indem die Schuld ganz herausgenommen wird, beziehungsweise indem man sich und den anderen, sich und das Ereignis, ganz aus der Schuld nimmt. Nur wenn beide aus der Schuld herausgenommen werden, sind Vergebung und Liebe möglich. Jetzt atmet das Herz auf und ein Neubeginn rückt in greifbare Nähe. Das grimmsche Märchen vom *Froschkönig* illustriert diese Dynamik, indem die Prinzessin, die sich vom Frosch ihre in den Brunnen gefallene Ganzheit in Form der Kugel heraufholen lässt, ihr Versprechen nicht einlöst. Sie steht damit in seiner Schuld. Ob sie ihn nun küsst oder an die Wand wirft, darüber streiten sich die Gelehrten, und vielleicht ist es auch Geschmackssache – je nach Naturell der Prinzessin. Heraus kommt auf jeden Fall der Prinz, doch nicht nur er: In der Schlussszene erscheint ganz plötzlich der alte Diener des Königs, der Eiserne Heinrich mit der Kutsche, die das nun unschuldige Paar aufnimmt, und während sie in ihr Happy-Ever-After-Glück hineinfahren, hört man dreimal ein lautes Krachen. Es scheint, als wären die Achsen des Wagens gebrochen, doch es waren die Ringe, die sich vor Trauer um das Herz des Eisernen Heinrich gelegt hatten und die nun vor Freude weggesprengt werden. Endlich ist das Herz befreit.

Verurteilung = Ego

»Das Herz kennt keine Gewinner oder Verlierer …
Es kennt nur die Liebe …«

Ein beliebtes Spiel in spirituellen Kreisen ist, sehr tugendhaft, rein und perfekt zu sein, um sich als Teil einer spirituellen Elite zu fühlen. Gleichzeitig werden andere Menschen, die vielleicht andere Ideale oder einen anderen Lebensfokus haben, auf eine subtile Art und Weise verurteilt. Das Schuldgefühl wird nach außen projiziert, denn man wähnt sich tugendhaft und erhaben. Man macht alles »richtig«. Dies ist keine wirkliche Unschuld, es ist ein Verbleiben im ewigen Kreislauf von Schuld und Nicht-Schuld. Das Ego verleugnet diese Projektion, obwohl sie stattfindet. Seine Falle ist der Stolz, das heißt die Identifikation über Abgrenzung. Nicht Stolz als natürliche Freude über etwas Geleistetes, sondern stolz auf etwas zu sein, was jemand anderes nicht ist. Die Welt in Gewinner und Verlierer einzuteilen. Nun sind wir leider gewohnt, genau dies zu tun. Es wird durch das Kollektiv wieder und wieder nachgespielt. Das Denken des Kollektivs ist stromlinienförmig. Durch Sportereignisse, berufliche Karrieren, Promotionen und Förderungen wird der Geist darauf konditioniert, dass die Welt eingeteilt ist in Gewinner und Verlierer. Es kann ein sehr einsamer Weg sein, der oberflächlichen Wahrheit des Kollektivs nicht zu folgen, nicht dem Glanz nachzujagen, der nur eine gespiegelte Form des Lichtes darstellt. Und auch die spirituelle Welt ist voll von Erfolgen, von Leistungen, von Idealen, denen nachgeeifert wird. Allzu häufig wird nicht realisiert, dass das jüngste Erlebnis nichts weiter ist als ein Etikett, das sich das Ego an die Schulter heftet. Wird die Fabrikation von Spiritualität wirklich weiterführen? Frühere Generationen kaprizierten ihre Ideale auf materiellen Wohlstand, heutige Suchende auf spirituelle Events. Hat das Ego sich lediglich eine neue Bühne gesucht? Und wenn ja, wie finden wir von dort in die wirkliche, alles umfassende Liebe, eine Liebe, die nicht wertet, nicht urteilt und nicht vergleicht, keine Bedingungen stellt?

Verurteilung hält gefangen, andere in unserem eingeengten Blick und uns selbst, weil eine Selbstverurteilung zugrunde liegt. In den spirituellen Kulturen des Ostens wie des Westens wird ein hohes Gewicht darauf gelegt, Menschen nicht zu verurteilen. Warum? Warum können wir nicht 24 Stunden auf alle, die nicht zum gleichen Clan gehören, herabblicken, schimpfen und uns besser wähnen, weil die anderen eben anders sind? Als Chef auf die Untergebenen, als Angestellte auf die da oben, als Weiße auf Schwarze, als Schwarze auf Weiße? Weil wir dann im Gefängnis unserer Projektionen stecken bleiben. Weil wir unsere eigenen ungeliebten Schattenseiten auf ein beliebiges Gegenüber projizieren. Weil wir immer nur uns selbst sehen und beschimpfen und solch ein Verhalten ein erstklassiger Anzeiger für ein geringes Selbstwertgefühl ist. Dieses Verhalten ist schichtunabhängig. Es wird von unten nach oben, von oben nach unten und über alle Grenzen hinweg fleißig projiziert. Letztlich lautet die Antwort: weil wir dadurch Energie verlieren. Verurteilung ist ein Energieräuber par excellence.

Das Phänomen der Verurteilung im Zusammenhang mit Projektionen bedarf einer näheren Erläuterung. »Proicere« bedeutet nichts anderes als ein Bild, das wir in uns tragen, auf eine andere Person zu werfen. Wir sehen dabei nicht die Realität der anderen Person, sondern immer nur das eigene, geworfene Bild. Dieses Bild wird mit weiteren Phantasien aufgeladen, und schon ist keine Kommunikation mehr möglich. Spirituelle Arbeit erfordert ein bewusstes Durchtrennen jeglicher Illusion, das Zerstören falscher Bilder.

Es spielt keine Rolle, ob der Blick nach außen oder nach innen gerichtet ist. Ist es ein verurteilender Blick, sind wir gefangen. Wären wir in unserer Liebe, unserem Wesenkern, unserer göttlichen Verbindung, dann könnten wir nicht verurteilen. »Nicht zu verurteilen« bedeutet nicht »handlungsunfähig« zu sein. Es heißt, durchaus zu urteilen und auch zu handeln, aber eben nicht zu *ver*urteilen. Eine andere Person nicht abzulehnen, sondern sie grundsätzlich zu schätzen. Insbesondere nicht, dem Emotionalkörper das Kommando zu geben, der es vorzieht, aus einer verengten Perspektive zu schauen. Vielleicht sollte man statt von Urteilen lieber von Einschätzungen sprechen. Es geht grundsätzlich darum, das Eine in Allen zu schätzen. Das heißt nicht, dass wir nicht Wahrheiten über uns, die Welt, jemand anderen wahrnehmen können, es heißt vielmehr, dass diese nicht emotional aufgeladen sind und dass der Wahrnehmungsfilter ein reines Herz ist. Das Herz sieht eine Person stets in ihrer ganzen Seele.

Ein Kind kann nicht wahrnehmen wie ein Erwachsener. Seine Sicht ist nicht so umfassend. Ein Erwachsener kann nicht wahrnehmen wie ein Mystiker. Die Wahrheit eines Mystikers ist jedoch keine soziale. Sie ist in Liebe entflammt für Gott, sie kennt nichts anderes, sie sieht nichts anderes, sie sieht überall nur den göttlichen Kern, das Herz. Es ist der zentrale Bezugspunkt der Wahrnehmung. Nur ein erleuchtetes Herz kann das Leuchten in den Herzen anderer wahrnehmen. Nur der Wind eines erleuchteten Verstandes kann das Glimmen in den Herzen der Suchenden zu einem Freudenfeuer entfachen.

Selbstangriff = Ego

»Segne all deine Fehler ...«

Jede Form von Schuld und Verurteilung stellt in letzter Konsequenz einen Angriff auf sich selbst dar. Die Arten und Weisen des Egos, dafür zu sorgen, dass wir uns selbst angreifen, sind zahllos und trickreich. Jeder noch so kleine und winzige Gedanke, irgendwo fehlerhaft zu sein, oder etwas falsch gemacht zu haben, nicht würdig zu sein, führt in die Separation. Vielleicht denken wir sogar in letzter Konsequenz, wir hätten es nicht verdient zu leben. Vielleicht weil wir die Familie nicht retten konnten oder dem spirituellen Ideal nicht entsprechen, vielleicht weil wir irgendwann realisieren, dass wir nicht das Leben führen, das wir führen könnten, und uns nicht in der Lage sehen, den Lebenstraum ins Handeln umzusetzen. Oder wir fühlen uns von Gott getrennt und verfallen darüber in negatives Denken. Jeder Angriff ist ein Schrei nach Liebe. Egal, ob nach außen oder nach innen gerichtet. Dieses Verhalten schwächt uns mehr und mehr, und wir bewegen uns auf eine Abwärtsspirale von Depression, Selbstanklage, Trübsal und Zweifel zu. Im Grunde genommen fühlen wir uns verworfen. Zunehmend anonymisierte Lebensstrukturen tragen ein Übriges dazu bei, in Isolation an sich und der Welt zu zerbrechen oder zu versuchen, die innere Leere mit Ersatzwelten zu füllen. Ein verzweifelter Versuch, der dauerhaft nicht funktioniert. Das Faszinierende ist, dass diese Muster so tief und unbewusst und in der Regel so gut auch vor uns selbst versteckt sind, dass sie selbst dann noch wirken, wenn wir schon sehr bewegende und berührende spirituelle Erfahrungen gemacht haben.

Eine liebenswürdige ältere Dame reist aus dem Ausland an, um an einem Herzöffnungswochenende teilzunehmen. Als ich sie sehe und ihr Feld wahrnehme, fühle ich mich etwas an die Anekdote des amerikanischen Lehrers Ram Dass erinnert, der einen Vortrag in einer amerikanischen Kleinstadt in einem zum Bersten gefüllten Saal hält und von vielfältigsten Bewusstseinsdimensionen, Lichtexplosionen, außerkörperlichen Erfahrungen, LSD-Experimenten berichtet, und das Gefühl hat, dass eine ältere Dame, die in der ersten Reihe sitzt und bei vielen Dingen verständnisvoll nickt, die Einzige ist, die ihn in der Tiefe verstanden hat. Später fragt er sie, wie und wo sie denn ihre spirituellen Erfahrungen gemacht habe? Ihre Antwort: »Ich häkele.«

Die ältere Dame auf dem Wochenende verfügt über eine erstaunliche Bewusstseinstiefe und hat auch ganz außergewöhnliche Erfahrungen in ihrer Wohnung gemacht. Sie ist vor mehreren Jahren in einem zweiwöchigen Zustand von Glückseligkeit gewesen. Sie ist sprichwörtlich in dem tiefsten erfahrbaren Frieden und der tiefsten erfahrbaren Liebe durch ihre Wohnung geschwebt. Sie ist durchgebrochen in ein Erlebnis des mystischen Einsseins. Es ist überwältigend gewesen und tatsächlich immer noch in ihrem Feld spürbar. Danach ebbt der Zustand langsam wieder ab und sie kehrt in ihr normales und doch verändertes Leben zurück. Ich frage mich zunächst, was sie auf dem Wochenende will, wo sie diese Zustände doch schon in so eindrücklicher Form erlebt hat, doch während ich ihr Feld weiter durchscanne, wird mir blitzartig klar, was der dahinter liegende Grund ihres Kommens ist. Ich lasse ihr zwei Tage Zeit, bis sie selbst anfängt, zunächst zögerlich und dann immer offener davon zu erzählen. Sie erzählt, wie sie aufgewachsen ist und was für ein emotionales Klima und welche Denk- und Verhaltensmuster in ihrer Familie und ihrem Freundeskreis geherrscht haben. Das Problem, das sie mit sich herumträgt, ist eine unbewältigte Fremdenfeindlichkeit. In der Gegend, in der sie groß geworden war und auch bis dato noch lebt, gibt es einen großen schwarzen Bevölkerungsanteil und durch eine Asylproblematik dementsprechend eine hohe Kriminalitätsrate. Obwohl sie nach ihrem Erlebnis weiß, dass dieser tiefe Frieden allumfassend ist und alles und jeden und natürlich auch jeden Schwarzen einschließt, kann sie trotzdem die alten Gefühle wieder hochkommen spüren. Intellektuell weiß sie, dass sich ihr Erlebnis und negative Gedanken gegenüber Fremden gegenseitig ausschließen, und trotzdem hat sie dieses Empfinden. Selbst nach solchen Durchbrüchen schafft es das Ego also, die alten Gefühlsbahnen neu zu aktivieren. Möglicherweise ist die Person in dem Moment aber auch so fragil und offen in ihrer Identität, dass kollektive Gedankenformen sehr schnell wieder eindringen können. Vielleicht wäre es eine gute Idee gewesen, sich eine Auszeit zu nehmen, um diesen Zustand in einem neutralen Rahmen sich setzen zu lassen. An dem Wochenende hat der liebe Gott vorgesorgt, dass sie dieses Problem in einem sehr bewegenden Ritual erlösen kann, denn eine der Teilnehmerinnen ist eine Schwarze. Es ist das einzige Wochenende bis zu diesem Zeitpunkt, an dem eine schwarze Teilnehmerin anwesend ist. *Erstaunlich.*

Der Selbstangriff besteht hier darin, dass das Ego sogar in einem Moment des Durchbruchs eine Strategie findet, das jeweilige Individuum in einem Teil seiner Psyche zu fassen zu bekommen, in dem es vielleicht nicht so ausdrucksstark, reif, durchsetzungsfähig, wachsam oder vielleicht auch einfach etwas zu ängstlich ist, um sich starken kollektiven Denk- und Gefühlsmustern gegenüber abzugrenzen. Gerade wenn wir dabei sind, uns fest in einem Bereich dauerhafter, transzendenter Liebe zu verankern, sehen wir uns plötzlich erneut herausgefordert. Personen im Außen übernehmen hierbei lediglich eine Stellvertreterfunktion für innere Prozesse. Jeder äußere Angriff ist eine Spiegelung eines inneren Angriffs, und die Aufforderung wäre, jede Form von Angriffsgedanken kategorisch in unser Herz zu nehmen in dem Bewusstsein, dass das Ego sein Schwert im Herzen niederlegt.

Grundsätzlich geht es darum, sich über das Herz an ureigene spirituelle Ressourcen anzuschließen. Wenn wir realisieren, dass wir nicht nur auf unsere Persönlichkeit vertrauen können, sondern auch auf Kräfte, die weitaus größer sind, dann findet eine innere Umorientierung statt. Die Alternative ist, langsam innerlich auszubrennen. Burn-out, ein Syndrom unserer Zeit, überfällt die Menschen mit einem Gefühl innerer Leere, die durch äußere Aktivität nicht mehr zu füllen ist. Süchte aller Art sind ein weiterer verzweifelter Versuch des Egos, die innere Leere zu füllen. Doch es ist alles zum Scheitern verurteilt: System überlastet. Die Seele zieht den Stecker raus und schaltet den Strom vorübergehend ab. Es muss eine neue Sicherung gefunden werden, welche höheren Energien standhält. Dahinter liegt eine subtile Angst, weil der Moment nicht ausgehalten wird, die Leere nicht zu füllen. Der Moment der wahren Herausforderung wäre, die Leere nicht zu füllen und dann zu schauen, was passiert, so wie ein Sufi-Meister, der unterwegs ist vom »Alleinigen zum Alleinigen«. In der Leere verweilend und lauschend.

Jedes Mal, wenn wir unserer innerer Stimme nicht folgen und nicht das zum Ausdruck bringen, was wir innerlich denken, fühlen, wahrnehmen, begeben wir uns aus unserer Mitte und begehen einen Selbstangriff. Wir folgen der Stimme unserer Angst, weil das jeweilige Kollektiv auf die eine oder andere Art reagieren könnte. Es erfordert ein unglaublich hohes Maß an Achtsamkeit, diese Momente im Entstehen wahrzunehmen. Die häufigste oder klassische Form von Energie-Piraterie, die die meisten Menschen wahrnehmen, ist, wenn ein anderer ihnen von außen Energie nimmt. Sie fühlen sich ausgelaugt, ausgesaugt, die Energie fließt ab und sie können sich nicht erklären, warum, außer dass sie feststellen, dass es so ist. Sie fühlen sich dann als Opfer, eine klassische Strategie des Egos, denn die Seele kann nicht zum Opfer gemacht werden. Hier wird übersehen, dass wir Energieverluste meist schon in der ersten Minute spüren und in der Regel die freie Wahl haben, eine soziale Situation so umzugestalten, dass wir sie ändern, oder zu gehen. Der inneren Stimme wird nicht Ausdruck gegeben. Energie-Piraterie ist die Normalität. Sie findet so häufig statt, dass dieses Buch nicht genügend Seiten hätte, die Beispiele aufzuzählen. Wenn wir uns also »schützen« wollen, geht es nicht darum, die eigenen Ängste, womöglich »ausgesaugt« zu werden, nach außen zu projizieren, sondern vielmehr darum, in eine Haltung des freien, entspannten Gebens hineinzufinden. Und dies in einem Bewusstsein zu tun, dass wir ein Ja oder ein Nein als Antwort geben können. Die Facetten sind zahlreich und ein freies, losgelöstes Geben von Energie, welches auf jegliche Art von Anerkennung verzichtet, ist die wünschenswerte Ausnahme. Erst in dem Moment, in dem wir auch die letzten spirituellen Fallen und Fußangeln des Egos durchschauen und in einer tief empfundenen, uns durchrauschenden Form von überpersönlicher Liebe und schlichter Dankbarkeit verankert sind, in Verbindung mit den zeitlosen Qualitäten des Herzens, besteht die Möglichkeit, in umfassende Bewusstseinsebenen durchzubrechen.

Doppelt lieben

»Der größte Schutz ist die Strahlung der Liebe …«

Viele Menschen, die sich langsam in spirituelle Bereiche hineinbewegen, haben eine diffuse Angst vor schwarzer Magie. Manchmal projizieren sie eigene Angriffsgedanken nach außen und wähnen sich dann selbst angegriffen, wenn die Lebensumstände etwas ungut werden. Jede Form schwarzer Magie basiert auf Angst und ist ein Versuch, die Wirklichkeit zu selbstsüchtigen Zwecken zu manipulieren. Es geht nicht darum zu versuchen, dagegen Schutzkreise und Abwehrstrategien zu manifestieren, denn auch diese basieren auf Angst. Die einzige Möglichkeit, aus solchen Kreisläufen herauszufinden, besteht in der Kultivierung von Liebe.

Ich habe mich in den Anfängen meiner spirituellen Entwicklung jahrzehntelang mit einem inneren weiblichen Archetyp herumgeschlagen. Nennen wir ihn die »Zauberin« oder die »Hexe«. Es gab zu dieser Zeit in meiner Psyche eine unerklärliche Angst vor diesem kraftvollen, magischen, unberechenbaren Archetyp. Er tauchte zunächst unerwartet in Träumen auf. Ich träume, ich will meine damalige Freundin heiraten, habe ein Hochzeitskleid dabei, eine Tasche, auf der steht »Family«, und will ihr einen Antrag machen. Sie sitzt in einem Café an einem Hafen. Der Platz neben ihr ist plötzlich nicht mehr frei. Auf ihm sitzt wieder eine dieser Figuren und räumt den Platz nicht, etwa sechzig Jahre alt, dunkle Haare, dunkle Augen – Hexe. Nächster Traum: Ich soll einen blonden Jungen aus der Obhut einer Gouvernante abholen. Ich nehme ihn, hebe ihn an meine Brust, drücke ihn an mein Herz und sage der Frau, etwa sechzig Jahre, dunkle Haare, dunkle Augen: »Übrigens: Dieser Junge wird nicht mehr hierher kommen.« Daraufhin fängt sie an, mich auf lateinisch zu verfluchen. Ich schaue sie direkt an und sage: »Das wirkt bei mir nicht.«

In der sozialen Realität zeigt der Archetyp sich dergestalt, dass ich immer die Wohnung neben der Hexe, über der Hexe, unter der Hexe habe, und diese Figuren auf mich reagieren, obwohl ich gar keinen Kontakt wünsche. Was hat das nur mit mir zu tun, frage ich mich wieder und wieder? Ich realisiere irgendwann, dass in einem Teil meiner Psyche offenkundig eine Angst vor dieser Energie verborgen ist. Da Liebe das Gegenteil von Angst ist, beschließe ich ein Experiment: Ich werde jedes Mal, wenn ich einer solchen Person begegne, die diesen Archetyp trägt, sie doppelt lieben. Innerlich, wohl verstanden, nicht äußerlich! Das Universum prüft mich gründlich und führt mir eine Reihe außerordentlicher Individuen vor. Schließlich kommt die Abschlussprüfung auf mich zugerollt. Die Frau ist wieder etwa sechzig Jahre alt. Sie hat ein gedrungenes

Äußeres, ihr Haustier ist ein beißwütiger Rottweiler, sie arbeitet als Gefängniswärterin in einem Hochsicherheitstrakt und hat dort Sex mit Mördern. Alle meine inneren Antennen und Alarmglocken fahren hoch. Code Orange. Mein Emotionalkörper schickt die ersten Abfangjäger in die Luft. Sie hat gerade einen Hund angefahren und ihn, obwohl sie selbst Hundebesitzerin ist, einfach liegengelassen und ist weitergefahren. Code Red. Ich bin gerade dabei, aus meinem nicht urteilenden Verstand zu kippen und erinnere mich in dieser Sekunde an meinen Entschluss: Doppelt lieben, Thomas! Doppelt lieben!!

Es ist schwer in Worte zu fassen, was danach passiert ist, darum noch einmal die Lieblingsvokabel: Das *Erstaunliche* ist, ich schaffe es tatsächlich, sie doppelt zu lieben und kann sie plötzlich doppelt sehen. Das Äußere, die archetypische Energie, die sie in sich trägt, und das Kind dahinter. Ich stehe in der Liebe und sehe sie in dieser Liebe und alle Angst ist verflogen. Sie erscheint mir plötzlich wie der liebenswerteste Mensch auf dieser Welt und begegnet mir auch so. Ich erkenne, dass es meine eigenen Gedanken und Ängste waren, die mich die dahinter liegende Realität nicht sehen ließen. Wann immer wir derart »getriggert« werden, ist es hilfreich, furchtlos und respektvoll zugleich zu sein. Respekt stammt von dem lateinischen Wort »respicere« – noch einmal schauen, zweimal schauen. Ich möchte es ergänzen, um zweimal lieben, doppelt lieben, damit wir auch sichergehen, dass wir insbesondere, wenn wir Wesen gegenüberstehen, die etwas an sich haben, das uns individuell Angst macht, in unserer Kraft und Liebe bleiben. Seitdem freue ich mich jedes Mal, wenn ich diesem Archetyp begegne. Das Thema hat sich erledigt. Es ist erlöst.

Herzens-Anker: Die Erfahrung von Furchtlosigkeit

In den antiken Initiationsmysterien wurden Aspiranten auf das Äußerste geprüft. Sie mussten sicherstellen können, dass sie in spiritueller Furchtlosigkeit allen Herausforderungen gegenübertreten und sich nicht durch die Illusionen der Angst blenden lassen.

Gab es Momente in ihrem Leben, in denen Sie furchtlos auf Ihr Recht verzichtet haben und sich dadurch Gnade ereignet hat? Wenn ja, welche?

Welche funktionierenden Methoden kennen Sie, aus den Kreisläufen von Schuld und Anklage herauszufinden?

Gibt es Energie-Piraten in Ihrem Leben? Was können Sie innerlich dagegen tun?

Gab es Momente in Ihrem Leben, wo Sie die Leere nicht gefüllt haben? Wenn ja, was ist passiert?

Wenn es die Wahl gäbe zwischen einem Universum, welches die Welt aufteilt in Gewinner und Verlierer und einem Universum, welches bedingungslose Liebe kultiviert, welches würden Sie wählen und warum?

10
Frau über Bord – Der Verlust der Fühlfunktion

Logbuch: »Der verrückte Mönch« – ein Traum

Ich träume, ich bin auf einer Insel. Alles auf dieser Insel sprüht und vibriert vor Leben. Die Erde bebt, die Bäume glühen, die Pflanzen schlagen Funken, die Atmosphäre ist zum Bersten mit Energie aufgeladen. Alles sprüht, blüht, pulsiert und ist voller Leben. Am Horizont eine Bergkette, Wolkenwände rasen aufeinander zu. Es blitzt und donnert. Alles ist voller Leben. Ich stehe dort und bin durchpulst von dieser lebendigen Urenergie. Sie rast in meinem Körper rauf und runter. Von der Bergkette kommt ein großer Mönch in braunem Gewand herunter gerannt. Er trägt ein vier Meter langes Holzkreuz vor sich her, hält es auf Brusthöhe und alle paar Meter schwingt er es imaginären Feinden entgegen. Ich sehe den Mönch, und der erste Gedanke ist: »Im Glauben verloren. Der ist verrückt und im Glauben verloren.« In dem Moment, in dem ich es denke, steht neben mir eine attraktive, schwarzhaarige, glutäugige Frau, sexy, vor Sinnlichkeit vibrierend, das komplette Gegenbild zu dem Mönch. Typ Femme fatale. Mein Impuls ist: »Bloß weg von dem Mönch.« Im gleichen Moment fällt aus dem Himmel ein riesengroßer, rot glühender Vorhang, der mich und die Frau von dem Mönch trennt. Auf dem Vorhang ist das Bildnis einer buddhistischen Gottheit zu sehen. Neben uns steht wie aus dem Nichts plötzlich ein weißes Cadillac Cabrio mit knallroten Ledersitzen. Wir springen in den Wagen und fliehen von der Bergkette mit dem Unwetter und dem Mönch in Richtung Hafenstadt. Dort legt gerade eine Fähre ab und ist schon an die zwanzig Meter vom Pier entfernt. Doch es gibt dort eine Rampe. Ich steuere auf die Rampe zu, gebe Vollgas, das Auto fliegt durch die Luft … und verpasst die Fähre. Der Wagen versinkt sofort im Hafenbecken und im Bruchteil einer Sekunde bin ich aus dem Auto raus und hänge außen an der Reling der Fähre. Dann überlege ich. Da war doch noch etwas? Da war doch noch etwas?

Ach ja, da war ja noch eine Frau im Wagen!!! Ich hechte sofort zurück in das Hafenbecken und hole sie aus dem Auto. Ich tauche mit ihr auf und halte sie in den Armen: eine blonde Frau mit blauen Augen.

Stimmen auf dem Berg

»Reiße die alten Glaubensgebäude ein …«

Bevor wir uns zu tiefenpsychologischen Deutungen bezüglich der Psyche des Träumers hinreißen lassen, zunächst dieses: Fünf Jahre nachdem der Traum geträumt wurde, findet er mehr oder weniger in der Alltagswirklichkeit statt: Ich urlaube allein auf einer Insel im Mittelmeer, Zypern. Ich leihe mir dort ein Motorrad. Weiß mit rotem Ledersitz. Ich genieße es, allein die wilden Bergpisten hochzufahren, und suche immer wieder ein bestimmtes Bergplateau auf, um dort stundenlang zu meditieren. Nachdem ich es sechs Tage lang so gehalten habe und am siebten Tag wieder auf dem Motorrad Richtung Bergplateau reite, kommt mir das Unterfangen plötzlich sinnlos vor. Ich frage mich, was es eigentlich soll. Und finde es ein bisschen zu ehrgeizig. Es fühlt sich an, wie wenn auf der Bergspitze unbedingt etwas passieren müsste. Ich traue der eigenen Intention nicht mehr. Doch dann denke ich: »Ach komm, du bist ein guter Mönch und wirst jetzt schön weiter meditieren!« Also fahre ich hoch, stelle das Motorrad wieder an der gleichen Stelle ab, etwa fünfzig Meter bevor der sehr steil werdende Weg endet, und gehe hoch. Doch diesmal ist etwas anders. Ich höre dort oben Stimmen. Stimmen auf meinem Berg?

Wir neigen im Urlaub ab und an dazu, Berge und Buchten, in denen wir das Glück haben, ein paar Tage für uns zu sein, kurzerhand zu annektieren und es dann ungeheuerlich zu finden, dass es auch noch andere Menschen gibt, die sich dort aufhalten wollen, möglicherweise sogar Einheimische. Ich höre also Stimmen auf meinem Berg. Als ich das Plateau erreiche, bietet sich mir ein bizarres Bild: Dort, wo ich mit dem Geländemotorrad nicht hingekommen bin, weil es so wild und steil war, sind drei jüngere Zyprioten mit einem Jeep plus Bootsanhänger und einem Boot irgendwie hinaufgefahren. Ich sehe die Szene und denke spontan: »Wie verrückt muss man sein, um ein Boot auf den Berg zu schleppen? Es gehört doch offensichtlich auf das Meer.« Ohne weitere Anrede gehe ich auf einen der Zyprioten zu, lächle ihn an und sage: »Weißt du was, ihr seid echt verrückt. Es ist absolut verrückt, das Boot auf den Berg zu bringen.« In dem Moment, in dem ich ihm diese ungefragte Lehre erteile, trifft ein Sonnenstrahl auf das goldene Kreuz, welches er im offenen Hemdausschnitt trägt, und zischt mir direkt in mein linkes Auge, so dass ich kurz geblendet bin. Ich bekomme im wahrsten Sinne des Wortes »eine gezischt«. In der gleichen Sekunde fällt mir der gerade beschriebene Traum ein, an den ich fünf Jahre nicht einen einzigen Gedanken verschwendet hatte. Gleichzeitig realisiere ich, während die Bilder des Traumes vor meinem inneren Auge ablaufen, dass nicht der Zypriote verrückt ist, sondern das, was ich mache: Es geht nicht darum, in die Isolation und Bergeinsamkeit eines Mönches zu gehen, sondern unter die Menschen. Das Erstere ist genauso verrückt, wie ein Boot auf den Berg zu bringen. Das Boot gehört in den Hafen zu den Menschen. Ich gehöre zu den Menschen. Mit dieser gewonnenen Einsicht frage ich ihn: »Sag mal, warum macht ihr das? Ein Boot auf den Berg bringen?« Er grinst verwegen und antwortet: »Oh, das ist nur für Touristen wie dich, damit sie Schnappschüsse kriegen.« Danke sehr, Treffer versenkt, dieser Schuss hat gesessen. Ich beschließe also, ich gehöre zu den Menschen, und reite auf dem Motorrad in den kleinen Ort am Fuße des Berges ein. Plötzlich sehe ich sie und bin wie vom Donner gerührt: die dunkelhaarige, glutäugige, vor Sinnlichkeit vibrierende Frau aus dem Traum. Sie hat eine Ausstrahlung, die alle männlichen Wesen im Umkreis von hundert Metern zu hechelnden Hunden werden lässt. Ach du meine Güte, eben noch als Mönch auf dem Berg und jetzt mitten im Leben … Ich weiß zunächst nicht, wie ich mich verhalten soll. Sie ist eindeutig die Frau aus dem Traum. Also entscheide ich, sie anzusprechen, und wir verabreden uns für einen Ausflug.

In der Zwischenzeit gibt es ein schweres Erdbeben, die Erde vibriert tatsächlich und alles fängt an, lebendiger zu werden. Die Menschen sind wach, vitalisiert, alles ist plötzlich erfüllt von Leben. Die dunkelhaarige Frau kommt zu dem Ausflug und trägt ein T-Shirt. Ich traue meinen Augen kaum. Auf ihm ist das Bildnis der buddhistischen Gottheit, welches auf dem roten Vorhang im Traum war. Wir wollen nach dem Motorradausflug in den kleinen Ort zurückkehren, können aber nicht über die Bergkette zurück, weil das Wetter aufgrund vieler Nachbeben verrückt spielt. Wolkenwände rasen aufeinander zu. Es blitzt und donnert. Wir müssen auf dem weißen Motorrad mit dem roten Ledersitz in Richtung Hafenstadt fliehen. Gerade noch rechtzeitig, um in einem Restaurant Obhut zu finden. Zehn Minuten später verwandelt sich die Straße in einen reißenden Fluss. Wir sind mitten in einem großen Naturereignis.

Das *Erstaunliche*: Sie ist Schülerin eines bulgarischen Mystikers und bringt mich in Kontakt mit dem Wirken von Omraam Mikhael Aivanhov, dessen Sonnenyoga und Lebenswerk eine direkte Verbindung zur inneren Herzarbeit hat und von großer Bewusstseinstiefe zeugt. Die Begegnung war herzlich, freundschaftlich und heilsam für beide Beteiligten. Und über alle weiteren Fragen senkt sich ein Mantel des Schweigens.

Spiritualität und Sexualität

»Liebe Gott im Körper und in der Seele ...«

Was an dieser Stelle paradigmatisch gezeigt werden kann, ist nicht nur, dass die gleichen Muster, die die Träume durchweben, sich auch im sozialen Alltag zeigen, sondern dass tatsächlich ein Traum ein Geschehen aus der Zeit heben kann und Jahre zuvor die Motive in bildhafter Form schon einmal durchspielt. Es geht in dem Traum um die Verbindung von Spiritualität und Sexualität und um die Integration des Weiblichen. Wir haben auf der einen Seite einen im Glauben vereinseitigten Mönch, der in seinem Glaubensmuster gefangen wirkt, auf der anderen Seite eine vitale, pulsierende, alles durchströmende Energie, die das Leben und auch die Sexualität darstellt. In den westlichen Gesellschaften des christlich gefärbten Abendlandes wird diese Spaltung besonders deutlich. Wir springen hin und her in unserer Psyche. Entweder etwas ist ganz heilig und »rein« oder es ist sexuell und »unrein«. Als gäbe es zwei Abteilungen in der Psyche und wir hielten uns entweder in der einen oder in der anderen auf.

Der Traum einer Teilnehmerin mag diesen Punkt noch weiter illustrieren. Sie träumt an einem Wochenende von Freitag auf Samstag folgenden Traum: Sie sitzt mit etwa dreißig Nonnen in einem lang gestreckten Raum und fertigt fein ziselierte Holzkreuze an. Die Atmosphäre ist sakral und alles ist ganz heilig. In der nächsten Nacht träumt sie: Sie ist wieder mit den gleichen Personen in dem gleichen Raum. Doch diesmal sind alle nackt und es gibt wildesten Gruppensex. Entweder ist die Träumerin in ihrem heiligen Teil oder in ihrem sexuellen Teil. Die Spaltung insbesondere des abendländischen Frauenbildes in Heilige und Hure kann auch als Zwei-Vier-Split gesehen werden- eine Trennung zwischen Chakra 2 und Chakra 4, die nicht nur quer durch das ganze Kollektiv geht, sondern auch durch das einzelne Individuum.

Viele Menschen erleben insbesondere zu Beginn ihrer sexuellen Erfahrungen und Interaktionen Gefühle des Unwohlseins. Als dürften sie es nicht oder als wäre es verboten, selbst wenn es ihnen niemand je untersagt hat. Allein schon diese Art der verschämten Umschreibung mit dem Wort »es« – ich meine »SEX«. Auch der von mir geträumte Traum spiegelt diese Spannung wider. Er legt nahe, dass es Inkarnationen als Mönch gab, in denen Sexualität negiert, unterdrückt, verteufelt, abgespalten wurde, höchstwahrscheinlich im Rahmen eines zölibatär gelebten Glaubens. Viele unserer spirituellen oder religiösen Traditionen sind heute noch durchzogen von körperfeindlichem Gedankengut und ich stelle mir die ganze Zeit eine einzige Frage: Woher bekommen diese Wege bloß ihren Nachwuchs? Dies erscheint mir wie ein nicht lösbarer Zen-Koan. »Es« ist mit dem Verstand kaum zu fassen.

Aus meiner Sicht ist es eine völlig freie Wahl, ob wir uns dafür entscheiden, unseren Körper ganz für uns zu behalten und ihn wie ein Mönch oder eine Nonne allein erproben, das heißt zölibatär zu leben, oder ob wir den Weg wählen, unseren Körper als Tempel der Seele mit einem anderen Menschen in Freude zu teilen. Und sicherlich gibt es Phasen in der Biographie, in denen mehr das Eine oder mehr das Andere gelebt wird. Mein rein subjektiver Eindruck: Körper mögen es, geliebt zu werden, berührt und liebkost zu werden. Sie leben dadurch auf. Studien über Babys, die wenig Berührung erfahren, geben keine sonderlich positiven Entwicklungsprognosen. Was viel schwerer wiegt, ist jedoch, wie moralisch aufgeladen die Diskussion geführt wird, und welche Werturteile dogmatische Exzellenzen über Sexualität abgeben. Es ist nicht einfach, sich aus diesen Kollektiven und auch individuellen Glaubensmustern, die über das Thema Sexualität angelegt sind, zu befreien.

In der griechischen Mythologie kommt, wenn es zu regelhaft und prüde zugeht, Dionysos, der zweimal Geborene, als archetypische Kraft ins Spiel. Wer ihn nicht anerkennt, verfällt dem Wahnsinn und wird von den ihm folgenden Mänaden, wilden, rasenden Weibern, zerrissen. Ein Sinnbild unkontrollierter, ekstatischer Kräfte. Wer hätte je gedacht, dass im Wirtschaftswunderland Deutschland eine ganze Generation plötzlich dionysisch verzückt zu Technoklängen eine Loveparade feiert? Oder das Millionen von Menschen sich archaisch tätowieren und piercen lassen? Teile der zivilisierten Gesellschaft glauben, wir könnten diese archetypischen Kräfte beherrschen, doch es sind archetypische Gottheiten. Sie sind machtvoller und beherrschen die Gesellschaft von innen. Sie lassen sich nur kurzfristig in den Untergrund drängen, fristen ein Schattendasein, jederzeit bereit, neue Ausdrucksformen zu finden.

In den spirituellen Wegen schwanken die Menschen heute hin und her zwischen Zölibat und Tantra, neuer Keuschheit und Libertinismus. Geben wir uns die Freiheit, »es« zu erproben, geben wir uns die Freiheit zu wählen! Wie es sich anfühlt, Tantra zu erforschen oder wie es sich anfühlt, ein paar Jahre keusch zu sein, wenn wir dieses erproben wollen. Vielleicht machen wir eine Kundalini-Erfahrung dabei, vielleicht auch nicht, vielleicht trocknen wir ein und verlieren etwas Lebenslust. Vielleicht ist beides zu sehr auf Sexualität bezogen und führt nicht zum gewünschten Ergebnis.

In einigen Eskimo- und Indianerstämmen sah man das Thema Sexualität pragmatischer. Kam ein Mann bei der Jagd ums Leben und hinterließ eine Frau, so konnte die Frau sich den Mann ihrer

Schwester mit dieser teilen. Der Stamm hatte Mitgefühl und wollte nicht, dass die Witwe innerlich austrocknet. Der uralte Eskimo-Mythos von Skelettfrau erzählt, wie ein Jäger mit seinem Kanu einen merkwürdigen Fischfang macht. Er zieht einen Berg Knochen in sein Boot. Es sind Teile eines Skelettes, die, als er an Land kommt, anfangen, sich zu bewegen, und ihm in seinen Iglu folgen. Er bekommt Mitgefühl mit dem durcheinander gewürfelten Knochenbündel und fängt an, es zu sortieren und neu zusammenzusetzen. Es ist das Skelett einer Frau. Schließlich wird er müde und schläft ein. In der Nacht beginnt sich das Skelett zu bewegen und geht zu seiner Schlafstätte. Es beginnt mit eiskalten, knochigen Fingern auf sein Herz zu trommeln. Es trommelt immer mehr und immer lauter auf sein Herz. Mit jedem Trommeln wird es lebendiger und es beginnen sich Nerven, Zellen, Fasern, Muskeln, Organe, Haut zu bilden. Sie trommelt und sie trommelt. Die ganze Nacht hindurch. Als der Jäger am Morgen aufwacht, liegt neben ihm eine quicklebendige, liebevolle Frau.

Frau über Bord – ob bei den Eskimos, im obigen Traum oder in der abendländischen Gesellschaft. Das Weibliche ist über Bord gegangen. Die Körper wurden negiert. Sexualität wurde dämonisiert. Eine männliche Religiosität hat Tausende heilkundiger Frauen hinrichten lassen. Mit den körperfeindlichen Religionen wurde das Weibliche, Sexuelle, Emotionale und auch das Spirituelle, insbesondere die weiblichen Heilkräfte, unterdrückt, in der Regel im Namen eines einseitig männlichen Gottesbildes. Es wird wohl noch etwas dauern, bis wir die erste Päpstin oder eine Dalia Lama haben.

C.G. Jung hat in seiner Arbeit vier grundsätzliche Funktionen der Psyche differenziert: Denken, Fühlen, Intuition und Empfinden – plus einer zusätzlichen fünften, transzendenten, Funktion. Wenn die Frau über Bord ist, geht die Fühlfunktion mit über Bord und damit die Funktion, die uns schlussendlich unsere Werte gibt. Die gefühlte Temperatur. So wie wir es individuell wahrnehmen und für wichtig halten, es erfühlen.

Was der Mythos von Skelettfrau sehr schön aufzeigt, ist, wie die Re-Integration des Weiblichen stattfindet. Es bedarf einer erheblichen Kultivierung des Mitgefühls, eine ganze Nacht muss auf dem Herzen getrommelt werden, bevor das leblose Weibliche wieder zum Leben erweckt ist. Mann und Frau arbeiten hier Hand in Hand. Er sortiert, sie trommelt. Das männliche Herz wird durchgerüttelt und spendet Leben. Die Herzqualität von Mitgefühl brachte die Lösung.

Parzival und der Gralskönig

»Erlaube der Unschuld deiner Seele, durch dich zu sprechen und die Menschen zu berühren …«

Das Entstehen des großen abendländischen Mythos von Parzival markiert den Übergang naturmagischer Traditionen zum Christentum. Die Legende vom Gralskönig ist schnell und verkürzt erzählt: Der Gralskönig reitet als junger Prinz aus und begegnet einem heidnischen Ritter aus dem Heiligen Land, häufig auch mit schwarzer Hautfarbe dargestellt. Es kommt zum Duell. Der Ritter wird getötet, und der junge König wird schwer an der Hüfte verwundet, das ist die verschämte Darstellung. Wir können es auch direkter sagen: Er wird in seiner Sexualität verletzt. Das gesamte Christentum trägt diese Wunde des Gralskönigs, der unendlich leidet und der Legende nach nur erlöst werden kann, wenn ein unschuldiger Narr den Weg in das Gralsschloss findet und ihm die richtige Frage stellt. Jetzt kommt Parzival ins Spiel. Der Jüngling wächst vaterlos auf bei seiner Mutter Herzeleid. Die Mutter hat nur den einen Wunsch: dass er kein Ritter wie sein Vater werden möge, damit er nicht umkomme. Es kommt, wie es kommen muss. Der Junge sieht irgendwann im Wald Ritter kämpfen und hat nur noch einen brennenden Wunsch: Er will auch Ritter werden und ist nicht zu halten. Herzeleid gibt ihm zwei Dinge mit auf den Weg: ein von ihr gestricktes Hemd, das er später immer unter der Rüstung tragen soll, und einen gut gemeinten Ratschlag: Stelle niemals dumme Fragen! Der noch an seinen Mutterkomplex gebundene Jüngling schafft den Weg in das sagenumwobene Gralsschloss. Die Zugbrücke geht runter und er will Ritter werden. Kleines Problem am Rande: Man kann dort nur Gralsritter werden, wenn man einen der amtierenden Ritter herausfordert und dessen Platz einnimmt. Als er am Hof den Gefährlichsten von allen, den roten Ritter, zum Kampf fordert, fängt die »Jungfrau, die niemals lacht« an, unkontrolliert zu lachen. Jetzt sind alle ganz wach, denn die Legende sagt, wenn sie lacht, sei derjenige anwesend, der den Gralskönig erlösen kann. Es kommt zum Kampf. Parzival hat das unglaubliche Glück vieler von innen geführter Helden und besiegt, obwohl körperlich völlig unterlegen, tatsächlich den roten Ritter. Jetzt wird der leidende Gralskönig hineingeführt und er könnte erlöst werden, wenn ihm jemand die richtige Frage stellt. Parzival hat die Frage auf den Lippen, doch bevor er sie ausspricht, erinnert er sich an den Ratschlag seiner lieben Mutter Herzeleid. »Stelle niemals dumme Fragen!« Er spricht die Frage nicht aus und der Gralskönig leidet weiter …

Unterbrechen wir den Ausflug in den Mythos, denn er ist wesentlich länger und komplexer als hier angedeutet, und lassen die Hauptmerkmale Revue passieren. Der Gralskönig, ein Symbol für das höhere Selbst, leidet. Er hat den dunklen Mann, einen schwarzen Ritter aus dem Heiligen Land, also etwas dunkles Männliches und dennoch Heiliges, getötet, wie das abendländische Christentum seine Sexualität abgespalten, verdrängt, getötet hat. Doch die Abspaltung hinterlässt eine Wunde in der Hüfte, die nicht heilen will, bevor nicht eine absolut unschuldige, wertfreie, narrenhafte Energie ins Spiel kommt, die voller Vertrauen ihren Weg geht und den Schlüssel in sich trägt. Das einzige Problem von Parzival zu diesem Zeitpunkt ist die Gebundenheit an den Mutterkomplex, der verunmöglicht, dass es zur Lösung kommen kann. Erst viele gerettete Edelfrauen, getötete Drachen und bestandene Prüfungen später bekommt Parzival eine zweite Chance. Auch in diesem Mythos ist die Fühlfunktion über Bord gegangen. Parzival vertraut nicht seinen eigenen Gefühlen, seiner inneren Stimme, sondern passt diese an einen gut gemeinten, aber unfreien mütterlichen Ratschlag an.

Dies ist ein entscheidender Punkt, weil er hier von einer unbewussten, loyalen Liebe in eine bewusste, transzendente Liebe durchbrechen könnte. Wie häufig folgen Menschen ihrer inneren Stimme nicht und stattdessen den Stimmen anderer? Seien es die Eltern, Geschwister oder Freunde. Die Angst, durch ein Abweichen aus dem Clan ausgeschlossen zu werden, und eine unbewusste Liebe, die es anderen, aber nicht der inneren höheren Wahrheit recht machen will, bestimmen das Verhalten. Warum sagt Jesus Christus sinngemäß im Matthäus-Evangelium (10,35-37): »Wer mir folgt, kann mir nur allein folgen. Ich werde den Sohn vom Vater trennen und die Tochter von der Mutter trennen.«? Es geht hier offenbar um eine Bewegung des Bewusstseins, von einem mutter- oder vatergebundenen zu einem spirituellen und befreiten Bewusstsein.

Wir wähnen uns in unserer rational durchzivilisierten Alltagswelt frei von der Kraft der Mythen, doch sind wir es wirklich? Oder bildet der Mythos eine präzise Beschreibung kollektiven Denkens und Fühlens und lebt in den Herzen und Köpfen immer noch weiter? Wichtig scheint mir, dass das Element der Befreiung die fast schon androgyne Narrenfigur ist. Im Tarot wird diese psychische Energie oft als Nr. 0 dargestellt – mit dem Blick nach oben gerichtet, trittsicher am Abgrund wandelnd, alle Möglichkeiten in sich bergend. Jeder andere würde abstürzen, nur der Narr nicht, weil er so sehr vertraut, dass die Umwelt es schon als närrisch bezeichnet. Es ist eine verspielte, kindlich-weise, unschuldige Energie.

Neue Unschuld

»Schau auf jeden Menschen mit den Augen eines Neugeborenen …«

Unschuld ist der Generalschlüssel. Wirkliche Unschuld ist nicht das Gegenteil von Schuld, denn es handelt sich um eine wesentlich höhere Ebene. Schuld blockiert den Eintritt in das innere Paradies. Die Geschichte von Adam und Eva erzählt einen weiteren Mythos, der sich in die Köpfe und Herzen eingebrannt hat. Auch er kreist um das Thema Unschuld, allerdings als verlorene. Offensichtlich ist die einfachste Art, Menschen zu manipulieren, die Erzeugung eines Schuldgefühls, und Religionen haben weltweit eine außerordentliche Kreativität darin bewiesen. Aus mystischer Sicht ist Schuld eine Illusion. Sie entspricht nicht den tieferen Ebenen von Wahrheit, welche dem menschlichen Sein unterliegen. Da Schuld jedoch für viele Menschen eine emotionale Realität darstellt, wirkt sich dieses bedauerlicherweise auch krankheitserzeugend aus. Ein schuldhafter Geist verengt das Bewusstsein und wird alle möglichen Symptome manifestieren, die sich früher oder später auch körperlich ausdrücken. Unschuld hingegen befreit und kann kultiviert werden. Jeder kann das Paradies in sich erfahren. Es ist eine Ebene der Glückseligkeit, zugänglich über das Herz.

Wie werden wir neu empfänglich für die Unschuld? Wie werden wir wieder »babyboy« und »babygirl« in einem positiven und nicht regressiven Sinne? Unschuld wohnt im Kern der Psyche. Wie schaffen wir es, ein Bewusstsein zu kreieren, das uns dorthin führt? Unschuld kann nicht verurteilen. Sie ist zu unschuldig dafür. Unschuld sieht die Unschuld in jedem, im Täter wie im Opfer. Unschuld ist nicht die Abwesenheit von Schuld, sie ist zu umfassend, denn sie transzendiert den Schuldkreislauf. Wenn spirituelle Unschuld in unser Herz strömt, atmen die Körperzellen auf. Jetzt werden sie an ihren natürlichen, reinen und ursprünglichen Zustand erinnert. Unschuld ist die Haltung der Weisen, die über den Magnetismus der Gegensätze hinausgewachsen sind. Unschuld erleuchtet die Wesen, die von ihr berührt werden. Sie wird erfahrbar in einem liebenden Auge, einem haltenden Arm, einer heilenden Hand. Unschuld erzeugt Vertrauen ins Leben, denn Unschuld traut sich, dem Leben nahe zu sein. Sünde sondert sich ab. Sünde, absondern, besonders sein – dies sind drei Spielarten des Egos aus dem gleichen Wortstamm. Unschuld hingegen bleibt den Phänomenen nah und sondert sich nicht ab. Es ist in der Lage, intim mit dem Leben zu sein. In aller Unschuld. Unschuld ist der Tod aller Schuld und Schuldlosigkeit und die Geburt des wahren Wesens. Warum nehmen wir Babys als so unschuldig wahr? Weil sie diesem Bereich noch so nahe sind. Weil sie, gerade erst aus dem Orbit der Seele kommend, die Punktlandung durch ein weibliches Einweihungstor hingelegt haben. Es ist noch so stark in ihnen spürbar. Einen anderen Menschen wie mit den Augen eines unschuldigen Neugeborenen anzuschauen, wirkt Wunder und ist Segen in sich. Dieser Blick zertrennt die Schleier. Parzival ist nicht nur »the innocent fool« der unschuldige Narr, sondern auch »the piercer of the veil«, der Durchtrenner des Schleiers. Wir sollten tatsächlich werden wie die Kinder, wenn es um Unschuld geht. Es ist nicht nur niemals zu spät, eine glückliche Kindheit zu haben, es gehört auch zur Lebensaufgabe eines jeden Einzelnen, diesen Bereich der Freude und Unschuld in sich wiederzuentdecken. In aller Unschuld geht es darum, Sexualität und Spiritualität zu erkunden, sie vielleicht zu verbinden, vielleicht auch nicht, je nach eigenem Ermessen. In aller Unschuld geht es darum, die verlorene Fühlfunktion wiederherzustellen. Das Weibliche aus den Tiefen der Seele hochzuholen, es neu ins Leben zu integrieren, damit zu spielen, egal ob als Mann oder als Frau. Dann kann es uns ins Herz hinein trommeln und wir erfahren die Antwort auf praktiziertes Mit-Fühlen am eigenen Leib. Die Kultivierung der Herzqualität von Mit-Gefühl ist zentraler, als es auf den ersten Blick scheint. Mit-Fühlen stellt die erste Verbindung her. Jetzt sind wir nicht mehr separiert, getrennt vom Rest des Universums, im Mindset eines Überlebenskämpfers gefangen, sondern in Verbindung, in fühlender Verbindung. Männliche Unterscheidungskraft ist abstrakt und trennt, weibliches Bewusstsein ist lebendig und verbindet. Mit Gefühl. Frau wieder an Bord! Jetzt kann neu geliebt werden.

Gott lieben

»Mach du den ersten Schritt und fang an zu lieben …«

Viele Menschen wünschen sich, von Gott geliebt zu werden und dies auch zu spüren. Was ist, wenn es sich umgekehrt verhält? Wenn es primär darum geht, Gott zu lieben? Was ist, wenn das Göttliche wie ein holographischer, kosmischer Spiegel funktioniert? Das Gesicht, das wir ihm zeigen, zeigt es uns. Zeigen wir ein liebendes Gesicht, zeigt es uns ein liebendes Gesicht. Zeigen wir ein zweifelndes Gesicht, zeigt es uns ein zweifelndes Gesicht. Wie können wir Gott lieben, wenn wir Teile von ihm nicht lieben? Menschen, die eine andere Hautfarbe, Meinung, Kleidung haben? Wie können wir Gott lieben, wenn wir die Körper, die Tempel unserer Seelen, die Gotteshäuser, nicht lieben? Wenn wir Teile dieser Körper nicht lieben? Zum Beispiel eine Vagina oder einen Penis? Die eigenen oder womöglich die der Partner? Was ist an dieser Einstellung kulturgebunden, so dass wir es kaum merken, weil das Kollektiv um uns herum seit Jahrhunderten so denkt, während es andere Kollektive wie beispielsweise Indien gibt, die eine lange Tradition der Verehrung des Penis als Lingam und der Vagina als Yoni, als göttliche Schöpfungsprinzipien, praktizieren, weil sie in ihnen ihre Götter Shiva und Shakti erkennen. Warum gelingt dies einigen Kulturen und anderen nicht? Wenn wir tiefer hinein gehen in das Thema Sexualität und Spiritualität, respektive spirituelle Sexualität, landen wir irgendwann bei der Intention und dem Wie. Es kommt darauf an, *wie* wir jemanden lieben. Lieben wir Gott in dieser Person? Lieben wir Gott in der Form? Können wir das Göttliche in diesem Menschen sehen? In all seinen oder ihren Körperteilen? Können wir ihn als Gott, sie als Göttin sehen? Die Essenz dieser Frage lautet: Können wir mit dem Herzen sehen? Haben wir eine innere Haltung der bedingungslosen Liebe kultiviert? Sind wir in der Lage, Dankbarkeit zu empfinden, solch einen kostbaren Moment als Seele in einem Körper mit einer anderen Seele in einem Körper zu teilen? Sind wir in der Lage, als Seele unser Herz für einen kostbaren Moment mit einer anderen Seele zu teilen? Die Liebenden dieser Welt teilen ein süßes Geheimnis. Sie hören den Wind der Schöpfung durch sich hindurchwehen, sie spüren himmlisches Wasser in ihren Adern rauschen, sie sind verbunden mit dem Blut des Lebens, Teil eines universalen Schwingens, aufgegangen in ihrer Liebe, eins mit dem Ganzen. Gott, bist du das? Gott, bin ich das? Gott, sind wir das?

Herzens-Anker: Die Integration des Weiblichen

Ein erlösendes Prinzip in vielen Mythen ist die Wiedererlangung der Unschuld, einhergehend mit einer Wandlung des Weiblichen und der Rückkehr der Göttin. Alte Glaubensgebäude müssen eingerissen werden, um dem weiblichen Schöpfungsprinzip seinen Thron zurückzugeben.

Wie ist das Verhältnis von Sexualität und Spiritualität in Ihrem Leben? Gibt es integrierte Ausdrucksformen?

Wie können Sie Ihrer inneren Stimme folgen, wenn elterliche Stimmen darüber liegen? Gibt es dafür Beispiele?

Wie integrieren Sie das Weibliche? Als Mann? Als Frau?

Wie sehr lieben Sie Ihren Körper, egal wie jung, alt, schön oder hässlich?

Ist Gott für sie männlich oder weiblich oder beides? Was bedeutet dies für Ihren Alltag?

11
SOS – Die dunkle Nacht der Seele

Logbuch: »Licht am Herzen« – ein Traum

Kurz bevor meine geliebte Großmutter stirbt, träume ich folgenden Traum: Ich fahre mit ihr im Auto. Ich sitze am Steuer und sie auf dem Beifahrersitz. Wir fahren durch wunderschöne Landschaften. Sie schaut mich eine Weile von der Seite an und fragt dann vorsichtig: »Thomas, was hast du da für zwei Lichter, eines an deinem Herzen und eines oben auf dem Kopf. Ich antworte ihr ausweichend: »Mensch, Oma, ich wusste gar nicht, dass du die Lichter sehen kannst ...« Sie lächelt verschmitzt in sich hinein und sagt: »Doch, das kann ich.« Szenenwechsel. Wir stehen auf einer wunderschönen Sommerwiese mit duftenden Blumen und Gräsern. Sie trägt ein leichtes buntes Sommerkleid und ist plötzlich wesentlich jünger. Sie tanzt in einem leichten schwebenden Tanz über die Wiese. Sie dreht sich glücklich beim Tanzen und singt eine Art Kinderlied mit einem einzigen Wort, das sie die ganze Zeit wiederholt: »Shugurra, Shugurra . . .« Immer nur dieses eine Wort. Sie tanzt mit diesem Wort in den Wald hinein und winkt mir, kurz bevor sie im Wald verschwindet, noch einmal zu. Sie ist glücklich.

Shugurra, Shugurra

»Es gibt immer einen Weg ...«

Ich wache auf und weiß, dass meine Großmutter sich soeben von mir verabschiedet hat und aus dem Leben gegangen ist. Ich bin traurig und aufgrund der Leichtigkeit und des Glücks, das sie ausgestrahlt hat, berührt zugleich. Ihre Seele war schon länger mehr oder weniger auf der anderen Seite und nun bereit, den Körper ganz zu verlassen. Ich verweile mehrere Stunden in einer Segens- und Dankesmeditation und verabschiede mich innerlich von ihr.

Später versuche ich die Bedeutung des Wortes »Shugurra« zu ergründen und finde heraus, dass es passender nicht hätte sein können. Die »Shugurra« hat eine große Bedeutung in dem altsumerischen Mythos von »Inanna und Ereshkigal«, der mir bis dahin nicht bekannt war. Der Mythos erzählt die Geschichte, wie Inanna, die Göttin der Oberwelt, hinabsteigt in das Reich der Toten, um ihrer Schwester Ereshkigal, die über das Totenreich herrscht, zu kondolieren, da diese gerade ihren Gatten verloren hat und außer sich ist vor Trauer, Verzweiflung und Wut. Als Inanna die Unterwelt betritt, verfügt Ereshkigal, dass sie genau so behandelt wird wie alle anderen. Als Erstes muss sie beim Abstieg durch die sieben Tore die »Shugurra« abgeben, eine Krone, die es ihr ermöglicht, »weit in die Himmel zu reisen«. In einigen Übersetzungen wird die »Shugurra« auch als der Totenhelm bezeichnet, weil das Abgeben den Eintritt in die Unterwelt markiert. Später muss Inanna ihren Schmuck, ihre Kleidung abgeben, bis sie schließlich wie ein Stück verrottendes Fleisch auf einen Pfahl gespießt wird. Inanna ist dem Tod geweiht und ihre Vertraute Ninshubur setzt alle Himmel in Bewegung, um sie aus der misslichen Lage zu befreien, doch egal zu welchem Gott sie auch geht, keiner kann helfen. Deren Kräfte reichen nicht bis in die Unterwelt. Schließlich landet sie bei Enki, einer Gottheit, welche in Verbindung mit dem Wasser des Lebens und den Mondkräften ist, eine kreative Gottheit, und Enki erschafft aus dem Dreck unter seinen Fingernägeln zwei kleine Wesen, denen er Leben einhaucht, eines ausgestattet mit dem Wasser des Lebens, eines mit der Nahrung des Lebens. Diese beiden Dreckkrümel passieren wie zwei kleine Fliegen die sieben Tore und das Drama nimmt eine Wendung. Jetzt ist Leben eingeschmuggelt in die trostloseste aller Situationen. Die Krümel hören dem Leiden der Unterweltsgöttin Ereshkigal voller Mitgefühl zu und unterstützen sie in ihrem Trauerprozess. Dafür werden sie schließlich von ihr mit der Erfüllung eines Wunsches belohnt. Die Krümel fordern den fast leblosen Körper von Inanna als Belohnung und bekommen die Göttin frei. So weit in Kürze der Mythos. Das innerseelische Motiv, das er anspricht, geht jedoch weit darüber hinaus. Es ist ein Abstiegsmysterium in eine dunkle Nacht der Seele, die einen ganz bestimmten Punkt auf dem mystischen Weg markiert. Der Begriff »dunkle Nacht der Seele« geht auf den heilig gesprochenen Mystiker Johannes vom Kreuz zurück und kennzeichnet eine Phase auf dem spirituellen Weg, in der trotz aller schon erfahrenen Erleuchtung und Göttlichkeit eine tiefe Sinnkrise stattfindet und diese Kräfte nicht mehr spürbar sind oder wirken. Man denke an Jesus Christus am Kreuz, die Worte »Vater, warum hast du mich verlassen« sprechend, und auch die Hauptfigur des Mythos Inanna ist nicht irgendjemand, sie ist eine Göttin! Verlassen von allen guten Geistern, hilf- und machtlos dieser Situation ausgeliefert. Trotz ihrer Göttlichkeit durchläuft sie diese Tortur, in der möglicherweise die allerletzten Reste des Egos verbrannt werden. Auch steht der Mythos sinnbildlich für eine Reise nach unten. Wir denken in der Regel, der spirituelle Weg sei eine frisch-fromm-fröhliche Reise von hier wie auf einer Jakobsleiter direkt in den Himmel hinein. Wir realisieren weniger, dass es Aufstiegs- *und* Abstiegsmysterien gibt. Die Göttin landet schließlich in einem Bereich des Basis-Chakras, wo es um das reine Überleben geht. Sie ist nur noch Körper, bestehend aus Knochen, Blut, verrottendem Fleisch. Göttliche Hilfe kommt durch zwei mitfühlende Krümel. Das Praktizieren der Herzqualität von Mitgefühl bringt die Wende. *Erstaunlich.*

Totentanz

»Sei den Menschen ein wahrer Freund …«

Ich habe einmal erlebt, dass sich eine gute Freundin in einer Trennungssituation in einem ähnlichen Bewusstseinsraum aufgehalten hat. Es erscheint alles aussichtslos. Egal, was getan wird, kein Ausweg aus der emotionalen Misere scheint gangbar. Nichts hilft. Auch nicht von außen. Das Einzige, das einen minimalen Hoffnungsschimmer verheißt, ist das mitfühlende, wertfreie, nicht-lösungsorientierte Zuhören eines Freundes. Dieser Freund stellt die Verbindung ins Leben hinein in Momenten dar, in denen diese Verbindung nicht gefühlt werden kann. Der Reiz, aus dem Leben zu gehen, ist relativ groß, weil alles als tot empfunden wird. Insbesondere jeder Versuch, eine Lösung zu finden, sollte in einer solchen Situation vermieden werden. Es geht nur um Dasein und Zuhören. Trauer um das Loslassen von geliebten Menschen braucht ihre Zeit. Man kann sie vergleichen mit dem Ziehen eines Stöpsels aus einer Badewanne voller Tränen. Irgendwann sind alle Tränen, die mit diesem Ereignis verknüpft sind, geweint und neues Leben kann entstehen. Tränen haben eine entgiftende Funktion, und daher kann es nur begrüßt werden, wenn Menschen in der Lage sind, ihren Schmerz herauszuweinen, und ihn nicht unterdrücken. Der glanzvolle Blick danach zeigt die klärende Wirkung.

Ein anderes Mal steht das Leben eines meiner besten Freunde auf dem Spiel. Er muss eine sehr schwierige Herzoperation durchstehen und überleben. Er bittet um seelischen Beistand. Nicht genau wissend, wie dieser Beistand aussehen kann, versenke ich mich ins Gebet und in die Meditation und bitte um Hilfe. Als ich aus der Meditation zurückkomme, trete ich ans Fenster und blicke auf den See hinaus. Ich weiß nicht genau, in welcher Wirklichkeitsebene ich mich aufgehalten habe, aber ich schwöre Stein auf Bein, dass ich seine verstorbene Mutter habe um die Ecke huschen sehen. Wie? Kann ich jetzt Geister sehen? Ich würde mich als mit beiden Beinen in dieser Realität stehenden Menschen bezeichnen, und doch habe ich sie gesehen. Ohne jeden Zweifel. Da ich um Hilfe gebeten habe, schließe ich zunächst einmal gar nichts aus und warte ab, wie die Dinge sich entwickeln. Die Operation ist für den nächsten Tag angesetzt. Ich bitte meine innere Führung vor dem Einschlafen um einen Traum für diese Situation. Der Traum kommt. Ich träume in dieser speziellen Nacht, dass der Geist seiner Mutter in meinem Zimmer steht. Ich stehe ihr gegenüber und realisiere, dass sie nicht weiß, dass sie gestorben ist. Gleichzeitig wird mir bewusst, dass es aus irgendeinem Grund darum geht, ihr genau dieses klar zu machen. Ich begrüße sie daher freundlich und sage ihr direkt: »Mensch, schön, dich zu sehen, aber was machst du hier? Du bist doch tot! Gestorben!« Sie schaut mich mit wütenden, eindringlichen Augen an und sagt: »Ich bin nicht tot!« Ich habe zu diesem Zeitpunkt keine mir bewusste Expertise, wie man mit wütenden Geistern in Träumen umgeht, und versuche instinktiv sie zu besänftigen. Da ich nicht weiß, wie ich sie anders in meinem Zimmer halten kann, beginne ich mit ihr zu tanzen. Ein Teil von ihr ist wie ein junges Mädchen und liebt es zu tanzen. Es ist ein Totentanz. Ich tanze im Traum mit einer Toten, dem Geist einer Verstorbenen, in der Nacht, bevor ihr Sohn eine Operation zu überstehen hat. Ich tanze mit ihr von meinem Zimmer in die Küche und habe einen kreativen Plan: Ich werde ihr ein Glas Wasser zu trinken geben! Da sie ein Geist ist, müsste das Wasser direkt auf den Boden fließen und sie würde definitiv realisieren, dass sie tot ist. Wir tanzen weiter in die Küche und ich gebe ihr das Wasser. Kurz bevor sie es trinkt, switcht sie weg. Ich stehe da mit dem Glas Wasser und wache auf. So weit zu diesem Plan, offensichtlich war ich nicht schnell oder trickreich genug für diesen Geist.

Ich frage mich, was die ganze Durchgehung soll, und weiß zu diesem Zeitpunkt nicht, wie man mit Geistern umgeht. Das Einzige, was ich realisiert hatte, war, dass mein Freund nach dem Tod seiner Mutter ihr in manchen Momenten ähnlich zu sein schien, etwas, dem ich jedoch keine sonderliche Bedeutung beimaß. Ich reflektiere die Situation und mir gehen folgende Gedanken durch den Kopf:

Wenn meine Beobachtung, dass ich seine Mutter beim Blick aus dem Fenster gesehen habe, korrekt ist und der Traum als Antwort auf die Bitte um Hilfe kommt, dann kann es nur darum gehen, dass der verstorbene Geist seiner Mutter offensichtlich auf irgendeiner Ebene der Gesundung meines Freundes im Wege steht. Dies ergibt für mich insoweit Sinn, als ein Mensch, der verstorben ist und den Weg in seine seelische Heimat nicht findet, sich als Geist an den Menschen klebt, mit dem er am meisten verbunden ist. Das wäre in diesem Fall ihr Sohn, mein Freund. Weiterhin schließe ich, dass ihre Anwesenheit ihm gesundheitlich schadet, denn er ist nicht nur krank, sondern sein Leben steht auf dem Spiel. Wenn ihr Geist mit seinem Bewusstsein verbunden ist und eigentlich ins Reich der Toten gehört und dort auch hingezogen wird, muss es für meinen Freund so sein, dass er selbst leben will, es jedoch etwas gibt, das einen Teil in seinem Bewusstsein beansprucht, gleichsam besetzt hält und ihn in eine jenseitige Richtung zieht mit allen gesundheitlichen Konsequenzen. Und wenn es tatsächlich die Mutter ist, die sich des eigenen Ablebens offenbar nicht wirklich bewusst ist, dann wird es zunehmend kompliziert. Zumal ich sie auch sehr gerne gemocht habe und mir jetzt eine weitere Frage stelle: Was ist, wenn sie im Falle eines Ablebens des Sohnes einfach weiter wandert zu demjenigen, der ihrem Sohn am nächsten steht? Das wäre unter Umständen ich. Keine sehr schöne Vorstellung. Jetzt ist guter Rat teuer. Ich beschließe, dass ich zum Zeitpunkt der Operation nicht ins Krankenhaus gehe, wie ursprünglich geplant, sondern stattdessen ans Grab der Mutter meines Freundes. Ich halte fünf Stunden Totenwache im Gebet versunken, den Geist seiner Mutter einladend, bei mir zu sein an ihrem eigenen Grab.

Schließlich habe ich das Gefühl, die Operation ist beendet, und verlasse den Friedhof. In den nächsten drei Tagen schwebt mein Freund auf der Intensivstation, angeschlossen an die Maschinen, zwischen Leben und Tod. Es gelingt mir nur ein einziges Mal, zu ihm vorgelassen zu werden. Er ist kurz bei Bewusstsein, kann aber nicht sprechen, dann wechselt sein Gesichtsausdruck und ich blicke in *ihre* Augen. Exakt die gleichen wütenden, eindringlichen Augen aus dem Traum. Wortlos schauen sie mich an: Ich bin nicht tot! Ich erhöhe meine Herzfrequenz und blicke solange zurück, bis sie nicht mehr sichtbar ist. Ich weiß, dass mein Freund überleben wird, und weiß auch, dass der Geist seiner Mutter noch nicht gegangen ist. Es wird zu einem späteren Zeitpunkt die Aufgabe meines Freundes sein, eine bewusste Loslösung mit Hilfe erfahrener Heiler zu vollziehen oder, wenn er dies aufgrund seines Weltbildes für nicht gangbar hält, möglicherweise mit weiteren Krankheiten zu bezahlen.

Das Los zulassen

»Lass alles gehen, damit es zu dir kommen kann …«

Aus meiner Sicht mit den neu gewonnenen Erkenntnissen geht es darum, den Körper wie ein Gefäß für Bewusstsein zu sehen. Vollständig bewusst zu sein, heißt, hundert Prozent des Gefäßes zur vollen Verfügung zu haben. Die traurige Realität ist, dass Teile dieses Gefäßes besetzt sind: mit Schuldgefühlen aus der Vergangenheit, Verurteilungen aus der Gegenwart, Sorgen um die Zukunft, Gedanken und Gefühlen anderer Menschen, fremden Energien, kurz, wir verfügen nicht wirklich über unser energetisches Gefäß. Unser Gefäß, das theoretisch rein und frei sein könnte, wird überlagert von Ideen, Vorstellungen, individuellen wie kollektiven Einflüssen, und wir brauchen all unsere Achtsamkeit, es klar und leuchtend zu halten.

Das Erlebnis mit meinem Freund schärft zusätzlich mein Bewusstsein für die unglaubliche Bedeutsamkeit von Loslöseprozessen.

Wenn wir in dem Moment, in dem geliebte Menschen sterben, nicht überwach und achtsam sind, begeben wir uns in Energiekreise, die dem eigenen Leben nicht förderlich sind. Fast immer geschieht es aus unbewusster Liebe. Wie oft wird am Sterbebett angeboten, wenn ich könnte, würde ich für dich gehen? Wie oft sprechen Menschen sich schuldig, weil sie vielleicht im Moment des Überganges nicht anwesend waren, obwohl es gar nicht in ihrer Macht steht? Bis dass der Tod uns scheidet, heißt es bei Heiratsversprechen. Scheidet der Tod oder scheidet er nicht? Ich meine hiermit nicht, eine bewusste und tiefe Liebe im Herzen zu tragen für eine Person, die gegangen ist. Diese Liebe ist freilassend und transzendent. Sie bleibt und währt ewig. Ich meine die Art unbewusster Liebe, die wie ein Mix aus Schuldgefühlen, gegenseitigen Verpflichtungen, Anhaftungen, kurz, wie ein emotionaler Sekundenkleber wirkt. Wer will wen dabei nicht gehen lassen? Die Mutter den Sohn oder der Sohn die Mutter? Wie oft wollen die Angehörigen Sterbende, die längst mit sich und der Welt im Reinen sind, nicht gehen lassen? Können wir heute noch in Ruhe sterben?

Diese Übergangsphase nach Verlusten ist mehr als gefährlich. Aus der Krebsforschung ist bekannt, dass signifikant häufig ein bis drei Jahre vor Ausbrechen des Krebses eine Verlustsituation in der Biographie der Betroffenen aufgetreten ist. Gelingt es den Hinterbliebenen nicht, sich neu im Leben zu stabilisieren und eine bewusste Loslösung zu vollziehen, folgen sie in der Regel den Verstorbenen einfach nach. Wie viel Arbeit auf spirituellen Seminaren widmet sich zu Recht erst einmal der Loslösung von alten Verstrickungen, damit die Gefäße überhaupt frei werden für das Fließen von Energien? Wie können wir neue Energien einladen und uns energetisch erneuern, wenn wir wie mit Altem angefüllte Tassen sind? Die, wenn wir Glück haben, noch im Schrank stehen? Manche Tassen machen sich jedoch auch auf die Reise, wie die mit viel

Wissen gefüllte Tasse des Religionsprofessors, der Tausende von Büchern gelesen hat und zur heiligen Teezeremonie des japanischen Zen-Meisters kommt. Dieser schenkt ihm endlos ein, so dass der ganze Tee überläuft und das heiße Wasser dem Professor auf die Hose läuft. »Warum füllen Sie das Wasser nicht in die Tasse und lassen es überlaufen?«, schreit der Professor. »Warum kommen Sie wie eine volle Tasse, angefüllt mit nutzlosem Wissen, und nicht leer, damit ich Ihren Geist anfüllen kann?«, lautet die stoische Antwort des Meisters.

Loslassen heißt auch, das Los zulassen, die Kräfte des Schicksals zu akzeptieren. Einverstanden zu sein, dass wir als Menschen schicksalhafte Momente zu durchleben haben, in denen geliebte Menschen aus dem Leben gehen, in denen es zu Trennungen und Umbrüchen kommt. Essentiell ist, in diesen Momenten das Bewusstsein so hoch wie möglich zu schrauben, sich so sehr es irgend geht im Herzen zu verankern und von dort in einer transzendenten Liebe die gegangenen Menschen zu würdigen, zu ehren und zu schätzen.

Das zerrissene Segel

»Jede Liebe hat ihre Zeit auf Erden, nur im Himmel währt sie ewig …«

Mein Vater teilt mir telefonisch mit, dass bei ihm Lungenkrebs diagnostiziert ist mit einer Lebenserwartung von etwa einem halben Jahr. Ich schalte innerlich innerhalb einer Zehntelsekunde um von Sohn auf Lehrer und tue alles, um ihn psychisch aufzubauen. Der Sohn in mir ist erschüttert und voller Angst, den geliebten Vater zu verlieren. Der Lehrer handelt ruhig und umsichtig und erkundet alle Heilmöglichkeiten. In derselben Nacht träume ich einen Traum. Ich träume, ich gehe mit meinem Vater und meiner

Mutter an der Hand zu einem dreieckigen Platz. An jeder Ecke dieses Platzes gibt es eine Heilmöglichkeit. Wir entscheiden uns für eine Möglichkeit und betreten ein Geschäft. Es ist eine Segelmacherei. Es ist theoretisch möglich, das zerrissene Segel meines Vaters dort zu flicken. Der Mann, der dort arbeitet und uns dies mitteilt, ist ein an Krebs verstorbener Schulfreund von mir. Mein Vater steht hinter mir, einen Smoking tragend, den er zu Festen und Feiern gerne angezogen hat. Er ist lichtumhüllt und interessiert sich überhaupt nicht für die Heilung. Er strahlt und das Flicken des zerrissenen Segels ist ihm völlig gleichgültig.

Nach dem Erwachen ist für mich klar, dass es sehr wahrscheinlich keine erfolgreiche Heilung geben wird. Der Traum ist zu eindeutig und ich bekomme in meinem Leben in Entscheidungssituationen die Wahrheit in Träumen mitgeteilt. Was für ein kreatives Bild wählt die tiefe Psyche? Ein zerrissenes Segel für eine gestörte Lungenfunktion. Der Wind oder die Luft kann das Lungensegel nicht mehr füllen. Ein verstorbener Freund, der schon auf der anderen Seite ist, und ein »Patient«, der dort, wo es eigentlich um Heilung geht, in einem Bild seiner Seele erscheint, das lichtumhüllt, entrückt, einverstanden mit allem ist. Sich für die Heilung nicht mehr interessierend. Der Traum symbolisiert für mich das Einverständnis der Seele des Vaters zu gehen, selbst wenn die Persönlichkeit alles dagegen tut. Ich erzähle ihm diesen Traum nicht, sondern unterstütze ihn stattdessen tatkräftig beim Kampf gegen den Krebs.

Nur vier Monate später am dritten Tag einer zwölftägigen Herzeinweihungs-Conference Sacred Heart in Norditalien, bekomme ich in einer Pause die Nachricht, dass mein Vater nach langem, schmerzhaftem Kampf friedlich eingeschlafen ist. Ich breche mit einem Heulkrampf zusammen und muss mich innerhalb von einer halben Stunde entscheiden, ob ich die Conference weiter leite oder nicht. Da es dort Menschen gibt, die bis zu zwei Jahren auf das Erlebnis dieser Herzeinweihung gewartet haben, entscheide ich mich für das Weitermachen und frage bei meiner Mutter und meinem Bruder an, ob es möglich sei, die Beerdigung so zu legen, dass sie in die zweieinhalbtägige Schweige- und Fastenzeit der Conference fällt. Dies lässt sich arrangieren und so fliege ich während dieser Zeit zur Beerdigung und versinke in einer Welle von Trauer und Schmerz. Rechtzeitig für die zweite Hälfte des Seminars bin ich wieder in Italien. Die Teilnehmer wissen nichts davon.

Der Lehrer in mir entscheidet, dass es um ihre Erfahrung geht und nicht um mein persönliches Leiden. Diese Tage sind für mich eine der härtesten und rückblickend erstaunlichsten Erfahrungen, die ich je gemacht habe. Der Sohn und der persönliche Teil in mir war am Boden zerstört und in unendlicher Trauer. Gleichzeitig konnte der Lehrer jedoch lächelnd und strahlend das Seminar leiten, und die transzendenten Energien waren umso kraftvoller. Das tiefste Leid und die höchste Freude, erlebbar bei den Einweihungsenergien, trafen direkt aufeinander. Durch den Zeitpunkt, den die Seele meines Vaters, den ich über alles liebe, wählte, kam der Bereich des tiefsten persönlichen Leidens in Kontakt mit der höchsten transzendenten Strahlung, und es trat eine dauerhafte innere dauerhafte Umwandlung ein. Mir wurde klar, dass es in den Einweihungswegen der Mysterienschulen genau hierum geht und dass ich zu diesem Zeitpunkt geprüft werde. In dem Moment, in dem die transpersonalen, liebenden Energien direkt auf die personalen, im Schmerz kontrahierten Energien treffen, erfolgt die Verwandlung. Die Wandlung geschieht in der Tiefe des Emotionalkörpers, in einem Zustand tiefster existenzieller Berührtheit. Jetzt treffen die transzendenten Kräfte auf diese existenzielle Ebene und verwandeln die Körperzellen. In den unterschiedlichen Mysterienschulen rund um die Welt werden Durchgehungen und

Rituale praktiziert, die die Aspiranten in genau solch einen Zustand der existenziellen Berührtheit hineinführen. Jetzt ist das Individuum wahrhaft empfänglich. Die Sehnsucht nach Verbindung wird zu einem einzigen Sehnen, die Gebete sind heiß und innig, das Gefäß ist so weit offen, dass die geistigen Kräfte sich überhaupt erst hinein ergießen können. Ich bin der Seele meines Vaters sehr dankbar, dass sie diesen Zeitpunkt gewählt. So hat er mir gezeigt, wer ich bin. Was für ein großes Geschenk noch durch das eigene Sterben. Ich konnte seinen toten Körper nicht mehr sehen und bin froh darum. Das Bild, welches ich in meinem Herzen trage, ist das des warmherzigen, liebevollen Mannes, mit dem ich so viele schöne Stunden teilen durfte und der mir mehrfach das Leben gerettet hat. Sein größtes Geschenk: Ich war von der ersten Sekunde an immer willkommen. Willkommen im Herzen.

Die Seelenjacke

»Folge nur der Liebe, nicht der Form. Das Wesen geht niemals verloren …«

Im Nachhinein bin ich aus einem weiteren Grund dankbar, dass der Tod meines Vaters während der Conference geschehen ist. Ich fühle mich aufgehoben und getragen von den hoch schwingenden Energien, die durch die gemeinsame energetische Arbeit aufgerufen werden. Für das Band der tiefen Seelenliebe spielt es keine Rolle, ob der Sohn beim Moment des Überganges anwesend ist oder nicht. Es verhindert womöglich genau das, was meinem Freund passiert ist, eine Besetzung aus unbewusster Liebe. Wie tiefliegend diese Bewusstseinsmuster sind und wie extrem achtsam wir als Seelen damit umgehen müssen, um wirklich sicherzustellen, dass auch eine Loslösung stattfindet, wird mir ein paar Monate später durch einen weiteren Traum klar. Ich träume, ich sehe meinen Vater mit meiner Mutter in seinem früheren Wagen fahren. Er trägt eine wunderschöne weiße, aus edlem Stoff gefertigte Jacke. Mit so einer Jacke habe ich ihn noch nie gesehen. Jetzt im Traum ist er nicht ansprechbar, obwohl anwesend, so dass ich nur mit der Mutter kommunizieren kann. Ich frage sie: »Was ist das für eine wunderschöne Jacke?« Sie antwortet: »Das ist seine Seelenjacke. Die mochte er zu Lebzeiten nicht tragen.« Ich schaue fasziniert die Jacke an und sage: »Sie ist wunderschön, darf ich sie einmal kurz anziehen?« Die Mutter weißt nicht so recht und bleibt neutral. In der nächsten Szene sitze ich mit meinem Bruder im Wagen, trage die Jacke und der Wagen rutscht rückwärts gegen eine Garage. Minimaler Blechschaden.

Das Gefühl beim Aufwachen ist eines der Warnung. Ich bin offensichtlich kurz davor, die im Familienverbund zur Disposition stehende Energie des Vaters aufzugreifen und seinen Platz energetisch zu besetzen, wenn ich nicht aufpasse. Der Traum spiegelt die Faszination und Anziehungskraft der Seelenjacke, das heißt der Schönheit der Seele, doch es geht weder darum, ihr in den Tod zu folgen, noch sie als Geist einzuladen und sich die Jacke überzustreifen, sondern darum, sie gehen zu lassen und später wieder zu sehen. Dass es nur zu einem minimalen Blechschaden kommt, beruhigt mich etwas, doch ich beschließe, umso achtsamer zu sein, was die unbewussten Zugkräfte angeht.

Das spirituelle Ziel vieler Wege liegt darin, einem Licht zu folgen, manchmal sicherlich auch einem Irrlicht. Vergessen wird, dass auch die Dunkelheit mit ihrer ungeformten, nicht sichtbaren, wilden und chaotischen Kraft ein ungeheures schöpferisches Potential enthält. Was verstecken wir normalerweise vor anderen oder vor uns selbst? Wie perfekt glauben wir sein zu müssen? Wenn Menschen, die wir lieben, aus dem Leben gehen, wenn wir uns verlassen fühlen von allen guten Geistern oder wie Inanna bewegungslos im Leid oder einer Krankheit wie auf einen Pfahl gespießt ausharren müssen, dann sind das Erfahrungen, die vergleichbar sind mit der dunklen Nacht der Seele der Mystiker. In dieser dunklen Zeit findet eine Umwertung der Werte statt. Nicht intellektuell, sondern bis in den letzten Knochen spürbar. Es ist die Zeit kurz vor einer spirituellen Neugeburt. Ohne diese Dunkelheit kann es keine Neugeburt geben. Alles wird losgelassen, auch jedes Konzept von Spiritualität. Wenn wir uns nicht ergeben, nicht hingeben in diesem Augenblick, werden wir von der Dunkelheit aufgesogen. Es ist die Hingabe an das Herz, unseren göttlichen Kern, der den einzigen Schutzraum bietet. Es geht nicht darum, in helle, irreale Räume zu flüchten, sondern das Leben vollständig zu umarmen mit all seinen Seiten, auch den Schattenseiten, um ganz am Leben teilzunehmen. Es geht darum, in der Lage zu sein, den Zustand der Welt zu sehen und hinzuschauen mit liebenden Augen, nicht wegzuschauen. Sonst verbleiben wir in spirituellen Schutzräumen, unfähig wahrhaft am Leben teilzunehmen. Gefangen in Stagnation, um uns vor einer »Dunkelheit« zu schützen, die kreative neue Energien in sich trägt. Es geht darum, das Herz in dieser Dunkelheit zu finden. Dann sind wir plötzlich in Kontakt mit einer neuen Art von Lebendigkeit. Die Dunkelheit wird häufig als ein Raum des Weiblichen, Undefinierten, Chaotischen, Formlosen, als eine Gebärmutter gesehen. Die dunkle Nacht der Seele kann eines der erschreckendsten Erlebnisse überhaupt sein, doch wenn sie durchwandert, durchlebt, durchlitten, durchfahren ist, sehen wir uns wiedergeborenen Individuen gegenüber. Das Motiv wird in vielen Mythen und Legenden aufgegriffen, in denen die Helden wie in christlichen oder auch indianischen Mythologien vom Walfisch verschluckt werden. Die Wandlung ist in jedem Fall fundamental. Die Reise durch die Dunkelheit oder in die Unterwelt entlässt die Helden mit einem gereiften und geläuterten Bewusstsein. Die Unterwelt ist wie der Himmel ein Ort transzendenter Kräfte.

Herzens-Anker: Die Aufgabe des Loslassens

Eine der schwierigsten Aufgaben, die menschliche Wesen auf ihrer Erdenreise bewältigen, ist das Loslassen geliebter Menschen oder eigener Lebensumstände. Jetzt wird die vollkommene Annahme des Wandels mit all seinen Folgen essentiell. Die wirkliche Aufgabe besteht im Aufgeben.

Haben Sie sich schon einmal in einem Abstiegsmysterium befunden? Wie ist es ausgegangen?

Können Sie von sich sagen, dass Sie geliebte Menschen in einer gesunden Weise losgelassen haben? Was half Ihnen dabei?

Gibt es Träume, in denen Ihre Seele Fingerzeige gibt, wie Sie sich in Umbruchssituationen verhalten können?

Kennen Sie Situationen, in denen Sie im tiefsten Schmerz gleichzeitig von einer höheren Kraft begleitet werden? Wie drückt sich dies aus?

Befinden Sie sich in einer dunklen Nacht der Seele? Wenn ja, was und wie wird umgewertet?

12
Äquatortaufe – Einweihung und Wendepunkt

Logbuch: »Heiliger Geist« – ein Erleben

»Ein junger Mann nimmt an einem Wochenende teil. Er hat die Figur eines nordischen Hünen – ein Recke und Kämpfer, wie man ihn sich vorstellt. In jedem Historienfilm würde man ihn in die erste Reihe stellen, um die feindlichen Truppen abzuwehren und tatsächlich hat er auch viel Sport betrieben, um seine Aggression körperlich auszuleben. Doch zum Zeitpunkt des Seminars ist das markante Gesicht dieses Kriegers durchglüht von sanften Augen und er erzählt seine Geschichte. Er konnte plötzlich von einem Tag auf den anderen keine drei Treppenstufen mehr gehen, obwohl er lange Leistungssport betrieben hat. Eine medizinische Untersuchung ergibt ein gravierendes Herzproblem und ihm wird von den Ärzten die Wahlmöglichkeit »Operation mit ungewissem Ausgang« oder »Noch ein halbes Jahr zu leben« offeriert. Er weiß überhaupt nicht, was er in dieser Situation tun soll, und bittet seine innere Führung um Hilfe.

Plötzlich hat er eine Idee. Bevor er sich entscheidet, will er unbedingt in ein Kloster, um mit sich ins Reine zu kommen und dort die möglicherweise schwerwiegendste Entscheidung seines Lebens zu treffen. Ein paar Tage später hat er in einem Kloster eingecheckt und wird in einen Raum geführt, in dem er auf einen der heilkundigen Mönche wartet. Schon während der Mönch den Raum betritt, fängt der junge Mann hemmungslos an zu schluchzen. Der im Gebet versunkene Mönch tut nichts weiter als zwei Stunden lang seine Hände über dem Herzen des Mannes kreisen zu lassen. Der junge Mann hat zum ersten Mal in seinem Leben das Gefühl, dass er angekommen ist. Zu Hause. Im Herzen. Er hat das erste Mal das Gefühl, das er in direktem Kontakt ist mit dem, was die Christen Heiligen Geist nennen, die Inder das Prana, die Chinesen das Chi, die Hawaiianer das Mana. Er verweilt mehrere Wochen im Kloster und trifft die Entscheidung gegen eine Operation. Spätere Untersuchungen ergeben, dass sein Problem auf unerklärliche Weise geheilt wurde.

Das bedingungslose Ja

»Du wirst die Welt mit neuen Augen sehen.
Nichts ist mehr so, wie es vorher war.«

Es gibt ein altes seemännisches Ritual, das rund um die Welt praktiziert wird: die Äquatortaufe. Bei der Querung des Äquators wird man an einem Seil ins Wasser gelassen und unter dem Schiffsbug hindurchgezogen. Von nun an ändert die Sonne ihre Richtung und geht dort auf, wo sie vorher unterging, und unter, wo sie vorher aufging. Das Ritual markiert den Wendepunkt in der Wahrnehmung und öffnet die Augen für eine neue Sichtweise. Es ist eine Einweihung in ein neues Sehen.

Wie finden heutzutage Einweihungen statt, in einer Gesellschaft, die kaum noch Übergangsrituale zelebriert? Was sind die Wendepunkte im Leben? Heutige Einweihungen kommen in unterschiedlichen Gewändern auf uns zu. Sie verkleiden sich als Krankheit, als Beziehungsdrama, als Scheidung, als Jobverlust, als Depression oder Sinnkrise. Von einem Moment zum anderen stehen wir Herausforderungen gegenüber, in denen unser Geist geprüft wird. Es ist ein wahrer Charaktertest. Wie werden wir agieren? Was ist die innerste Wahrheit? Wie die Aspiranten früherer Mysterienschulen wissen auch wir nicht, ob und wie wir die spirituelle Prüfung überleben, körperlich, emotional, mental und spirituell. Es ist, als würde das Ego immer weiter hinabgeführt – bis zum Touchdown. Jeder Versuch, während dieses Abstiegsmysteriums eine Gegenbewegung einzuleiten, ist zum Scheitern verurteilt, weil die Seele anderes im Sinn hat. Der Moment der Einweihung muss ein präzises Timing haben. Ist die Person nicht wirklich offen, nicht wirklich auf all ihren existenziellen Ebenen offen, können die transzendenten Energien sie nicht vollständig erreichen. Die Einweihungsenergien müssen auf ein vollkommen bereites Individuum treffen. Der Ruf in nach Wandlung, Heilung, Hilfe, Transformation muss in dieser Menschenseele sehr groß sein. Wie ein einziges Sehnen. In dem Beispiel des jungen Mannes war das Sehnen riesig, denn sein Leben stand auf dem Spiel. Er war ein Gefäß, wie es offener kaum sein konnte, und die heilende geistige Energie konnte ungehindert von Konzepten, emotionaler Abwehr oder fehlendem Vertrauen einfließen. Sie traf auf keinen Widerstand.

Ich erlebe Ähnliches, wenn ich Menschen durch ihre Herzeinweihungen führe und feststelle, dass die Einweihungsenergien dann voll wirksam werden, wenn der Ruf in der Seele entsprechend laut ist. Hier geschieht eine große Wandlung. Wenn Menschen diese kostbaren Energien jedoch primär konsumieren wollen, um sich eine weitere Kerbe in ihren Colt spiritueller Erfahrungen zu ritzen, dann fließen die Kräfte nicht so, wie sie fließen könnten. In der Seminararbeit nehme ich dieses Phänomen wie einen eingebauten Selbstschutz wahr. Es ähnelt meiner allerersten Erfahrung mit Herzenergien, die nach der Öffnung über die Traumebene plötzlich durch das Kronen- und Herz-Chakra flossen und bei meiner Arbeit mit einigen Männern und Frauen anwesend waren und bei anderen weniger. Das, was stattfindet, ist die Antwort auf den Ruf.

Die Zeit der Einweihung ist eine Zeit der Magie. Es ist eine hohe Zeit. Hochzeit für die Seele. Die Seele möchte sich mit der Person vermählen. Dazu braucht es allen Mut der Welt und ein bedingungsloses Ja. Heute wollen wir Hochzeit machen. Heute ist ein guter Tag zum Sterben. Wir leben in einer Zeit, in der Träume wahr werden können. Das Universum ist schöpferisch und sein Manifestationspotential riesig. Doch was lassen wir hinter uns? Wie kostbar ist uns das, was wir zurücklassen? Können wir unsere Erwartungen zurücklassen? Können wir differenzieren zwischen Wünschen, die reinen Herzens sind und der Seelenabsicht entsprechen, und Erwartungen, die aus Bereichen des Egos kommen? Mich hat Hawaii wieder in Verbindung gebracht mit der ganz unschuldigen Kraft, etwas zu wünschen und die Akuas oder Aumakuas, die Götter und lokalen Hilfsgeister, um Segen zu bitten. Ganz im Gegensatz zu anderen Wegen, die absolute Wunschlosigkeit predigen. Dies ist ein heikler Grat zum Wandern. Schließlich leben wir im Zeitalter der Perfektion, wir sind auf dem Trip, uns ständig verbessern zu wollen. Wieder ein neues Programm, mit dem wir uns in diesem oder jenem Bereich noch perfektionieren könnten. Wieder eine neue Übung, wieder eine neue Methode. Aus den Programmen werden fixe Ideen, kristalline Ideale, denen wir uns verschreiben. Das Ego quillt bald über vor lauter Spiritualität, und doch ist die Suche und Sehnsucht dahinter in den meisten Fällen wahrhaftig. Nur: Sind wir auch bereit, mit leeren Händen dazustehen? Uns einer Erfahrung auszuliefern, von der wir nicht wissen, wo sie uns hinführt? Sind wir bereit, einen Übergang zu wagen, der die sicheren Strukturen des Egos auflösen kann? Sind wir bereit, uns der Verwundbarkeit des Liebenden auszuliefern? Sind wir bereit, uns in dieser Liebe zu vergessen? Sind wir bereit für einen Sprung in die Leere? Geht es uns um Selbstentwicklung oder um selbstloses Dienen?

Der Regenbogen hinter dem Regenbogen

»Es wird dir ein goldener Faden gegeben.
Gehe achtsam damit um …«

Eine wirkliche Herzeinweihung von Lehrer zu Schüler kann nur gegeben werden, von Lehrer zu Schüler, wenn der Lehrer in einer bestimmten Tradition steht. Er steht im Prinzip auf den Schultern von Giganten, die ihm den Weg durch viele Kulturen bereitet haben und jetzt unsichtbar hinter ihm stehen, während er sein Leben für das Weiterweben des Fadens gibt. Es sind Kreise von Wesen, die durch alle Zeiten wirken. Die wahre Regenbogenbrücke führt in das Herz unserer Welt und wird gemeinsam erschaffen. Es ist ein Werk der Verbundenheit und keine individuelle Errungenschaft. Die Legende sagt, wer den Regenbogen hinter dem Regenbogen sehen könne, habe die Rückverbindung in einen Bereich schamanischer Kräfte realisiert. Viele würden gern über diese Form direkter Hellsichtigkeit verfügen, doch wofür? Nicht um zu heilen oder selbstlos zu dienen, sondern als Referenz für besondere spirituelle Fähigkeiten? Solange wir den Blick zu sehr auf Phänomene gerichtet halten, ist das Ego an der Macht. Wir haben im Westen die Referenzen verloren, mit denen wir spirituellen Kräften erlauben, in uns einzutreten und durch zu wirken. Wir sind kulturell scheinbar darüber hinausgewachsen und haben das Zauberhafte und Wunderbare in eine Parallelwelt verbannt. Wo sind die Barden, die nicht nur das Wort beherrschen, sondern eins sind mit dem Geheimnis der Meere? Wie können wir lernen, einen Regenbogen zu heiraten? Eine Welle zu lieben? Das Wesen einer Pflanze zu erfühlen? So sehr eins zu sein mit dieser Liebesenergie, dass wir jeden Menschen mit einem liebenden Auge sehen können, mit einem Regenbogen-Auge? Die Regenbogenkrieger und damit meine ich nicht Greenpeace, sind aufgerufen, sich zu verbinden und zu sammeln, um ein neues Bewusstsein auf die

Erde zu bringen. Einweihung heißt, sich dem Einen zu weihen. An der Einen Energie teilzuhaben. Kurz vor Einweihungen schickt die Seele häufig Träume, in denen wir sterben oder sich der Tod ankündigt. Ein sehr eindrücklicher Traum kam direkt in der Nacht vor einer Herzeinweihung, die ich erfahren habe. Ich träume, ich bin in einer Duschkabine, die von allen Seiten umschlossen ist, das Wasser fließt nicht ab, sondern steigt immer höher. Es ist schon fast so hoch, dass ich ertrinke. Da realisiere ich, dass unten im Wasser auch noch ein giftiger Fisch schwimmt, der mich töten wird, falls ich nicht vorher ersticke. In Übergangssituationen ist der Tod in Träumen stets positiv zu sehen. Er löst die alte Struktur auf. Die Seele kämpft mit harten Bandagen, wenn es darum geht, dem Ego den Garaus zu machen. Es geht ums Ganze. Die Einweihung selbst am nächsten Tag ist mit Worten nicht zu beschreiben. Es ist eine der wenigen Erfahrungen, die ich nicht mit anderen Menschen teile, sondern nur in meinem Herzen trage.

Nach der Einweihung sitze ich stundenlang in der Wüste und schaue in diesem zeitlosen Moment auf einen Baum, auf dem zwei Vögel glücklich zwitschernd ihr Liebeslied singen. Erst beide auf einem Baum, dann jeder auf seinem Baum, dann werden die Bäume getauscht, dann beide auf dem anderen Baum. Eins mit ihrem Gesang. Was für ein treffendes Bild für eine gleichwertige Partnerschaft. Jedes Mal, wenn ich zwei Vögel zusammen fliegen sehe, wird etwas in meiner Seele angerührt, eine Sehnsucht, ein Bild, ein Zauber. Der gemeinsame Flug zweier Seelen. Und wenn sich die Wildgänse mit ihrem Ruf ankündigen und kurze Zeit später in V-Formation über mich hinweg fliegen, fliegt stets ein Teil von mir mit in eine grenzenlose Freiheit.

In den antiken Mysterienschulen bestanden Einweihungsrituale aus Prüfungen und Herausforderungen, bei denen das Leben auf dem Spiel stand. Ob die Initianden in den ägyptischen Mysterien durch die Krokodilbecken tauchen mussten, auf Hawaii mit den Haien schwimmen oder in den griechischen Demetermysterien in einem unterirdischen Labyrinth umgeben von Pythonschlangen durch Gedankenkraft ein Weizenkorn zum Keimen bringen, stets wurde die Psyche in eine Extremsituation gebracht, so dass das psychische Gefäß so offen wie nur möglich wurde. Unter uns unschuldigen Narren: Ich glaube, allein der Angstschweiß bringt das Weizenkorn zum Keimen, doch immerhin gab es ja noch die Pythons. Gleichzeitig wurde auch der Körper an seine Grenzen gebracht, wie zum Beispiel in den dreitägigen Sonnentänzen einiger Indianerstämme. In all den Einweihungsritualen rund um die Welt, die Wendepunkte in der Psyche markieren, wurde sehr viel Wert darauf gelegt, dass die Erfahrungen nicht nur intellektuell oder emotional transformierend waren, sondern insbesondere der Körper musste gewandelt und zum Träger des erneuerten Bewusstseins in den Zellen werden.

Ich selbst habe kurz vor einer speziellen Einweihung folgende Erfahrung machen dürfen. Es ging um die Mysterien des dritten Auges. Ich war im Vorfeld dieser Arbeit fast schon ekstatisch. Ich glaubte, die Himmel würden mich küssen in dieser Zeit. Ich hatte nur keine Ahnung, wie sie mich küssen würden! In der ersten Nacht während dieser Wochen bekomme ich den Alptraum meines Lebens: Mein Körper wird von Dämonen zerfetzt, kein Knochen oder Körperteil ist mehr dort, wo er hingehört, alles komplett auseinander gerissen, furchtbare Schmerzen, Blut und Chaos. Und am Ende des Traumes eine körperlose Stimme, die mir sagt: »Und das wird noch acht Tage und Nächte so weitergehen, erst dann ist es zu Ende.« Danke sehr, so habe ich mir eine Einweihung in das dritte Auge wirklich nicht vorgestellt! So weit zu den Vorstellungen! Ich befinde mich mitten in einem Zerstückelungsmythos. Und die Stimme sollte Recht behalten, es ging noch acht Tage und Nächte so weiter. In dieser Zeit habe ich mich so kraft- und machtlos wie noch nie zuvor in meinem Leben gefühlt. Ich wollte nie wieder sprechen und schon gar nicht vor anderen Menschen. Nach acht Tagen und Nächten war es dann tatsächlich schlagartig vorbei.

Der Verstand weigert sich zu verstehen, warum diese Durchgehung notwendig sein soll. Die Seele lacht und wählt diesen Weg, um das Individuum in eine neue Sichtweise zu führen. In den schamanischen Traditionen der Eskimos werden solche Durchgehungen mit neuen Schamanen bewusst durchgeführt. Ihr zweiter Körper, der, mit dem sie nachher ihre schamanischen Reisen und Heilungen unternehmen, wird von den älteren Schamanen in einen Bereich geführt, in dem die bösen Geister wohnen, und dort von diesen bösen Geistern gefressen und zerfetzt, bis der letzte Knochen abgenagt ist. Die älteren Schamanen beobachten genau, welche bösen Geister dabei anwesend sind. Dann nehmen sie die Knochen und setzen den zweiten Körper wieder neu zusammen. Er ist jetzt wesentlich kraftvoller, denn der neue Schamane wird jede Krankheit heilen können, bei der einer der bei seiner Zerstückelung anwesenden Geister involviert ist. Gegen böse Geister, die nicht dabei waren, hat er keine Mittel. Eine äußerst interessante Durchgehung, die, wenn wir sie in unser heutiges tiefenpsychologisches Verständnis übertragen, deutlich macht, was für einen Wert die Arbeit mit nicht integrierten, dunkleren Aspekten der Seele haben kann. Letztendlich wird der Schamane durch diese Konfrontation in die Lage versetzt, in der Dunkelheit stehen und sehen zu können, um die verloren gegangenen Seelenanteile der kranken Personen zurückzuholen.

Wichtig ist, sich von solchen Erlebnissen, in denen wir uns »dunkleren« psychischen Kräften gegenüber wähnen, nicht beeindrucken zu lassen. Oder sich gar in übermäßiges Schutzverhalten zu flüchten. In den tibetischen Mysterien können wir beobachten, dass der äußere Ring häufig von üblen Dämonen mit Furcht erregenden Fratzen bewacht wird. Wer jetzt in Angst verfällt, hat im innersten Heiligtum nichts zu suchen, denn er ist einer polaren Spiegelung zum Opfer gefallen. Die Eingeweihten sind in der Lage, die Illusion zu durchschauen, und schwingen in einer höheren Frequenz, die sich den Weg durch astrale Welten hindurch bahnt. Sie bewegen sich wie auf einem zentralen Kanal direkt durch diese Ebenen hindurch. Dieser Punkt scheint mir besonders wichtig, denn es ist festzustellen, dass insbesondere wenn Menschen anfangen, sich in spirituelle Wirklichkeiten hineinzubewegen, Projektionen Tür und Tor geöffnet sind. Es handelt sich dabei um astrale Zwischenebenen, die nur für die Durchreise sind und nicht zum Verweilen. In jeder Einweihung, egal in welcher Tradition, geht es darum, die Angst besiegen zu lernen und zu realisieren, dass hinter allem das Göttliche steht. Wer sich zu sehr von der Angst beeindrucken lässt, verliert den Kontakt zu seinem wahren Herzen. Liebe gegen Angst ist das existenzielle Ringen, das in jedem Einzelnen stattfindet. Wer wird gewinnen? Angst engt ein, kontrahiert, schnürt zu, verkapselt, erstarrt, lähmt, trennt ab, verschließt. Angst verfestigt und wenn wir sie im Körper lokalisieren, geht es darum, sofort ins Herz zu gehen und die liebenden Energien des Herzens in die sich verspannende Region zu senden. Liebe öffnet, weitet, fließt, verströmt und verschenkt sich. Angst ist der Aggregatzustand des Egos. Liebe ist der Seinszustand der Seele.

Das multidimensionale Herz

»Verweile in der Liebe deines Herzens … aus ihm kommen alle Lösungen …«

Die Bilder und Konzepte, die wir heute von dem haben, was wir Bewusstsein nennen, werden zunehmend komplexer. Wir sind in der Lage, in einem Leben so mannigfaltige Erfahrungen zu machen, für die wir in früheren Zeiten fünf Leben gebraucht hätten. Je offener wir für archetypische Realitäten sind, das heißt, je mehr wir die kleine Box des Egos verlassen und eins werden mit den uns umgebenen Energien, desto mehr realisieren wir, wie vielschichtig dieses Energienetz ist. Wie können wir nun darauf Einfluss nehmen oder uns positiv beeinflussen lassen, indem wir der Liebe keinen Widerstand entgegensetzen? Wie können wir in einen Zustand der subtilen Entspannung gelangen, in dem alle Energiebahnen geöffnet sind, und wir in einem permanenten Dialog mit unserer Seele sind, während wir gleichzeitig eine Familie haben, unserer Arbeit nachgehen und ein soziales Leben führen? Die Zugkräfte der materiellen und sozialen Wirklichkeit sind sehr groß, und es braucht alle Achtsamkeit in ihrer Hektik nicht aus der eigenen Mitte zu fallen. Dies geht kaum ohne tägliche Besinnung oder Meditation auf diese Mitte, unser Herzzentrum. Die in einer Einweihung erfahrbaren Energien sind kraftvoll und mitunter überwältigend. Sie können die vorhandenen Sicherheitsstrukturen des Egos auflösen, und daher wird ein neuer Fokus benötigt. Dieser liegt in der Körpermitte im Herzen und beeinflusst zugleich alle Körperzellen. Das Herzzentrum integriert das rohe Feuer des Solarplexus bzw. dritten Chakras und lenkt dessen Energie in liebevolle Bahnen. Das Herzzentrum verbindet sich mit dem zweiten Chakra und schmelzt dessen Leidenschaft zu einer spirituellen Sexualität. Das Herzzentrum verbindet sich mit dem ersten Chakra, so dass der Körper sich seiner göttlichen Herkunft erinnert. Insbesondere löst das Herzzentrum jedes Gefühl des Unwürdigseins auf. Dies ist ein zentraler Punkt. Viele Menschen fühlen sich im innersten Kern unwürdig – zu unwürdig, um göttliche Liebe erfahren zu dürfen. Das aktivierte Herz stellt die Würde wieder her und verbindet uns neu mit dem Rhythmus des Universums. Das eingeweihte und gewendete Herz führt zu einer Freisetzung ungeahnter Fähigkeiten. Es ist essenziell bei jeder Form von Heilung, Reiki, Energiearbeit. Es legt das Fundament für die Arbeit am dritten Auge, welche ohne die Verankerung im Herzen gefährlich sein kann. Bedingungslose Liebe ist zentral. Ohne die Erfahrung dieser transzendenten Liebe gibt es keine Weisheit. Bedingungslose Liebe führt zur Weisheit. Wissen ohne Liebe ist kaltes Wissen. Es wird niemanden erreichen. Ein Lehrer ohne Liebe ist ein kalter Lehrer, die Teilnehmer verschließen sich. Das Gleiche gilt umgekehrt. Wenn die Teilnehmer sich nicht wirklich in Liebe aufnahmebereit machen, verschließt sich etwas in der Seele des Lehrers. Die Liebe der füreinander offenen Herzen stellt die Verbindung her.

Die große Herausforderung nach Einweihungen ist, die dabei erfahrenen Energien später im Alltag zu leben und umzusetzen. Es ist ein wackeliger Übergang. Die unbewussten Kräfte ziehen zurück, die bewussten Kräfte folgen der neu gefundenen Vision. Jetzt geht es darum, das Wissen zu leben. Die Eingeweihten leben das erfahrene Wissen. Es ist zeitlos. Die Läuterung ihrer Seele wirkt über den Tod hinaus, weil sie sich auf das Wesentliche konzentrieren. Dafür brauchen wir Ausdauer und Beständigkeit und nicht den permanenten Wechsel von Methoden.

Viele Meditationen, die den Geist auf ein Objekt fixieren, stumpfen diesen lediglich ab. Er verliert seine Lebendigkeit und Offenheit. Das Gleiche gilt, wenn jemand zum »Schweigen« in die »Stille« gehen möchte. Es geht darum, hier genau zu differenzieren. Mehrmonatiges Nicht-Sprechen führt nicht automatisch in die Stille, wenn der Verstand weiterarbeitet wie gewohnt. Im Prinzip ist Denken wie Sprechen, nur eben nicht laut. Wir denken das Wort oder den Satz, aber sie kreuzen nicht die Lippen. Auf diesem Wege wirkliche Stille zu erreichen ist möglich, aber nicht unbedingt wahrscheinlich. Statt gottgegebene Körperfunktionen auszuschließen, geht es vielmehr darum, eine Ebene zu erreichen, von der aus wir ihr Funktionieren in Stille oder ungerührt wahrnehmen. Dies wäre die zu erlernende Kunst. In diesem Moment werden wir multidimensional.

Die Weisen verweilen mit einem Teil ihres Bewusstseins stets in ihrem Kern. Sie sind in dieser Welt, doch nicht von dieser Welt. Sie sind Regenbogenlehrer, einige als Brücken, andere als Hallen. Wir gehen auf ihnen, sie tragen uns in eine neue Welt oder wir halten uns in ihrem Feld auf, um uns selbst zu begegnen. Solche Lehrer erhalten ihr Herz aufrecht, während sie lehren und während sie nicht lehren. Sie sind eins mit dem Herz der jeweiligen Lehre. Sie sehen das Herz einer jeden Beziehung und bewegen sich kommunizierend darauf zu, egal, ob Antwort kommt oder nicht. Sie dringen zum Herzen durch, das sich hinter einem Problem verbirgt. Sie sind in Verbindung mit dem Herz eines Tieres, eines Steines, eines Sternes, weil sie in Verbindung sind mit dem universalen Pochen, das alle Dimensionen durchtönt.

Wiedergeboren

»Dein Geist erwacht zu neuem Leben, dein Herz verströmt neue Liebe, dein Blick segnet die Menschen ...«

Eine Einweihung entspricht einem Wiedergeburtsmysterium, einer zweiten Geburt. Die erste Geburt ist die rein physische. Die zweite ist die spirituelle Geburt. Wir werden als spirituelles Wesen neu geboren und unser spirituelles Wesen wird neu geboren. In den christlichen Traditionen wird dies durch die Wiederauferstehung symbolisiert, und es gibt einen ersten Bezug in der jungfräulichen Geburt, durch die sich andeutet, dass es um neue geistige Prinzipien geht, die wiedergeboren werden. In den buddhistischen Traditionen erstreckt sich das Prinzip der Wiedergeburt über mehrere Leben, und die geistige Essenz wird in ein neues Leben mitgenommen, so dass, wenn der alte Lama stirbt, seine Jünger sich in ihren Meditationen aufmachen, seine Reinkarnation aufzuspüren, und dann die konkrete Wiedergeburt suchen, um die Essenz der Linie fortführen zu können. Wir kennen das Prinzip der Wiedergeburt auch, wenn das neue Leben durch einen Namenswechsel symbolisiert wird, wie etwa beim Eintritt in einen Orden, wenn ein Ordensname angenommen wird und aus Karl-Heinz plötzlich Bruder Johannes wird. Ein Namenswechsel ist eine außerordentlich erfrischende Angelegenheit. Er flexibilisiert die Psyche ganz enorm, und der Vorteil ist, dass die spirituelle Neugeburt einen frischen Start hat. Gleichzeitig wird ein neues Klangmuster erschaffen, eine neue Tonkombination, ein neuer Inhalt, die bewusster erlebt und gestaltet werden können. Das spirituell Neugeborene ist so fragil wie ein wirkliches Neugeborenes, darum ist alles, was seine Energien stärken und nähren kann, zunächst gut. Wenn ein Individuum nach seiner spirituellen Wiedergeburt plötzlich mit den Augen eines Neugeborenen auf die Welt schaut, braucht es eine Zeit der Adaption. Es geht um die Verankerung in einer neuen, nicht sichtbaren und doch wahrnehmbaren Wirklichkeit.

Ein zentrales Erleben in den Einweihungen rund um die Welt ist das sich wahrhaft geschätzt Fühlen. Das direkte Angenommensein von einer göttlichen Präsenz. Das unmittelbare Aufheben der Trennung, aus der alle Probleme entstehen. Das nach Hause kommen im spirituellen Sinne. Jetzt ist die Verbindung wieder hergestellt. Das Individuum ist neu geboren. In einen neuen Sinnkosmos hinein. Plötzlich liegt der Lebenstraum klar vor Augen und hat seine Bedeutung und Farbe wieder bekommen. Plötzlich spielen Zeichen eine Rolle, weil der von den Individuen selbst aufgenommene Dialog mit dem Universum auf eine Antwort stößt. Plötzlich schießen Geistesblitze und Ideen in ein Bewusstsein, das sich langsam an die Umstellung seiner Frequenz gewöhnt. Plötzlich pulsiert das Herz und Wellen kosmischer Liebe rauschen durch die Adern eines sich neu konfigurierenden Körpers. Seele, wie konnte ich dich so lange nicht spüren? Herz, wie lange warst du still?

Sobald der Durchbruch in ein transzendentes Erleben erreicht ist, gibt es manchmal schockartige Erkenntnisse, in denen sich gefragt wird: Wie konnte ich nur das Leben führen, das ich bis jetzt geführt habe? Was habe ich eigentlich bisher daraus gemacht? Und was möchte ich jetzt? Die Freiheit der Seele wird bis in die letzten Zellen am eigenen Leib gespürt. Wir kehren zurück zur Ganzheit.

Um es noch deutlicher zu differenzieren: In herkömmlichen Psychotherapien werden in der Regel traumatische Erfahrungen behandelt und das Individuum wird in Ordnung gebracht, sozusagen symptomfrei gemacht, so dass es in seinem Ego gestärkt wieder am normalen Leben teilnehmen kann. In der Heilkunst kommt es zusätzlich darauf an, die Umgebung des Egos so zu optimieren, dass das erneute Auftreten eines Symptoms unwahrscheinlicher wird. In den Einweihungsmysterien geht es weit darüber hinaus. Es geht um die Rückkehr zur Ganzheit. Mystische Wahrnehmung transzendiert die Grenzen der Normalität. Der Schatten wird integriert, Potentiale werden erkannt und die neue Stärke besteht darin, sich willentlich dem multidimensionalen Herzen hinzugeben.

Plötzlich stellen wir fest: Wir sind viel mehr als wir vorher aus unserer eingeschränkten Perspektive wahrnehmen konnten. Das Ego, welches wir in der ersten Lebenshälfte mühsam aufgebaut haben, sind wir nun, in der zweiten Hälfte der Entwicklung des Herzens, bereit, freiwillig hinzugeben und zu transzendieren.

Herzens-Anker: Die Erfahrung der Ganzheit

Um Ganzheit zu erfahren, müssen wir uns ganz geben, alles zulassen, uns bedingungslos dem Einen weihen. In der Einweihung müssen alle unsere Seelenanteile angenommen, gesehen, geschätzt und gewürdigt sein. Jetzt erst kann das Göttliche einfließen.

Haben Sie schon einmal eine Einweihung erfahren? Was waren die inneren Voraussetzungen dafür? Was hat sich gewandelt?

Wie groß ist der Ruf der Seele, eine Erfahrung der Ganzheit zu erleben?

Sind Sie bereit, den Herausforderungen standzuhalten, die eine Initiation mit sich bringen kann?

Welche Aspekte in Ihrer Psyche stünden Ihrer Erfahrung von Ganzheit im Wege?

Wie etablieren Sie eine ausgewogene Form von Selbstwert und Würde in sich?

13
Meuterei – Unbewusste Anteile drängen ans Licht

Logbuch: »Ungebetene Gäste« – ein Traum

Ich sitze am Kopfende eines langen Konferenztisches. Eine Gruppe von vielleicht dreißig Hoteliers ist zusammengekommen und diskutiert über die Frage »Wie kann man mehr Herz in die Hotels bringen? Ich werfe eine Frage in die Runde: »Müssen wir nicht alle, bevor wir denken, dass wir mit dem Herzen in Kontakt sind, erst einmal anerkennen, dass wir total machtlos sind? Muss das nicht der erste Schritt sein?« Die gesamte Runde diskutiert angeregt diese eine Frage. Mir gegenüber am anderen Ende des Tisches sitzt ein Mann, der mit Vornamen auch Thomas heißt. In dem Moment, in dem ich die Frage stelle, fangen seine Augen an zu leuchten. Ich denke: »Oh, wenigsten einer hat es verstanden.« Links neben mir sitzt ein mir damals in meinen Träumen sehr geläufiger Archetyp. Eine Frau, etwa sechzig Jahre alt, dunkle Haare, dunkle Augen, eifersüchtig, dominant, possessiv. Sie spricht in die Runde: »Was geht mich das denn an, ›Herz in die Hotels‹? Hauptsache, es kommen genug Gäste!« Ihr direkt gegenüber auf meiner rechten Seite sitzt ein vielleicht fünfzigjähriger Mann mit einem Bart und rotblonden Haaren. Er hat glasklare, laserscharfe Augen, mit denen er wie durch sie hindurch schaut, und sagt ihr direkt ins Gesicht: »Ja, aber in deinem Hotel bekommen die Menschen Nierenkrebs!« Ach du meine Güte! Ich realisiere blitzartig, wir tagen ja in dem Hotel dieser Frau! Ich rufe: »Raus aus dem Haus!«, und der ganze Kreis skandiert: »Raus aus dem Haus! Raus aus dem Haus!«. Ich laufe als Erster los, sie läuft hinter mir her, ich bin schon auf der Veranda, noch ein letzter Sprung und ich wäre auf dem freien, grünen Rasen. Da touchiert sie mich plötzlich von hinten an der Schulter. Es ist eine warme Berührung und ich weiß in diesem Moment: Es ist falsch zu fliehen. Im nächsten Augenblick ist die Frau nicht mehr vorhanden, ich bin im ersten Stock des Hauses und wecke schlafende Seminarteilnehmer. Ich sage:

»Alle Teilnehmer sofort hier raus …« Da wuschelt sich eine Frau aus ihrem Schlafsack und sagt: »Hier sind auch Teilnehmerinnen, kannst du uns bitte auch anreden?« Ich antworte: »Für so etwas haben wir jetzt keine Zeit. Alle sofort hier raus!« Wir gehen dann gemeinsam die Treppe runter, und plötzlich kann ich sehen, warum die Menschen in diesem Hotel krank werden. Das Haus ist bevölkert von alten Geistern. Und ich kann sie plötzlich sehen. Sie versperren uns den Weg und eine Art Obergeist oder Anführer baut sich mit einem transparenten Gewehr vor mir auf. Ich schaue ihn an und sage: »Das wirkt bei mir nicht. Was wollt ihr?« Er antwortet: »Wir wollen, dass ihr bleibt!« Ich entgegne: »Wir bleiben nicht und ihr bleibt auch nicht.« In dem Moment, in dem ich so reagiere, reicht mir ein Helfer von hinten Silberketten über die Schulter, und ich weiß, dass ich dem Geist die Silberkette umlegen muss. Dann ist er gebannt. Also tue ich es und die anderen Teilnehmer machen das Gleiche. Es findet eine Art fröhliches Geisterjagen statt, und jedes Mal, wenn ein Geist eine Silberkette um den Hals bekommt, ist er gebannt. Das dauert so lange, bis alle Geister gebannt sind. Die gebannten Geister stehen hintereinander im Erdgeschoss, verbunden durch eine Silberschnur, die mitten durch den Raum geht. Eine überirdisch schöne Musik fängt an zu spielen und im Gleichschritt marschieren die Geister in einer Prozession aus dem Haus.«

Geister jagen

»Je weiter du reist, desto achtsamer musst du sein …«

Ich wache auf und denke: »Das ist das mit Abstand Bizarrste, was ich je geträumt habe.« Der Traum wurde in etwa zur gleichen Zeit geträumt wie der, in dem mir der Kahuna vorgestellt wurde, den ich dann drei Wochen später traf. Das für mich Erstaunliche ist, dass ich auch dem rotblonden Mann mit dem Bart und den glasklaren, laserscharfen Augen begegne, allerdings erst sieben Jahre später. Sein Name ist Peter Selby und er arbeitet als hellsichtiger Heiler mit Engelsenergien. Ein echter Geisterjäger. Er besitzt die außerordentliche Gabe, die Auren der Menschen nicht nur zu lesen, sondern insbesondere auch die verschiedensten krankheitserzeugenden Energien, unter ihnen natürlich auch die Geister verstorbener Menschen, zu entfernen. Die Resultate, die er in kürzester Zeit erzielen kann, sind mehr als verblüffend und bringen den Verstand an seine Grenzen. Er trägt ein riesiges Geschenk. Aus dieser Begegnung entwickelt sich eine wunderbare Freundschaft und gute Zusammenarbeit.

Das Traumgeschehen verdeutlicht erneut die Multidimensionalität des Seins. Unsere Wirklichkeit ist durchwebt von sichtbaren und nicht sichtbaren Energien. Schamanen und Heiler haben von jeher verschiedene Fähigkeiten, diese Wirklichkeiten wahrzunehmen und zu beeinflussen. Wenn wir unseren Körper tatsächlich als Gefäß für die Seele begreifen, können wir davon ausgehen, dass an den Stellen, an denen das Seelenbewusstsein nicht anwesend ist, eine Art Vakuum entsteht, welches beliebig von fremden Energien angefüllt wird. Die Kunst besteht darin, diese unbewussten Anteile, die ins Licht oder zum Licht drängen, zu erkennen und zu entfernen. Sie haben nicht das Geringste in diesem Gefäß zu suchen. Wenn also der Geist der Mutter eines Freundes zu dessen Krankheit beiträgt, geht es schlicht darum, diese Energie aus seinem Gefäß zu entfernen. Solche Gedankengänge haben nichts mit einer womöglich mittelalterlichen Weltsicht zu tun, sondern sind vereinbar mit den neuesten Erkenntnissen im Bereich psychosomatischer Medizin. Das Herzzentrum spielt hier wie auch in der chinesischen Medizin insofern eine Schlüsselrolle, als es in direkter Verbindung mit der Thymusdrüse steht, die für die Aufrechterhaltung eines funktionierenden Immunsystems zuständig ist.

Wenn wir alle solche Handwerkszeuge hätten, mit denen wir üben könnten, die krankheitserzeugenden Energien wahrzunehmen und sie mit Hilfe spiritueller Wesen wie etwa Engeln zu entfernen, wäre viel gewonnen. Die gute Nachricht ist: Wir haben sie! Es ist aus meiner Sicht reine Übungssache. Es reicht jedoch nicht, diese Energien nur zu entfernen, sondern zusätzlich muss eine entsprechende Bewusstseinsarbeit geleistet werden, welche gewährleistet, dass die Meuterer nicht gleich wieder an Bord kommen, das heißt, das Bewusstsein muss so wach und achtsam sein, dass an derselben Stelle nicht sofort wieder ein energetisches Leck entsteht. Ein einfaches Beispiel, um diesen Mechanismus weiter zu illustrieren, ist, wenn jemand in einer Schocksituation aus dem Körper springt. Der Volksmund sagt: Er steht neben sich. Dies ist wahrer, als wir gemeinhin denken würden. Der herausgesprungene Seelenteil steht tatsächlich daneben und das manchmal für Jahrzehnte. Eine gelungene Re-Integration führt zu einer spürbaren Verbesserung des gesundheitlichen Zustandes. Es kommt auch vor, dass jemand schon mit einem Teil, der daneben steht, geboren wird, weil er durch einen Schock in einem früheren Leben aus dem Körper gesprungen war. Auch diese Anteile sind jederzeit re-integrierbar.

Nur: Was machen diese Durchgehungen mit unserer Vorstellung von Zeit? Wie kann es sein, dass wir Bewusstseinsabspaltungen aus anderen Leben jetzt re-integrieren können? Wie kann es sein, dass auf der Traumebene Zeit keine Rolle spielt? Wieso ist es möglich, Menschen im Traum zu sehen und ihnen drei Wochen oder sieben Jahre später zu begegnen?

Einen Knall haben

»Alles schmilzt im Strahlen des Herzens …«

Eine sehr ungewöhnliche Begegnung hatte ich ganz zu Beginn meiner spirituellen Ausbildung bei meiner damaligen Lehrerin. Ich lerne im Urlaub auf einer griechischen Insel eine Frau kennen. Ich verabrede mich mit ihr für einen Tag später in einem dreißig Kilometer entfernten Ort. Als ich bei strahlendstem Sonnenschein mit dem Motorrad dorthin fahre, sehe ich am Horizont in einem azurblauen Himmel eine einzige Wolke. Sie ist vollkommen schwarz. Und sie hängt direkt über dem kleinen Ort, auf den ich zufahre. Ich habe ein solches Wetterphänomen noch nie zuvor gesehen. Es ist auch keine Abgas- oder Feuerwolke. Eine einzige schwarze Wolke steht direkt über dem vereinbarten Treffpunkt. Okay, Thomas, denke ich mir, achte auf die Zeichen. Ich tausche mich also nur kurz in einem freundlichen Gespräch mit der Frau aus und verlasse am nächsten Tag die Insel. Ein paar Monate später besucht sie mich, und ich organisiere für sie ein Treffen bei meiner Lehrerin. Da sie die Sprache nicht versteht, bin ich zum späteren Dolmetschen dabei. Zu Beginn der Sitzung spielen die elektronischen Aufnahmegeräte verrückt, die in der Session davor noch einwandfrei funktioniert haben. Es kann nicht aufgenommen werden. Die Lehrerin unterbricht, geht kurz in Trance und teilt der Frau mit, es läge ein Fluch auf ihr und sie solle um ihre Seele beten, damit die Sitzung stattfinden könne. Tränenüberströmt fängt die Frau an, um ihre Seele zu beten, und plötzlich funktionieren die Geräte wieder. Etwa eine Stunde lang lauscht sie der Trance-Session, in einer Sprache, die sie nicht versteht. Danach geht es in mein Haus, um die Session für sie zu übersetzen. Ich höre die Stimme meiner Lehrerin über Kopfhörer und übersetze am Küchentisch simultan in ein weiteres Aufnahmegerät. Die Frau sitzt mir gegenüber und kann die Session jetzt zum ersten Mal verstehen. Meine Augen sind geschlossen, und die Stimme meiner Lehrerin lässt mich auch in eine Halbtrance gehen. Irgendwann checke ich kurz, wie es der Frau gegenüber dabei geht und schaue unter halb geschlossenen Augenlidern zu ihr herüber. Ich blicke nicht in die normalen Augen der Frau, sondern in zwei Augen, die mich anstarren wie glühende Kohlen. Wenn ich jemals dem »Bösen« direkt in die Augen geschaut habe, dann in diesem Moment. Wenn Blicke töten könnten, hätten sie mich pulverisiert. Ich lasse mir jedoch nichts anmerken, schließe die Augen wieder und schraube meine Energie völlig ungerührt noch etwas höher. Plötzlich gibt es einen so lauten Knall, dass das Geschirr scheppert und der Küchenschrank wackelt. Ich reiße die Augen auf und blicke wieder in die normalen, warmen Augen der Frau. Ihr standen die Haare zu Berge und mir damals auch.

Ein Jahrzehnt später fällt mir ein Buch der Ethnologin Felicitas Goodman in die Hände: *Wo die Geister auf den Winden reiten.* Darin wird anhand von Fallstudien aus mittelamerikanischen Kulturen beschrieben, wie bei Besessenheitsphänomenen Heilung erfolgt und dass dabei mit einem lauten Knall Dämonen aus der Aura entweichen. Und das in meiner Küche! Ich musste sofort an die Situation mit der Frau zurückdenken und staune heute noch, wie ich so ruhig bleiben konnte. Es gibt offenbar einen Kanal, auf den wir bei Gefahr im Verzug im Bruchteil einer Sekunde umschalten können. Dieser Zugang lässt mich Situationen überstehen, die sonst hätten prekär werden können. Grundsätzlich geht es darum, emotional stabil und im Herzen verankert zu bleiben, sonst lassen wir uns ins Bockshorn jagen. Ich selbst verschwende keinen einzigen Gedanken an Dämonen oder ähnliche Biester. Wenn sie, was selten vorkommt, meinen Weg kreuzen, gehe ich damit angemessen um, bin davon aber weder übermäßig fasziniert noch zu sehr beeindruckt. Es sind halt Energieformen oder manchmal auch von Menschen kreierte Elementale. Wichtig ist, innerlich keine Angst zu kultivieren.

Sicherheit entsteht vielmehr aus einer inneren Anbindung an ein Netz von Licht und Liebe, dadurch, dass wir in unser Herz gehen – nicht aus einer ängstlichen Haltung, die Schutzkreise heraufbeschwört und damit lediglich die eigene Angst verstärkt. Vielen Menschen hilft auch die feurige Bewusstseinsenergie eines kraftvollen Engels wie Michael, der niedere Energien transformiert. Ob dies der Engel in uns ist oder ob die Engel eine unabhängige Energieform darstellen, ist dabei eine faszinierende Frage. Eine Idee wäre, Engel als von menschlichen Wesen abgespaltenes göttliches Bewusstsein zu sehen. Vielleicht geht es darum, die Engel wieder zu integrieren und dann zu schauen, was mit dem Körper passiert? Dies ist nicht gemeint im Sinne einer inflationären Überhöhung das Egos, sondern eines spirituellen Experimentes. Vielleicht ist der Schutzengel nur deshalb die ganze Zeit dabei, weil er ein Teil unseres Bewusstseins ist, der ursprünglich zu uns gehört hat, jedoch eine Schwingung hat, an die unser Tierkörper noch nicht angepasst ist? Das Gefäß ist vielleicht nicht stabil genug? Oder nicht offen genug? Daher könnte sich dieses Bewusstseinselement in unserem nahen Orbit bewegen, jederzeit bereit, bei größerer Gefahr aktiv zu werden und Impulse zu geben.

Nicht sehen, nicht hören, nicht fühlen

»Halte dich stets offen für alles, was geschieht …«

Wir sollten vielmehr im Auge behalten, dass der Schatten, wenn wir ihn nicht bearbeiten, irgendwann eruptiv ausbricht. Schatten ist alles, was wir nicht an uns mögen oder zeigen wollen oder was schlicht unbewusst ist. Auch beim Phänomen Dämonen sind, abgesehen von tatsächlichen Besessenheiten, den Projektionen

Tür und Tor geöffnet – und die Dämonisierung von Personen scheint mir das wesentlich größere Problem zu sein. Ich kann mich an einen Fall erinnern, in dem ein Mann dämonische Kräfte auf die Tochter seiner Frau projizierte und in ihr nur das Böse sah. Er war kurz davor, sein Augenlicht zu verlieren. Er sah sich als Opfer, und seine Leidensgeschichte rührte einen ganzen Kreis von Gruppenteilnehmern zu Tränen. Nur mich nicht. Mehrere Stunden später wurde deutlich, warum. Wenn das Augenlicht zurückgeht, ist zunächst einmal eines Fakt: Wir können andere nicht richtig sehen. Warum, wieso, weshalb, sei einmal völlig dahingestellt. Der Mann war in einer klassischen Beziehungsfalle gefangen, einem Triangel aus Opfer, Täter und Retter. Die Opferfalle ist eine der liebsten und am meisten verbreiteten Spielarten des Egos. In dem Moment, in dem wir realisieren, dass wir in einem unbewussten Kräfte zehrenden Triangel stecken, geht es nur noch darum, aus der Dreieckssituation auszusteigen, indem alle Projektionen fallen gelassen werden. Der Mann konnte durch eine rituelle Durchgehung erkennen, dass er nicht Opfer war, sondern mindestens ebenso sehr Täter. Er hatte nach dem Ritual eine physisch verbesserte Sicht.

Es braucht sehr viel Achtsamkeit, um die in der eigenen Psyche versteckten Opfer, Täter und Retter zu erkennen und aus diesen Dreiecken auszusteigen. Eine beliebte Rolle ist selbstverständlich die des Retters, weil sich die Person, die jemanden rettet, über den scheinbaren psychologischen Rettungsakt aufwerten kann. Retter sein zu wollen kann im Fall von Alkohol- oder Suchtkranken schnell dazu führen, dass die vermeintlich helfende Person selbst zum Opfer wird. Die Retter müssen sich fragen lassen, wie groß ihr Selbstwert ohne den meist hoffnungslosen Rettungsakt wäre. Die Rollen in dem Dreieck wechseln, und es geht darum, das ganze Dreieck zu verlassen. In solch einem Spiel von

Energien gibt es aktive und passive Komponenten, das heißt, scheinbar ist das Opfer passiv und der Täter aktiv, dennoch tragen beide ihren Teil dazu bei, dass die Opfer-Täter-Dynamik überhaupt entstehen kann. Opfer wollen energetische Zuwendung. Täter wollen energetische Zuwendung. Retter wollen energetische Zuwendung.

Eine Teilnehmerin hat ständig einen Meuterer an Bord. Als Kind wird sie von der Mutter für Kleinigkeiten und Dinge, die sie nicht gemacht hat, schwer beschimpft. Der Umgangston ist rüde, ihre Abwehr kreativ: Sie entwickelt eine Art inneres Singen, so dass sie die Worte der Mutter nicht hören muss. Dieser innere Gesang ist so laut und wird von ihr so perfektioniert, dass sie die Worte ihrer Mutter tatsächlich innerlich übertönen kann. Sie hört sie nicht mehr. Sie hat dadurch in ihrer Psyche einen Teil etabliert, der nicht zuhört und in ihrem späteren Leben eine Eigendynamik entwickelt. Sie fängt immer wieder an, innerlich zu singen. Im Beruf geht es dann plötzlich darum, dass Menschen ihr zuhören sollen. Was passiert? Die Menschen hören nicht zu. Sie bekommt ihren inneren Meuterer komplett im Außen gespiegelt. Im Workshop ergibt sich folgendes Muster: Jedes Mal, wenn ich mich als Lehrer auf sie zu bewege, taucht sie ab und hört nicht wirklich zu. Da ich kein Retter bin, nehme ich es zur Kenntnis und lasse sie einfach so sein. Ich will ja nichts von ihr und bin vollkommen einverstanden damit, dass sie ihr weiteres Leben nach demselben Muster verbringt wie bisher. Da ich kein Täter bin, zwinge ich ihr auch keinen weiteren Dialog auf, den sie nicht möchte. Im Herzen respektiere ich ihre Entscheidung, auch wenn diese sie ins Leid führen kann. Und da ich schließlich auch kein Opfer bin, nehme ich ihr Verhalten nicht im Geringsten persönlich. Ich lasse sie einfach sein. Einen Tag später nehme ich sie als Allerletzte im Seminar schließlich noch einmal dran. Wieder spult sich das gleiche Muster ab, bis ich intuitiv beschließe, bewusst wegzuhören. Ich mache einem spontanen Impuls folgend einfach das, was sie sonst automatisch tut. Ich probiere, wie es ist, innerlich zu singen, und ob ich noch hören kann, was sie erzählt. Das ist für mich ein ziemlich ungewöhnliches Unterfangen, da mein Wirken normalerweise darauf abzielt, vollkommen präsent zu sein und mit allen Sinnen und Sensoren intensiv zuzuhören. Egal, jetzt höre ich weg, so gut ich es eben kann. Es macht richtig Spaß. Ich schaue sie auch nicht mehr direkt an, sondern glase teilnahmslos in die Gegend. Je mehr ich weghöre, desto persönlicher und offener wird das, was sie der Gruppe erzählt. Je lauter der Gesang in mir, desto intimer die Erlebnisse, die sie der Gruppe mitteilt. Schließlich erzählt sie von sehr bewegenden persönlichen, spirituellen Erlebnissen. Sie selbst und der ganze Kreis sind fast zu Tränen gerührt. Jetzt wende ich mich ihr zu und frage in aller Unschuld: »Sag mal, war das, was du da gerade erzählt hast, irgendwie wichtig? Ich habe die letzten zehn Minuten überhaupt nicht zugehört.«

In diesem Moment bricht sie innerlich zum uralten Schluchzen des kleinen Mädchens durch, das sich geschworen hatte wegzuhören. Durch die bewusste Intervention des Lehrers, den inneren Widerstand der Teilnehmerin zu übernehmen, wurde sie frei zu erzählen. In dem Moment, in dem dann plötzlich die psychische Spannung aus dem Halten des Widerstandes für sie herausgenommen wird, bricht das System zusammen. Wenn bewusst gemacht werden kann, dass sie einen jungen weghörenden Meuterer nährt, der sein Unwesen treibt und darauf trainiert ist wegzuhören, ist viel gewonnen. Entweder sie lebt ihn aktiv aus oder ihre Zuhörer spiegeln ihn passiv. Nur wenn sie die bewusste Entscheidung trifft, um jeden Preis hinhören zu wollen, besteht die Möglichkeit, dass auch andere ihr zuhören können. Weghören als Abgrenzung gegenüber anderen, um eine innere Realität als Widerstand zu setzen, kann, wenn es sich verselbständigt, unabsehbare Folgen haben.

Ein Teilnehmer eines anderen Seminars ist auf dem einen Ohr so gut wie taub, auf dem anderen hört er noch ein bisschen. Früher ist er ein großer Widerstandskämpfer vor dem Herrn gewesen. Zeige ihm eine Autorität und er wird sie bekämpfen. Ein Rebell, wie er im Buche steht, und seine Biographie sowie sein zerfurchtes Gesicht weisen die Spuren vieler Kämpfe auf. Jetzt, in geläutertem Alter und nach zwei Hörstürzen, realisiert er, dass er sich, einem unbewussten Impuls folgend, ständig wie eine Trutzburg verhalten hat. Eine uneinnehmbare Festung, von der aus er seine Pfeile gegen alles und jeden – und natürlich immer nur für hehre Zwecke – verschossen hat. Was entsteht durch den fast kompletten Hörverlust? Was wünscht die Seele? Eine Sehnsucht entsteht. Eine tiefe Sehnsucht dazuzugehören. Weil ihm genau das versagt ist. In einer Gruppe kann er nur von den Menschen ein bisschen hören, denen sein noch halb gesundes Ohr zugewendet ist. Alle anderen sind ausgeblendet. Ein ganz einfacher Wunsch wird in ihm immer stärker. Der Wunsch, Teil von etwas und nicht gegen etwas zu sein. Der ganz einfache Wunsch dazuzuge«hören«.

Nichts zu sehen und nichts zu hören sind Versuche, ganze Realitätsbereiche auszublenden, um nicht fühlen zu müssen. Das Fühlen wäre zu viel, zu schmerzhaft, würde allzu verwundbar machen. »Stonewalling« – ein Begriff aus der amerikanischen Psychologie, der ein Verhalten bezeichnet, das häufig von Männern eingesetzt wird, die in Situationen, die sie emotional überfordern »dicht« machen – kennzeichnet ein Verhalten, welches das Auftreten von Herzkrankheiten wahrscheinlicher macht. Wenn sich die betreffenden Personen überflutet »flooding« fühlen, bauen sie automatisch und unbewusst den Steinwall um sich herum auf, um das Zuviel nicht fühlen zu müssen. Wenig bekannt ist, dass die

Kultivierung des Herzzentrums in diesen Fällen lebensrettend sein kann. Es wird dadurch eine andere Haltung eingeübt, die es verhindert, diesen Steinwall aufzubauen. Personen, bei denen das Herzzentrum nicht geöffnet oder zugänglich ist, haben fast keine andere Wahl als Emotionen entweder blind auszuagieren oder sich dicht zu machen und damit zu separieren. Sie haben nicht genügend inneren Raum. Allerdings findet diese Separation auf Kosten der sie umgebenden subtileren Energiefäden statt, die dabei mit durchtrennt werden. Eine scheinbare situative Rettung wird so, wenn sie dauerhaft praktiziert wird, zur lebensbedrohlichen selbst gebauten Falle.

Die Verweigerung der Rückkehr

»Die Seele wünscht das Wachsen der Liebe …«

In den Einweihungstraditionen geht es darum, sich dem Leben ganz zu öffnen. Zu navigieren in schwerster See, aber das Wahrnehmen nicht zu vermeiden. Das Herz meistert den Emotionalkörper, jedoch nicht durch Trennung, sondern durch ein in Verbindung Bleiben mit dem, was passiert, und mit den höheren Kräften der eigenen Seele, die eine weise Antwort ermöglichen. Das mag auf den ersten Blick ideell klingen, ist im Grunde genommen jedoch sehr pragmatisch und lässt sich erlernen.

Grundsätzlich ist eine Haltung, bei der wir davon ausgehen, nicht alles zu wissen, der Schlüssel, um offen zu bleiben. So können wir Neues wahrnehmen und Bewusstseinsebenen, die wir noch nicht kennen, bereisen. Wenn wir jeden Tag alle Handlungen wie das erste Mal durchführen würden, als hätten wir sie noch nie durchlebt, gäbe es eine ungeheure sofortige Spiritualisierung des ganzen Körpers. Wir würden eine Haltung entwickeln, bei der es darauf ankäme, den Kräften unserer Seele nicht im Weg zu stehen.

Auch wenn Menschen schon Erleuchtungserfahrungen gemacht haben, besteht immer wieder die Möglichkeit, dass der Schatten hervorbricht. »Eine vollkommen erleuchtete Person fällt in den Brunnen. Wie kann das sein?«, lautet ein Zen-Koan. Ja, es kann halt sein, ist man geneigt, naiv zu antworten. Wo viel Licht ist, wächst der Schatten proportional mit. Entsprechend größer werden die Herausforderungen. Das ist sozusagen Meuterei auf höchstem Niveau. In den Heldenreisen rund um den Globus finden wir daher ein weiteres dunkles Motiv vieler Einweihungen: die Verweigerung der Rückkehr. Wenn es jemandem gelingt, transzendente Erleuchtungszustände zu erreichen, will er oder sie für immer darin verweilen und nicht mehr in die Gemeinschaft zurückkehren. Offensichtlich lassen die Seelen solcher Menschen das nicht zu, denn die Mechanismen, die daraufhin einsetzen, zeigen, dass es ihnen zumeist nicht gestattet wird. Wie wenn es um ein höheres Wohl ginge, wie wenn es wichtiger wäre, die Gemeinschaft auch in einem weniger hohen Zustand zu inspirieren, zu heilen und weiter zu entwickeln. Es geht um die Evolution des Ganzen. Die Erleuchteten und Weisen werden durch Personen, Umstände und Ereignisse dazu gebracht, den erfahrenen Segen in die Gemeinschaft zurückzubringen. Aufgefordert, mit dem eigenen Licht in die unbewussteren Gemeinschaften zurückzukehren und nicht mit zehn anderen Leuchten in einer Höhle zu verschwinden. Es geht darum, das Licht in die Dunkelheit der Gemeinschaft zu bringen und sich nicht sanftselig für alle Zeiten ins Nirvana hineinzulächeln. Wirkliche Erleuchtung zeigt sich in selbstlosem Handeln, welches das Licht in die Dunkelheit bringt, in erleuchtetem Dienen. Wir brauchen die Stimmen der Weisen in unserem täglichen Leben und nicht nur hinter Klostermauern und in Einsiedeleien.

Herzens-Anker: Der Atem der Vergebung

Bevor in den Initiationsmysterien der Tempel betreten wird, wird ein nochmaliges Gebet der Vergebung gesprochen, um sicherzustellen, dass alle Verstrickungen mit der Vergangenheit gelöst sind. Erst dann ist der Aspirant frei, sich ganz von transzendenten Kräften erfüllen zu lassen.

Wie können Sie sich von uralten Energien befreien, die ein Schattendasein fristen?

Haben Sie schon einmal eine Erfahrung mit Geistern gehabt? Wenn ja, welche?

Welche Strategien der Verweigerung kennen Sie aus Ihrem Leben?

Leben Sie Ihr Leben so, wie Sie es mit Ihrem Lebenstraum leben könnten? Oder darf sich etwas ändern? Wenn ja, was?

Können Sie Ihren vermeintlich größten Widersachern von ganzem Herzen vergeben? Wie tun Sie das?

14
Land in Sicht –
Momente von Gnade

Logbuch: »München« – ein Erleben

Vor dem allerersten Young-at-heart-Wochenende sitze ich an einem Samstagmorgen im Frühstücksraum eines Hotels in München. Viele wissen wahrscheinlich, wie es ist, wenn im Bus oder in der Bahn oder in einer Schlange im Supermarkt jemand hinter einem steht und man das Gefühl bekommt, dass einem irgendwer mit stechenden Blicken eine Art Tattoo in den Nacken lasert. Irgendeine sehr starke Präsenz sitzt hinter mir. Der Eindruck ist mehr als spürbar, nur ist es kein negativer, sondern ein durchaus positiver. Wie eine Wolke von Kuschelweich, die mir von hinten sanft den Nacken massiert. Diese Empfindung ist so eindrücklich, dass ich mich unauffällig umschaue, um zu sehen, wer oder was sich dort aufhält. Zwei Tische weiter sitzt eine vielleicht fünfundsiebzigjährige Dame an einem Tisch und nimmt vergnügt ihr Frühstück ein, als ob sie kein Wässerchen trüben könnte. In Situationen, in denen ich eine ungewöhnliche Präsenz in einem Raum wahrnehme, habe ich immer die nicht zu unterdrückende Neigung, ein unverbindliches Gespräch anzufangen. Daher nehme ich mir vor, die ältere Dame anzusprechen, sobald ich mit dem Frühstück fertig bin. Doch die ältere Dame ist viel schneller mit ihrem Frühstück fertig, geht an meinem Tisch vorbei, bleibt plötzlich stehen und sagt: »Na, junger Mann, was machen Sie denn an diesem wunderschönen Wochenende hier in München?« Ich erzähle kurz von dem Herzseminar, das ich zum ersten Mal halten werde, und frage zurück: »Und Sie? Was machen Sie an diesem wunderschönen Wochenende in München?« Die ganze Zeit ist ihre Präsenz spürbar. Sie antwortet lächelnd: »Ich begleite eine Freundin beim Sterben.« Sie sagt es, ohne auch nur eine Sekunde aus ihrer Energie zu kippen. Mir entgleisen kurz die Gesichtszüge, und ich frage betroffen: »Und, kann man noch etwas tun?« Sie lächelt milde: »Nein, junger Mann, da kann man gar nichts mehr tun. Die Töchter können sie nicht loslassen, das ist tragisch. Aber tun kann man nichts mehr.« Ich blicke ihr direkt in die Augen, spüre eine Welle von Mitgefühl auf mich zurollen und sage: »Ich glaube, es ist eine große Gnade, in so einem Moment von Ihnen begleitet zu werden.« Darauf lächelt sie vergnügt und wehrt ab: »Ach, das sagen sie bei mir im Seniorenwohnsitz alle: ›Wenn es bei mir mal soweit ist, möchte ich, dass du an meinem Bett sitzt und mir die Hand hältst.‹« Ich schaue sie länger an und sage: »Das würde ich auch wollen.« Einander herzend verabschieden wir uns und wünschen uns gegenseitig alles Gute. Und ich würde es auch wollen! Ich würde wollen, dass in jenem Moment jemand, der die Fähigkeiten dieser Frau hat, an meinem Bett sitzt und mir die Hand hält. Sie verströmt eine Form bedingungsloser Liebe und wärmenden Mitgefühls. Sie sitzt bei einem Menschen und fühlt mit, so dass er in seinem Schmerz nicht allein ist, aber sie leidet nicht mit. Ihr Herz ist weit offen und spendet Energie. Ich fühle mich gesegnet, dieser weisen Frau unmittelbar vor dem ersten Seminar begegnet zu sein. Sie ist wie eine Botin.

Das Einladen der Gnade

»Lass alle Zweifel fahren und gib dich ganz …«

Wenn wir lange über das Meer segeln, ohne Festland zu sehen, tauchen irgendwann die Vorboten neuer Ufer auf. Ein Motiv, das in der Geschichte der Arche Noah aufgegriffen wird, in der eine Taube mit einem Ölzweig kommt. Sie symbolisiert das neue Land und den neuen Frieden. Sie ist die Verkündigung eines neuen Anfangs. Land in Sicht. Die Überfahrt ist fast geschafft. Die Stürme sind überstanden. Die Seele kann durchatmen.

Hätten wir vorher gewusst, wie gefährlich die Passage ist, welche Härten sie bereithält, vielleicht hätten wir uns nie auf den Weg gemacht. Und doch stehen wir nun kurz davor, eine neue Zukunft zu betreten und zu erschaffen. Wie können wir Momente von Gnade, die jenseits dessen sind, was der individuelle Wille möchte, in unser Leben einladen? Heiler spüren es, wenn eine Kraft durch sie hindurchströmt. Teilnehmer erfahren es, wenn ihre Hände wie zu Melasse werden, während sie an einem Ritual teilnehmen. Sänger erleben es, wenn sie nicht singen, sondern in vollkommener Harmonie mit den Tönen gesungen werden. Tänzer verkörpern es, plötzlich eins mit ihrer Bewegung, jenseits jeder Technik auf der Höhe ihrer Kunst. Sie tanzen den Tanz ihres Lebens. Es tanzt durch sie hindurch. Und Lehrer spüren es, wenn eine größere Kraft durch sie spricht, während ihre Persönlichkeit beiseite tritt und diese Kraft sich im Raum ausbreitet.

Wie laden wir die Gnade in unser Leben ein? Wie offen sind wir für gnadenvolle Momente? Heute ist mein Geburtstag. Ich liebe es, ihn zu feiern. Wie ein kleines Kind freue ich mich über jeden Schokoladenkuchen, der meine momentane Diät ruiniert. Das Recht auf den kleinen Genuss sollten wir uns niemals nehmen lassen. Geboren worden zu sein ist ein Grund zur Feier, der erste Moment des Willkommens auf der Erde. Eine Erinnerung an diese existenzielle Passage. Wie nahe sind wir dem Leben? Offen für die Gnade sein, heißt dem Leben nahe zu sein. In Tuchfühlung, berührbar zu sein, verbunden zu sein, niemanden auszulassen. Wir lassen Gnade vor Recht ergehen, das Herz über den regelhaften Verstand siegen. Keine Verurteilung, keine Verurteilung, flüstert Osiris, und seine Stimme hallt über die Seiten, während er weiter Augen für das Jenseits verteilt, damit wir es wahrnehmen können.

Gnade benötigt ein offenes Herz, um einfließen zu können. Die gnadenreiche Frau aus den Marienmysterien ist immer offen. Unser Schmerz ist ihr Schmerz. Sie weint um jedes ihrer Kinder. Sie ist eine *imago amore*, eine energetisch durch Millionen von Gebeten aufgeladene Präsenz, die ihren segensreichen Mantel zur Verfügung stellt. Gnade wird offensichtlich häufig mit etwas Weiblichem in Verbindung gebracht, mit den Mysterien der göttlichen Mutter. Und Verbindung ist ihr Schlüsselwort: Sie bleibt in Verbindung und hält den Kontakt aufrecht, während maskuline Kräfte eher trennen und unterscheiden. Das ist das Wesentliche: Sie ist weiblich, weil sie verbindet, nahbar bleibt, umfängt. Diese höhere Oktave femininer Präsenz ist für mich auf Hawaii so sehr spürbar. Sie ist in dem Land, in seinen Gebeten, Gesängen, Tänzen, Massagen, in seinem *aloha*. Hawaii hat etwas uraltes Weibliches an sich, das an anderen Orten überlagerter scheint als hier. Harmonie und Balance sind für die hawaiianische Kultur essentiell, weil alles mit allem verbunden ist. Nähe wird intuitiv praktiziert.

Wie können wir uns heute neu öffnen, uns der göttlichen Gnade hingeben? Müssen wir uns dafür mit der Gnade einer spirituellen Tradition verbinden? Oder ist jede Anstrengung nur vordergründig, nicht hinreichend tief? Vielleicht gut genug, um den Charakter zu stärken, um innerlich klarer und freier zu werden, doch können wir, egal wie viel wir meditieren, jemals mit dem Willen zum Ziel kommen? Oder schieben wir die Gnade womöglich sogar noch weiter von uns? Müssen wir nicht erst einmal realisieren, dass wir vollkommen machtlos sind? Häufig erfahren spirituell Suchende am Anfang ihrer Suche Öffnungen, Einblicke in ihr zeitloses Wesen, energetische Verschiebungen und danach passiert eine längere Zeit weniger trotz, all ihrer Meditationen und Anstrengungen. Wie eine sehr, sehr lange Seefahrt. Die Seele stellt sicher, dass das Ego die Durchbrüche nicht für sich reklamieren kann.

Insbesondere in den USA gibt es die Vorstellung, dass man mit Anstrengung alles erreichen kann, und auf der materiellen Ebene funktioniert dies auch zum Teil. Die spirituelle Reise unterliegt jedoch anderen Gesetzen. Das, worum es wirklich geht, kann durch Anstrengung nicht erreicht werden. Es ist eine Gnade, wenn es eintritt, und der Begriff Gnade sagt genau dies aus: ohne eigenes Zutun. Ein höherer Wille tritt in Kraft. Wir können uns nur darauf vorbereiten und Dinge aus dem Weg räumen, die das Einfließen von Gnade verhindern. Wir können ein Bewusstsein aufrechterhalten, das gnadenvollen Kräften erlaubt, in unser Leben einzutreten, das ihnen nicht den Zugang verweigert. Dieses Bewusstsein ist sicherlich kein regelhaftes oder limitiertes, sondern zeichnet sich aus durch ein liebendes, offenes und freies Herz.

Keine Verurteilung, keine Verurteilung … Gnade verurteilt nicht, sie ist das Gegenteil. Sie denken alle, sie werden verurteilt … Begnadetes Denken kann nicht verurteilen. Es ist darüber hinausgewachsen. Wir werden alle vom Leben geprüft, ob wir wirklich nicht verurteilen. Kinder verhalten sich nicht konform, Partner verlassen uns, Missgeschicke passieren, Krankheiten kommen und gehen. Und was denken wir über uns selbst? Gehen wir mit uns in den Tempel oder ins Gericht? Keine Verurteilung, keine Verurteilung … Die Mystiker lassen sich nicht in die Verstrickungen polarer Gefechte hineinziehen. Sie mögen auf einer äußeren Ebene handlungsfähig bleiben, innerlich sind sie unberührt. Sie haben die unbewussten Reaktionsmuster des Emotionalkörpers verlassen, sind nicht mehr an ihn gebunden. Haben sie den Emotionalkörper noch? Ja, sie haben ihn noch, aber er hat sie nicht! Das ist Gnade.

Dennoch oder vielleicht gerade deshalb zögern viele Mystiker, aus den Höhlen aufzubrechen und unter die Menschen zu gehen. Möglicherweise sind sie in anderen Leben wieder und wieder umgebracht worden für das, was sie verkündet haben, so dass ihnen die Waldeinsamkeit attraktiver und friedvoller scheint. Sie kennen das Wunder der Gnade. Es reicht jedoch heute nicht mehr aus, in der Stille zu verweilen und das Wissen zu hüten. Wir brauchen ihre inspirierten Stimmen in der Gemeinschaft, wir benötigen ihre unterscheidende Weisheit in Entscheidungsprozessen, die das Wohl der ganzen Menschheit betreffen und in den Vorstandsetagen rund um den Globus vereinbart werden. Es genügt nicht mehr, in der Stille die Geheimnisse einigen wenigen Initianden zu übertragen. Heute geht es darum, dass das Kollektiv an diesem Wissen partizipiert, dass die gesamte Menschheit eine Bewusstseinsanhebung erfährt, dass ein neues Bewusstsein geboren wird. Die Höhle ist kein sicherer Ort mehr, solange die Welt kein sicherer Ort ist. Sie ist ein Geburtsort, in dem wir uns mit den weiblichen Mysterien rückverbinden können, doch sie ist kein dauerhafter Aufenthaltsort. Wir sind alle aufgefordert, Teil eines größeren gemeinsamen Wachsens zu werden. Selbst wenn wir wieder und wieder in die Stille zurückkehren, die Erfahrungen müssen in die Welt hinaus.

Pele's Cave

»Steige hinab in die Dunkelheit, um das Weibliche ganz zu erfahren …«

Auf einer Insel, auf der jederzeit ein Vulkan das eigene Haus in Schutt und Asche legen kann, herrscht möglicherweise ein größeres Bewusstsein von der Fragilität des Lebens und eine ebenso größere Offenheit für Gnade. Ich bin mit einer Gruppe von Teilnehmern einer Conference unterwegs zu einem uralten heiligen Platz, einem Heiau, auf Big Island Hawaii. Er ist in keinem Touristikführer zu finden und man muss etwas herumfragen, bis man einen lokalen Schamanen findet, der einem zeigt, wo sich dieser Heiau befindet. Es ist Pele's Cave, das Heiligtum der Vulkangöttin Pele.

Viele Mysterien und Legenden ranken sich um die temperamentvolle Göttin. Seit Jahrhunderten wird in dieser Höhle für sie gebetet und meditiert. Die Höhle entspricht auf eine verblüffende Weise den weiblichen Fortpflanzungsorganen. Nach Gaben und Gebeten für Pele und mit großem Respekt vor der hawaiianischen Kultur und auch nur, wenn das innere Ja spürbar ist, wird in die Dunkelheit hinab gestiegen. Es geht hinein durch einen Eileiter, man meditiert in der Gebärmutter und verlässt die Höhle schließlich durch den Geburtskanal. Die Atmosphäre in der totalen Dunkelheit der Gebärmutter ist schwer mit Worten zu beschreiben. Sehr wohlwollende spirituelle Kräfte sind am Wirken und für alle Anwesenden körperlich spürbar. An einer anderen Stelle ist auf dem Boden der Höhle eine aus Vulkangestein natürlich geformte etwa drei Meter große Vagina zu sehen, die in der Ausführung so exakt ist, dass deutlich wird, warum die alten Hawaiianer diese Höhle aufgrund ihrer natürlichen Entstehung ehrfürchtig als Pele's Cave oder auch Vagina Cave verehren. Das Verweilen im Schoß von Pele in der Dunkelheit der Höhle zählt für mich zu den Momenten von Gnade in meinem Leben. In der Stille dieser Höhle wird etwas geboren, das zum jetzigen Zeitpunkt noch schwer greifbar ist. Etwas Größeres umfasst freundlich Körper und Geist und löst körperlich spürbare, energetische Verschiebungen aus. Vergangene Leben schießen ins Bewusstsein. Mir wird bewusst, wie wichtig es ist, maskuline Traditionen von großer Weisheit und Transzendenz, wie etwa den tibetischen Buddhismus, innerlich mit der feurigen Kraft weiblicher Mysterien wie dem von Pele zu verbinden. Eine Spiritualität, die weibliche Mysterien ausschließt, kann dauerhaft nicht funktionieren. Es reicht nicht, Verbindungen in einen körperlosen Bereich hinein zu etablieren. Der Körper fehlt. Die Erfahrung als Seele in einem Körper. Wir können den Körper genauso wenig vernachlässigen, wie wir die Erde vernachlässigen dürfen. Es geht darum, dass eine neue Spiritualität geboren wird, die weibliche und männliche Wege miteinander verbindet. Wir brauchen unerschrockene Bewusstseinspioniere, die diese Wege erkunden, erforschen, experimentieren, bis sich eine Passage auftut. Die alten Wege können uns nur insoweit helfen, als sie Werkzeuge zur Verfügung stellen, doch es muss ein neuer Weg gefunden werden.

Wann spüren wir Gnade? Wenn ein Kind geboren wird? Wenn jemand stirbt? An diesen beiden größten Übergangstoren? Wenn eine Spontanheilung geschieht? Oder wenn uns der Segen erreicht? Wenn wir plötzlich berührt werden von einer Energie, die nicht aus uns kommt, sondern durch uns hindurchfließt. In Momenten großer seelischer Dunkelheit ist die Gnade oft am nächsten. In der Dunkelheit der Höhle ist das Licht ganz nah. Es ist immer da, doch hier wird es spürbar. Wie viele Momente brauchen wir, um der Gnade nicht mehr im Weg zu stehen? Wie viele Beweise, Erfahrungen, Durchgehungen, bis wir realisieren: Es ist die ganze Zeit da. Es war niemals nicht anwesend. Es gibt einen Moment, in dem der Verstand vollkommen still steht. Er sucht nicht mehr. Jetzt ist jede Frage gestorben. Und schon einen Moment später taucht die nächste Frage auf. Wie? Haben wir jetzt alle Antworten? Sind wir weise? Nein, nur die Fragen sind gestorben. Wieder steht er für eine Sekunde still. Aber? Das verstehe ich nicht. Wieso sind alle Fragen gestorben? … Genau für diese Art von innerem Dialog sind Zen-Koans entwickelt worden, die den Verstand so lange im Kreis rennen lassen, bis er erschöpft aufgibt. Dann erst kommt Gnade.

Sich führen lassen

»Bleibe stets furchtlos, egal, was passiert …«

Keine Kontrolle, keine Kontrolle, beschwört das Herz den Weg in die Öffnung. Wie können wir eine Situation hervorrufen oder besser: Wie können wir eine Situation nicht verhindern, die uns unserem wahren Wesen näher bringt? Auf den Conferencen kämpfen in den Teilnehmern häufig zwei Aspekte gegeneinander: Kontrolle gegen Hingabe. Die Angst vor Kontrollverlust ist insbesondere im Westen, wo wir dem Kult eines adoleszenten Egos frönen, entsprechend hoch. Der Wert des eigenwilligen, selbstbestimmten, abgegrenzten Individuums wird sehr betont.

Wie können wir uns bei diesen kollektiven Vorstellungen so weit und so offen machen, dass Gnade durch uns hindurch strömt? Ein möglicher Weg besteht darin, sich alle Abwehrmechanismen bewusst zu machen, alle Momente, in denen ein innerer Widerstand genau diese Öffnung verhindert. Daraus ergibt sich dann die bewusste Entscheidung, nicht dem Widerstand folgen zu wollen, sondern sich dem Unbekannten, Ungewissen, Verwundbaren auszusetzen. Nicht den eigenen Willen, sondern einen höheren, für die Menschheit Segen bringenden Willen durch sich hindurch wirken zu lassen. In den Methoden, die Entwicklungen zu verhindern, die sie sich so sehr wünschen, sind wir Menschen regelrechte Profis. Im entscheidenden Moment werden wir müde und lassen uns vom Ego in einen unbewussten Schlummer ziehen. Im entscheidenden Moment machen wir uns unsichtbar und sagen unsere Wahrheit nicht. Im entscheidenden Moment hören wir nicht auf unser Herz, sondern auf unsere Angst. Gnade ist positiver Kontrollverlust. Wir benötigen die Kontrolle nicht mehr, weil wir in dem Vertrauen leben, dass das Beste geschehen wird. Wir führen nicht, wir werden geführt. Das ist Lebensführung im höchsten Sinne. Führen in Einklang mit der Seele. Und auch bei dieser Form von Hingabe kommen wir nicht umhin zu konstatieren, dass es sich um eine weibliche Qualität handelt. Das heißt nicht, dass Männer nicht auch hingabefähig sein können oder Frauen kontrollierend.

Wenn wir schließlich in einem inneren Raum sind, in dem wir die Stimme des Herzens hören, können wir uns ihrer Führung anvertrauen. Wir navigieren bewusst durch unser Leben und erfahren eine nie gekannte Freude. Ja, ich kann ihr vertrauen. Ja, sie führt in die richtige Richtung. Ja, sie bewahrt mich vor unnötigen Verstrickungen. Ja, sie möchte mein Leben vollständiger zu machen. Ja, es wird integrierter. Ein geführtes Leben ist eine Einladung, Synchronizitäten und Fügungen geschehen zu lassen. Die Menschen, die ihrer innersten Stimme gefolgt sind, können ausführlich davon berichten. Was wir benötigen, um ihr zu folgen, ist die Courage, das Herz in die Hand zu nehmen, das Feuer der Manifestation. Viele Menschen verfügen bereits über eine sehr feine Intuition. Es ist nicht so, dass wir die innere Stimme nicht hören würden. Wir hören sie sehr wohl, das Hindernis ist vielmehr, dass wir ihr nicht folgen, weil es noch andere Stimmen gibt, kollektive Stimmen, verinnerlichte, elterliche Stimmen, Stimmen kindlicher oder unerlöster Bewusstseinsaspekte, und plötzlich scheint die Stimme des Herzens nur eine von vielen zu sein. Wir trauen uns schlichtweg nicht, ihr zu folgen. Es scheint mir daher sinnvoll, zukünftig die Kultivierung der Qualität von Courage als manifestierendem Feuer mit in die Arbeit aufzunehmen. Mitgefühl, innere angeborene Harmonie, die Kraft, zu segnen und zu heilen, und bedingungslose Liebe werden im Verein mit Courage das Herz eines neuen Heilsternes bilden.

Freundschaft über alle Grenzen

»Viele Freunde werden dich finden … sei den Menschen, die dir begegnen, ein wahrer Freund …«

Ich muss ein Geständnis machen. Das Leben widerlegt kontinuierlich meine Vorurteile. Ich bin im Norden Deutschlands aufgewachsen. Ich liebe Norddeutsch. In meinem tiefsten Inneren halte ich »Moin, Moin« für ein verkapptes Mantra. Der Dialekt, den ich als sprachsensitives Wesen neben sächsisch am wenigsten mag, ist schwäbisch. Es ist ein absolutes Vorurteil. Das Leben führt mich daraufhin direkt ins schwäbische Allgäu, wo ich fünf Jahre lang wohne. Jetzt liebe ich den Dialekt zwar immer noch nicht, aber die Menschen dafür umso mehr. Sie sind sehr herzlich und freundlich. Das Land, in das ich am wenigsten gern reisen würde, ist Japan. Warum? Ich weiß es nicht, es ist ein vages Gefühl. Jetzt schreibe ich dieses Buch und werde während dieser Zeit von zwei japanischen Freunden unterstützt. Japan erscheint plötzlich wie ein attraktives Reiseziel. Ist es nicht *erstaunlich*, dass wir diese kulturellen Prägungen in uns tragen, einfach weil wir an einem bestimmten Ort aufgewachsen sind, und wie vollkommen nichtig sie sind?

Es wird Zeit für universale Freundschaften quer über alle Wege, quer durch alle Religionen und spirituellen Traditionen. Jede individuelle Freundschaft zählt. Sie wirkt mit am Aufbau eines stabilen Netzes, das die Erde mit wohlmeinenden, liebevollen Gedanken überzieht. Sachsen, ich komme! Japan, *okarina sai*! Manchmal braucht es nur das Ohr eines wohlgesinnten Freundes, und die Welt sieht wieder etwas freundlicher aus. Ein Zuhören auf der anderen Seite der Welt, eins mit der anderen Person sein, Verständnis haben, selbst wenn wir die Situation nicht verstehen können. Wir sitzen alle in einem Boot. Einem großen Raumschiff, das sich Erde nennt. Manche erinnern sich, warum sie für diese Reise angeheuert haben, andere nicht. Die Bewusstseinsentwicklung geht eindeutig von einem ich-zentrierten Bewusstsein über das Du zum Wir, einem Wir, das alle mit einschließt. Die Menschheit kann es sich nicht leisten, Teile ihrer selbst auszuschließen oder zu verteufeln. Leider wird immer wieder in einer archaischen Weise agiert. Sozusagen auf der Ebene des ersten Chakras, wo es einzig um das Überleben des Stammes geht.

Prüfen wir uns doch einmal ganz genau, wie unser erstes Chakra, das Stammes-Chakra, tickt. Und wie sehr es vom kollektiven Geist über Sportveranstaltungen, Eßgewohnheiten und dergleichen wieder und wieder aktiviert wird. Es wird weltweit kein mystisches Einssein beschworen, sondern ein eher reduziertes Einheitsbewusstsein auf der Ebene des Stammes, ein Gefühl der Zugehörigkeit auf lokaler Ebene. Mit welchem Stamm, welcher Stadt, welchem Land oder welchem Club sind wir identifiziert?

Nehmen wir das Beispiel Fußball. Fußballarenen sind heute Kathedralen modernen, meist männlichen Gottesdienstes. Die Fans des jeweiligen Clubs oder Stammes sitzen als Chorbrüder im Fanblock und werden Teil eines vielkehligen Gesanges. Sie sind Teil eines Stammes oder einer Einheit. Sie gehören in diesem Moment dazu. Das ist das Wesentliche an diesem Erlebnis: die Dazugehörigkeit. Die Themen des ersten Chakras sind reine Überlebensthemen. Der Stamm muss überleben. Es herrscht das Gesetz des Dschungels: gewinnen oder verlieren. Der Stärkere kommt durch. Sie beschwören ihre Flankengötter und beten gleichzeitig, dass die unberechenbare schwarze Gottheit mit der magischen Pfeife ihren Idolen wohlgesinnt bleibt. Sie sind zerstört, wenn die heimischen Götter unterliegen und euphorisiert, wenn sie siegen und die Gebete eine Antwort gefunden haben.

Mal ganz abgesehen davon, dass diese Veranstaltungen Spaß machen und Freude bringen und ich sie nicht kritisieren, sondern nur in einem anderen Licht betrachten möchte, stellt sich dennoch die Frage, ob wir auch das Bewusstsein der Menschheit als Einheit mit all ihren liebenswerten lokalen Unterschieden in genau so fröhlicher, spielerischer Art und Weise kultivieren können. Und vielleicht sind auch diese Großveranstaltungen ein Teil davon, weil sie unterschiedliche Länder und Kulturen einander nahe bringen und längst von einer ursprünglichen ernsten Identifikation abgerückt sind. Wie finden wir Freunde über alle Grenzen und wirken mit an einem Netz der Verbundenheit? Verbundenheit über alle Grenzen. Das Internet öffnet uns auf technologischer Ebene alle Möglichkeiten dazu. Jetzt geht es darum, ein spirituelles Internet der Herzen zu erzeugen. In unserem Gegenüber in jedem Moment einen Bruder oder eine Schwester sehen zu können. So entsteht Gnade.

Momente tiefster Berührtheit darf ich erfahren, wenn Menschen während der Herzeinweihungen, die das Kernstück der bisherigen Arbeit darstellen, aufgrund ihrer gebündelten Intention gemeinsam in einen anderen Bewusstseinsraum eintreten und sich Gnade über die Gruppe senkt und durch die Körper fließt. Dies entsteht nicht allein durch die Person des Lehrers, sondern durch die Bündelung aller anwesenden Energien und einen gemeinsamen Ruf. Es wird eine Voraussetzung dafür geschaffen, dass Gnade eintreten kann. Ob und wie sie eintritt, ist dann die offene, zweite Frage. Das ist das Abenteuer. Es gibt keine Garantie auf dem spirituellen Weg. Es gibt nur ein totales Geben, ein sich Verausgaben, ein sich dabei Vergessen, ein plötzliches Getragenwerden nach einer dunklen Nacht der Seele. Es geht um die Gnade des Beitragens. Gnade hat etwas Gemeinsames. Es geht darum, dass wir einander beste Freunde werden im höchsten Sinne. Was für ein Reichtum, in seinem Leben wahre Freunde gefunden zu haben. Was für eine Armut, ohne wirkliche Freunde durchs Leben zu gehen. Sie nicht ins eigene Leben hineinzulassen. Was für ein Reichtum, schöne und schwere Erlebnisse mit anderen teilen zu können. Was für eine Armut, das Leben abzuwehren und Freunde nicht ins Herz zu lassen. Als mein Vater gestorben ist, waren meine besten Freunde zur Stelle. In den Armen des Einen konnte ich allen Schmerz der Welt beweinen, es gab keinen Trost, und doch war die haltende Berührung Trost und Wärme zugleich. Im Herzen des Anderen war eine unverbrüchliche Solidarität, sein brüderliches Stehen an meiner Seite ließ mich in dieser schweren Stunde aufrecht bleiben und nicht kippen. Ein Dank aus tiefstem Herzen gebührt meinen beiden Freunden Udo und Hans. So wirkt Gnade.

Ganzkörperfusion über das Herz

»Manche Geschenke übersteigen alles,
was du je verstehen wirst …«

Ich bin unterwegs in Kalifornien. Alle Versuche einen geeigneten Platz zum Schreiben zu finden sind fehlgeschlagen. Ich bin schon seit einer Woche am Suchen und keine Möglichkeit tut sich auf. Schließlich rufe ich einen wahrhaften Freund meiner Seele in seinem Hide-out an, den Mystiker Brugh Joy. Er ist zu Hause, hat Zeit und wir beschließen, dass ich ihn spontan besuche. Sieben Autostunden später sitze ich an einem gemütlichen Kaminfeuer, und der Stress der letzten Wochen fällt langsam ab in der angeregten, inspirierenden Atmosphäre. Wir verleben drei wundervolle Tage und tauschen uns über Seminare, Methoden und Übungen aus, die sich alle um die Öffnung des Herzens drehen. Schließlich experimentieren wir mit einer Übung: Ganzkörperfusion über das Herz. Die Frage ist: Was passiert, wenn zwei Männer, die sich beide der Herzarbeit verschrieben haben, angekleidet und mit zwei Decken um die Hüften zur Abgrenzung des Intimbereichs, sich gemeinsam hinlegen und die Herzzentren aneinander legen? Mit der Intention, die Herz-Zentren in dieser Umarmung in bedingungsloser, überpersönlicher Liebe verschmelzen zu lassen. Mit der Intention, das Göttliche durch sich hindurchfließen zu lassen.

Ich weiß heute noch nicht genau, was dort passiert ist, außer dass wir in einen vollkommen zeitlos entgrenzten Schwebezustand eingetreten sind. Als hätte sich durch die gegenseitige Zuwendung zweier Herzen ein noch größeres gemeinsames Herz gebildet, das die transpersonale Energien umso kraftvoller einlud und Gnade ins Fließen brachte. Die Tiefe dieser Arbeit, die auf der Primärerfahrung von zugewandter Berührung und einer Reinheit der inneren Absicht beruht, eröffnet ein Tor, dessen Dimension sprachlos macht. Es geschieht eine für beide völlig unerwartete Herzeinweihung. Die Seelenliebe zweier Individuen vereint sich zu einem Pulsieren, das größer ist als beide, zu einem zutiefst berührenden Moment von Gnade.

Dieses Erlebnis zeigt umso deutlicher, dass die Körper nicht ausgelassen werden dürfen. Die Körper sind die Tempel unserer Seelen für die Zeit auf der Erde. Wenn wir zusätzlich begreifen würden, wie sehr wir die Schlüssel füreinander halten und wie sehr es darauf ankommt, sie auch wirklich auszutauschen, dann könnten viele neue Übungen entstehen, die zeitlose Weisheit mit unerschrockenem Pioniergeist verbinden. Es ist eine große Gnade, zum Entstehen solcher Übungen beitragen zu dürfen.

Herzens-Anker: Die Gnade des Beitragens

Wenn Individuen erkennen, dass es auf der eigenen Lebensreise um mehr geht als um das Gewinnen oder Verlieren, werden sie erfasst von dem Gefühl, Teil eines größeren Ganzen zu sein und Dankbarkeit erfüllt das Herz. Die Dankbarkeit, beitragen zu dürfen. Jetzt darf Gnade eintreten.

Wie nah sind Sie dem Leben? Gibt es Möglichkeiten, dem Leben noch näher zu kommen? Wenn ja, welche?

Wie laden Sie Momente von Gnade in Ihr Leben ein?

Wie verhindern Sie Momente von Gnade?

In was für Situationen in Ihrem Leben haben Sie Gnade gespürt?

Wie gnädig gehen Sie mit anderen um? Wie gnädig sind Sie zu sich selbst?

15
Glückliche Inseln – Beziehungen als spiritueller Workshop

Logbuch: »Im Moment nicht verfügbar« – ein Erleben

Nachdem ich sehe, was in so kurzer Zeit mit Bebe geschehen ist, geht plötzlich ein Ruck durch mich und ich sage: »Das will ich auch!« Ich gehe nach draußen auf die Veranda, setze mich dem Angel Channeler gegenüber und blicke in zwei unglaublich grenzenlose Augen, die brillanter funkeln als das Universum. Sie legt eine Hand auf mein Knie, sagt mir, wie mein Schutzengel heißt, und ich darf eine einzige Frage stellen. Meine Frage zu diesem Zeitpunkt lautet nicht, was ich hier soll oder was mein Lebenstraum ist. Das ist für mich in gewisser Weise klar. Meine Frage ist eine ganz andere. Nachdem ich ein Jahr zuvor die dysfunktionale Beziehung zu meiner damaligen Partnerin beendet habe und in der Lage bin, mich über das Herz allein in Glückszustände hineinzubegeben, frage ich mich doch immer mal, ob ich wirklich dafür geeignet bin, eine Partnerschaft zu leben, oder ob ich entscheiden sollte, allein durchs Leben zu gehen. Kurzum, meine Frage an den Angel Channeler lautet: »Gibt es überhaupt für mich, Thomas, hier in diesem Leben, hier auf dieser Erde, so etwas wie eine Seelenpartnerin, und wenn ja, wie heißt sie, wo wohnt sie und wie ist ihre Telefonnummer?« Die gechannelte Antwort des Schutzengels via dieser Lady kommt prompt: »Lieber Thomas, deine Seelenpartnerin, deine energetische Partnerin, die deine Energie vollkommen und harmonisch ergänzt, ist im Moment nicht verfügbar .« Die Formulierung des Engels, dass sie nicht verfügbar sei, lässt mich innerlich schmunzeln, schließlich ergänzt der Engel: »… aber wir arbeiten an ihr!!« Jetzt kann ich mich vor Lachen kaum noch halten. Die Vorstellung, dass diese Person in diesem Moment zwar nicht verfügbar sei, meine Engel aber an ihr arbeiten, hat für mich etwas so Erlösendes und Köstliches, dass ich, wann immer ich ob dieser Frage ins Grübeln komme, nur in den Humor dieser Situation zurückgehen muss und lächelnd denke: »Sie werden ihren Job schon machen, die Engel.«

Seelenpartner

»Warte, bis du etwas spürst, das dich in all deinen Tiefen berührt …«

Elf Monate später treffe ich sie dann tatsächlich. Sie haben wirklich gute Arbeit geleistet, die Engel, und uns innerhalb von zwei Wochen in verschiedenen Städten zweimal zusammengeführt. Beim zweiten Zusammentreffen kommt es dann zu einem ersten Kontakt. Das für mich *Erstaunliche*: Es ist sofort und unmittelbar klar, dass diese Frau die Seelenpartnerin ist, denn ich mache eine vollkommen neue Erfahrung. Ich schaue ihr in die Augen und habe ein Gefühl, das ich noch nicht kenne, es ist wie eine Farbe, die ich noch nie gesehen habe und die trotzdem existiert, ein Gefühl, das ich bei der Frage einer Partnerwahl zuvor noch nie verspürt habe: Ich habe keinen Zweifel! Gar keinen Zweifel! Nicht den geringsten Zweifel! Sonst haben mindestens immer noch zwei kleine Alarmsensoren auf meinem inneren Fort Wachdienst und melden ein paar Bedenken an. Wenn viele Wahrnehmungsebenen zur Verfügung stehen, macht es die Wahl nicht unbedingt einfacher. Ich achte auf das, was gesagt wird, auf das, was nicht gesagt wird, darauf, was für innere Bilder aufsteigen, während eine Person spricht, was die innere Stimme sagt, wie mein Körper reagiert, was in der Aura passiert – lauter feine Wahrnehmungssensoren, doch sie geben keinen Ausschlag, überall nur »okay«. Die Reinheit ihrer Seele berührt mich unmittelbar und ich erfahre für eine geraume Zeit den Himmel auf Erden mit ihr. Aus dem Glück dieser Liebe erwächst ein neues kreatives Potential.

Was heißt Seelenpartner eigentlich? Was meint dieses viel gebrauchte Wort? Sind alle Partner, mit denen wir uns verbinden, Seelenpartner? Oder nur die, mit denen eine Form des speziellen

Glücks und seelischen Wachstums möglich ist? Aus meiner Sicht gibt es karmische Partner und Seelenpartner, das Gleiche gilt auch für Eltern- oder Kindbeziehungen, karmische Kinder oder Seelenkinder, karmische Eltern oder Seeleneltern. Natürlich lernen wir über herausfordernde karmische Beziehungen sehr viel und leisten große Transformationsarbeit, wenn wir mit unseren ehemaligen Mördern eine Beziehung eingehen oder sie vielleicht als Kind gebären oder als Elternteil haben, nur wirkliches Glück ist aus meiner Sicht dort nicht zu finden. Befreiung von altem Leid, die den Weg in ein unbekanntes Glück ebnet, ja, mehr jedoch selten. Ich sehe viele Menschen in dieser Form von Beziehung verstrickt, und dann wird der Wunsch nach einem Seelenpartner laut. Kommt ein weißer Ritter, eine Wunschgestalt, die Dornröschen befreien wird, oder erhört die Prinzessin den Bauernjungen und erkennt seinen wahren Wert? Hier, im Bereich der Fantasie, ist aus meiner Sicht ein Seelenpartner nicht zu finden. Und bevor wir mit der Suche und Beschreibung fortfahren, wie viele gibt es denn überhaupt, einen, zehn, fünftausend? Es gibt viele Menschen, die zu einem Seelenpartner werden können.

Seelenpartner sein heißt, eine große, liebende Achtung vor der Seele des anderen zu haben und einen tiefen Einblick in dieselbe. Es heißt, der Entwicklung der Seele des anderen freiwillig zu dienen und ihr nicht im Weg zu stehen. Es heißt, den Blick konstant auf das höchste Potential des oder der Betreffenden gerichtet zu haben. Vermeintliche Schwächen nicht als entscheidend zu sehen. Es heißt, sich tatsächlich von Herz zu Herz zu begegnen und diese Begegnung täglich zu erneuern, sie nicht als selbstverständlich hinzunehmen. Es heißt möglicherweise auch, diesen Menschen in Liebe gehen zu lassen. Seelenliebe hat eine Qualität, die jenseits körperlicher, intellektueller, sozialer oder emotionaler Attraktion liegt. Es ist eine Erfahrung des Einsseins auf Seelenebene. Zwei Herzen werden zu einem. Zwei Seelen verbinden sich in diesem Moment. Zwei Menschen sind ein Herz und eine Seele. Diese Liebe ist nicht an einen gleichen Aufenthaltsort gebunden. Sie umfasst Kontinente. Sie ist nicht abstellbar. Sie ist nicht zu verwechseln mit Formen von höfischer Liebe, die aus jahrelanger Werbung bestehen, in denen die Nichterfüllung eine gewisse Rolle spielt und die daraus erfolgende Kultivierung der Sehnsucht. Seelenliebe verweigert sich nicht. Sie ist spürbar und erfahrbar. Die Anwesenheit von Seele in beiden Personen. Dies führt zum Glück. Wir haben im Laufe des Buches verschiedenste Strategien des Egos kennen gelernt, genau diese Anwesenheit zu verhindern.

Die knapp sieben Jahre waren für mich wie ein einziges großes Geschenk. Die Seele ist dabei in einen Frieden gekommen und hat eine Liebe kennen gelernt, die sie vorher nicht für möglich gehalten hätte. Eine Übung, die dazu beigetragen hat, war eine gemeinsame halbstündige Herzmeditation jeden Morgen, in der sich die Partner zu Beginn gegenseitig zwei bis drei Minuten lang ins linke Auge schauen. Wenn der Tag so begonnen wird: mit einem tiefen Blick in die Seele des anderen, wenn sich das Bewusstsein auf den göttlichen Kern des Gegenübers ausrichtet, wird es im Verlauf des Tages sehr schwer, die eigenen Schattenanteile auf den Partner oder die Partnerin zu projizieren.

Später kam es dennoch zu einem Auseinandergehen. Es ist ein erstaunliches Gefühl. Obwohl eine Trennung emotional schmerzhaft ist und die von einem Seelengefährten umso mehr, und der Verstand sie nicht verstehen kann oder will, bleibt die Seelenebene dennoch wie unberührt davon. Ich habe so etwas vorher noch nicht erlebt. Die Liebe ist stärker. Sie bleibt bestehen. Es ist, als sage das Universum: »Begreif es endlich, die Liebe bleibt, sie geht nicht mit einem Partner.« Die existenzielle Frage, wie wir als Menschen fühlen, wenn ein geliebter Mensch geht, wird mir sehr direkt nahe gebracht. Wir denken, wir verlieren die Liebe, und das bringt uns zur Verzweiflung. Doch ich kann mich drehen und wenden, wie ich will, die Liebe bleibt. Ich meine das in einem losgelösten, freilassenden, an keine Vorstellungen einer weiteren Partnerschaft gebundenen Sinne. Was aus dieser Seelenliebe wird, das wird das Leben zeigen. Es ist ein Abenteuer.

Die Tiefenpsychologie lehrt uns, dass eine Frau ihren inneren Mann, den Animus, nach außen auf einen äußeren Mann projiziert, während die Männer das Gleiche mit ihrer inneren Frau tun. Nun könnte man meinen, ein Seelenpartner wäre jemand, der dieser Projektion deckungsgleich entspricht. Ich denke das nicht. Diese unbewussteren projektiven Kräfte müssen sich früher oder später einem Reality-Check stellen, und plötzlich schauen wir frühmorgens auf die Person, die neben uns im Bett liegt, und denken: Wer ist das? Vielleicht stellen wir fest, dass da ein ganz normaler Mensch mit Stärken und Schwächen liegt. Aber der Animus war doch viel strahlender, aber die Anima doch viel liebender? Ja, und er und sie werden es auch für immer bleiben, doch wir sind aufgefordert, über diese Projektionen hinauszuwachsen und wahrhaft zu lieben.

Der spirituellste Workshop ist mit Sicherheit die persönliche Beziehung. Keine Maske ist auf Dauer haltbar aufrechtzuerhalten. Alles, was nicht zu Tage treten soll, wird irgendwann unweigerlich zu Tage treten. Beziehungen gehen durch mehrere Phasen, und in einer dieser Phasen wird mit dem Schatten getanzt. Jetzt zeigt sich, wie tief die Liebe wirklich ist und ob beide Partner es schaffen, durch Phasen des Kämpfens in eine Zone wahrer tiefer Liebe zu kommen.

Es geht darum, einander wirkliche Freunde zu sein, Seelenpartner. Es ist essentiell, in Kommunikation zu bleiben, die Vergangenheit zu heilen, Dankbarkeit zu praktizieren, Spaß zu haben, sich auszutauschen auf allen Ebenen, sich an der Entwicklung des anderen zu erfreuen. Doch am allerwichtigsten ist es, sich Zeit für die Seele zu nehmen und einander bewusst fünf, zehn, zwanzig Minuten am Tag spirituell zu begegnen – von Seele zu Seele, von Herz zu Herz. Das kann über intensiven Blickkontakt geschehen oder über eine stille Meditation, in der wir die Energie bewusst zum Partner fließen lassen, über das Hören eines Liedes, Lesen eines Textes, was auch immer das Paar wählt. Dadurch entsteht ein dritter Raum, eine glückliche Insel. Was auch immer das Paar macht, es sollte die Seele beider Personen einladen, anwesend zu sein.

Partnerwahl ist heutzutage eines der heikelsten Themen. Da jede Wahl zu einer anderen Beziehungschemie führt und mit der einen Person bestimmte Aspekte der eigenen Psyche betont werden, während mit einer anderen völlig andere zum Zug kommen, ist es so essentiell. Es kann die goldene Wahl sein oder voll daneben. Wie wählen wir jemanden, mit dem tatsächlich liebendes Glück und seelisches Wachstum möglich ist? Wie bewusst sind wir in der Wahl? Was für Werte verkörpert diese Person? Ist sie tatsächlich liebend oder bekommen wir einen Deal angeboten? Sind wir in der Lage abzuwarten, bis der wirklich passende Mensch erscheint? Vertrauen wir dem Job, den die Schutzengel für uns machen? Und wie sollen sie denn sein, der Göttergatte, die Göttergattin? Welche Eigenschaften darf er oder sie haben? Und vor allem: Welche sind wir bereit, selbst zu verkörpern, selbst zu geben? Sind wir bereit, selbst ein wahrhaft liebender Seelenpartner, eine wahrhaft liebende Seelenpartnerin zu sein?

Seelenfreunde – Seelenclan – Seeleninsel

»Deine Gefährten werden im rechten Moment kommen und dir zu Seite stehen ...«

Unabhängig von dem einen Seelenpartner gibt es die Seelenfreunde, den Seelenclan, eine Gruppe von Menschen, mit denen wir uns intuitiv sofort und unmittelbar verstehen. Menschen mit ähnlichen Werten, denen wir innere Empfindungen nicht umständlich erklären müssen, weil sie als Seelen den gleichen Erfahrungshintergrund haben. Wie finden wir unseren Seelen-Clan? Meine Erfahrung: Wenn Individuen durch Transformationsprozesse durchgegangen sind und alte Ängste abgelegt haben, kommen plötzlich neue Menschen in ihr Leben, die Ähnliches durchlebt haben. Wenn uns selbst das Herz aufgegangen ist, treffen wir auf Menschen, denen auch das Herz aufgegangen ist. Wenn wir das Ego hinter uns lassen und in die Schönheit unserer Seelen durchbrechen, treffen wir auf Menschen, die ähnliche Wege gemeistert haben. Allen Alapai ist so ein wunderbarer Mensch mit einem riesigen Herzen. Diese Menschen tauchen wie aus dem Nichts auf und stehen einem plötzlich zur Seite. Manchmal für ein paar Tage, manchmal für eine längere Zeit und manchmal sogar für ein ganzes Leben. Andere wiederum verschwinden genauso schnell, wie sie gekommen sind. Dann wenn Entwicklungslinien auseinander gehen, darf in Dankbarkeit auf eine gemeinsame Zeit zurückgeblickt werden.

Einem dieser temporären Weggefährten bin ich in Österreich begegnet: Ich fahre von München nach Mondsee zu einem Herz-Öffnungs-Wochenende, das ich dort im Lichtzentrum gebe. Die Autobahn ist sehr befahren, so dass ich es gerade rechtzeitig zum angekündigten Vortragsbeginn schaffe und mehr oder weniger mit fliegenden Fahnen in den Raum hechte. Er ist eng gefüllt, und während ich ihn betrete, höre ich aus einem der Nebenräume ein Lachen. Ich denke: »Wer lacht dort so?« Ohne das Rätsel lösen zu können, beginne ich den Vortrag und eine Frau kommt kurze Zeit später und setzt sich auf ungefähr ein Uhr von mir aus gesehen. Während ich spreche, nehme ich immer wieder ihr Energiefeld wahr und denke: »Was sitzt dort bloß für ein Energieball auf ein Uhr?« Schließlich gehe ich gegen Ende des Abends in einen Dialog mit den Anwesenden und lande irgendwann auch bei ihr. Es stellt sich heraus, dass sie zu diesem Zeitpunkt kaum Deutsch spricht, inhaltlich so gut wie gar nichts von dem Vortrag verstanden hat, sich aber dennoch prächtig amüsiert. Ihr Name sei Leeorah, sie komme aus Australien und habe zehn Jahre lang bei einem der ältesten Kahunas auf Kauai eine besondere Form von Massage gelernt. Sie gebe hawaiianische Massagen. Da ich über Allen eine tiefe Verbindung zu Kauai habe, und weiß, dass diese Massagen, je nachdem aus welcher Familie sie kommen, ganz unterschiedlich sein können, nehme ich mir vor, nach dem Wochenende bei ihr eine dieser Massagen zu nehmen. Die Leitung des Zentrums winkt milde lächelnd ab, weil sie die nächsten beiden Wochen komplett durchgebucht ist. Nun gut, dann soll es halt nicht sein. Am Montagmorgen nach dem berührenden Herz-Wochenende fahre ich noch einmal zum Zentrum, um das Seminarequipment abzubauen und einzuladen. Direkt vor der Tür begegne ich ihr erneut. Wir treffen zur gleichen Zeit dort ein und stellen fest, dass wir in der Hotelpension Tür an Tür gewohnt haben. Der Sekretär des Zentrums öffnet und sagt: »Leeorah, dein Vormittagstermin ist geplatzt. Der Mann hatte auf der Autobahn eine Panne und schafft es nicht zum vereinbarten Termin.« Ich schaue sie an und sage: »Dein Vormittagstermin steht direkt neben dir.« Sie blickt mich herausfordernd und kess an und sagt: »Do you want a blowjob?« Ich lasse mir meine Irritation nicht anmerken, schaue einfach durch sie hindurch und frage mich, was für eine Art hawaiianischer Massage mich bei ihr wohl erwartet. Ich gebe ihr selbstverständlich keine Antwort.

Der nicht ganz so lustige Witz an der Sache war, dass ich zu diesem Zeitpunkt tatsächlich ein etwas delikates Problem hatte. Ich war seit drei Wochen inkontinent und sah mich vor meinem geistigen Auge schon als spiritueller Lehrer die zukünftigen Teachings in Windeln geben. Ich hatte mit tantrischen Techniken experimentiert, die den Orgasmus immer weiter herauszögern, und zu irgendeinem Zeitpunkt war es einfach zu viel und mein Körper hatte sich verkrampft. Ich wusste sofort, dass irgendetwas nicht mehr in Ordnung war. In der Nacht darauf träumte ich, dass ich eine verkohlte Penisspitze hätte. Ein Schmetterling setzt sich darauf, küsst die Spitze und alles ist wieder in Ordnung. Diesen Traum empfand ich als durchaus verheißungsvoll, nur das physische Problem blieb die nächsten drei Wochen über bestehen. Kurzum, diese Frau steht vor mir und stellt ihre unverschämte Frage, worauf ich mich wiederum sofort frage: »Wie? Weiß die womöglich das Problem schon? Und, viel schlimmer, will sie es etwa so lösen? Ist sie am Ende noch der Schmetterling?«

Wagemutig begebe ich mich auf den Massagetisch. Schließlich gibt es eine *erstaunliche* Heilsession und die Inkontinenz kann tatsächlich in dieser einen Behandlung geheilt werden. Ich bin darüber sehr glücklich und erleichtert. Und um die Fantasien nicht zu wild werden zu lassen: Sie ist nicht zum Schmetterling geworden, sondern hat am Ende der Session traditionell hawaiianisch in mein drittes Auge geblasen. Mit dem unschuldigstem Blick, zu dem sie fähig ist, behauptet sie bis heute, das habe sie von Anfang an auch so gemeint. Ja, Leeorah, und Hawaii liegt am Nordpol.

Die Persönlichkeit wünscht sich alles andere, als auf solche Weise zu einer für die Seele wichtigen Heilung geführt zu werden. Der

Seele ist es egal. Hauptsache, die Verbindung wird hergestellt. Es geht um die Entwicklung der Seele. Viele Menschen fixieren sich auf Erleuchtung und lassen ihre seelische Entwicklung außer Acht. Ich halte das für einen großen Trugschluss. Je mehr Seele jemand ist, desto eher besteht die Möglichkeit, erleuchtete Zustände zu erreichen. Das für mich *Erstaunliche* ist, dass mir ausgerechnet in den sieben Jahren jemand begegnet, in denen ich es nicht schaffe, nach Hawaii zu kommen. Dann kommt Hawaii eben auf überraschende Weise zu mir, und diese Verbindung wird zu einem festen Bestandteil der Arbeit. Offensichtlich gibt es eine Verbindung zu Hawaii in meiner Seele, die rein rational nicht erklärbar ist. Wenn ich in Keahole auf Big Island aus dem Flugzeug steige und die Luft dort einatme, wird etwas in meiner Seele berührt. Ich bin zu Hause und kann das *aloha* fühlen. Andere Menschen haben das Gefühl vielleicht am anderen Ende der Welt, so unterschiedlich wie wir als Individuen eben sind. Wichtig ist, diese uns mit der Seele in Einklang bringenden Plätze aufzusuchen und uns dort rückzuverbinden. Sie halten ein Geschenk für uns bereit. Sie führen uns in unser Glück.

Glückseligkeit, das Glück der Seele zu spüren oder das Glück, die Seele zu spüren, ist der Schlüssel zu den Mysterien. Wir können in die unterschiedlichsten Seinsbereiche durchbrechen – wenn wir arm an Seele werden, haben wir verloren. Wir können berauscht und wie auf Drogen von spirituellen Energien erfüllt sein, wenn wir nicht zugleich die Seele entwickelt haben, werden wir verloren gehen. Alles dreht sich darum, das Leben in Einklang mit der Seele zu führen. Alles andere ergibt sich daraus, Erleuchtung inklusive. Wenn dieser Einklang da ist, setzt im Gehirn eine Veränderung ein. Etwas entspannt sich. Das, was in einigen östlichen Traditionen durch die direkte Übertragung von Deeksha, einer Einweihungsenergie, stattfindet und sich mit westlichen Überlegungen zur

Hirnforschung deckt, ist das simple Faktum, dass das Gehirn sich erlaubt, in langsameren und tief entspannten, spirituellen Frequenzen zu schwingen. In dem Moment, in dem die Seelenharmonie den Ton vorgibt, passiert das Gleiche. Das Gehirn wechselt den Frequenzbereich. Der Kopf fällt ins Herz. Wir sind in Liebe.

Seelenführer – Spirit Guides

»Halte dich offen für alle,
die mit dir kommunizieren möchten …«

Nicht nur auf der äußeren Ebene können wir mit Seelenverwandten in Beziehung treten, sondern auch auf inneren Ebenen. Das Auffinden dieser unsichtbaren Freunde ist eine äußerst heikle Angelegenheit, weil dabei der Fantasie Tür und Tor geöffnet sind. Die grundsätzliche Frage, die sich dabei stellt, ist: Wem oder was dient ein solcher Kontakt? In vielen eingeborenen Kulturen wird diese Angelegenheit pragmatischer gesehen. In der Meditation geht man in Verbindung mit dem Großvater oder der Großmutter, die verstorben sind und jetzt aus dem Jenseits die Geschicke ihres Clans inspirieren. Oder es kommt ein Krafttier als Seelenführer, das dem Menschen in den äußeren und inneren Realitäten begegnen kann. Wenn wir jedoch davon ausgehen, dass der Kontakt zu Verstorbenen gesundheitlich negative Einflüsse haben kann, stellt sich die Frage: Wie können wir mit geistigen Wesen, die der Entwicklung unserer Seele wohlgesinnt sind und keinen in dieser Dimension sichtbaren Körper besitzen, kommunizieren? In einigen indianischen Traditionen unterscheiden wir zwischen Geistern von Verstorbenen und Seelen. Die Verbindung wird hergestellt zur Seele, nicht jedoch zum Geist, der eher als unerlöster körperloser Anteil der Persönlichkeit angesehen wird. Eine weitere Frage ist, wie wir verifizieren, ob dieser Dialog eine höhere Wahrheit trägt oder reine Einbildung ist.

Hilfreich ist, zunächst einfach von unterschiedlichen Realitäten auszugehen und nicht zu denken, dass unsere jetzige Wahrnehmungsebene die einzig mögliche sei. Wenn zwei Westler mit zwei Eingeborenen in Afrika durch den Wald gehen und die Eingeborenen bleiben stehen und fangen an zu zittern, weil sie auf einem Stein eine Hexe sitzen sehen, während die beiden Westler nichts als den nackten Felsen erkennen, dann haben wir offensichtlich erst einmal zwei verschiedene Wahrnehmungsebenen, zwei Bereiche von Realität. Die eine gegenüber der anderen als Illusion zu definieren, scheint mir fragwürdig und nicht stimmig. Wenn die unterschiedlichen Meditationswege ihre transpersonalen Zustände beschreiben, dann können die jeweiligen Weisen bis zu vier und manchmal noch mehr transpersonale Ebenen differenzieren, während viele Menschen schon froh wären, wenn sie die Grenzen des Egos auch nur ein einziges Mal überwinden könnten.

Vielleicht geht es darum, sich mit der Idee anzufreunden, dass es unendlich viele Dimensionen für uns zunächst nicht sichtbarer Wirklichkeiten gibt und dass diese Wirklichkeiten umso erfahrbarer werden, je mehr wir uns in spirituelle Bereiche hineinbewegen. Dies kann in Träumen geschehen, in der Meditation oder auch in tranceartigen Bewusstseinszuständen. Wichtig ist, dass die Wesen, die einer Seele Führung angedeihen lassen, immer etwas Wohlgesinntes haben, welches mit einem Feld von bedingungsloser Liebe und Gnade verbunden ist. Stimmen, die nicht aus diesem Feld kommen, sollten keine weitere Beachtung geschenkt werden.

In anderen Kulturen gab es mythologische Figuren, die diese Rolle übernommen haben, wie zum Beispiel in den griechischen Mysterien die Figur des Psychopompos, dem *Seelengeleiter*, ein Begriff, der auf die Gottheit Hermes zurückgeht. Er betreut als Führer die Seelen in dem Moment, in dem sie den Körper verlassen und ins

Reich der Toten übergehen. Ein Initiationspriester oder Schamane macht das Gleiche. Er hält und schützt die Seele während eines fragilen Überganges in unbekannte, körperlose Bereiche, die während einer Trance oder Meditation bereisbar sind. Der Schamane weiß, wie er sich in diesen Wirklichkeiten bewegen kann. Er verliert sich nicht in den phantastischen Nebeln astraler Felder. Seine Heilkraft führt ihn direkt hindurch zum Herzen einer Person. In Verbindung mit diesem kann er die körperlosen Wirklichkeiten bereisen und verlorene Seelenanteile zurückholen. Immer geht es darum, Verbindungen zu Teilen unserer Seele herzustellen, die verloren gegangen sind.

Das Verbindung Herstellen, das in Beziehung Gehen, ist das zentrale Element spiritueller Arbeit. Wenn wir mit allem verbunden sind, sind wir allem nahe und werden von pulsierender Lebenskraft durchströmt. Wenn wir uns separieren und entfernen vom Leben, egal ob physisch, mental, emotional oder spirituell, vermindert sich unsere Lebenskraft und Gesundheit. Die Energie fließt in die Aufrechterhaltung eines Widerstandes ein. Seelenführer verbinden uns mit unserer Seele und unserem Potential. Sie sind eine Brücke, über die wir gehen können.

Das Willkommenheißen

»Dies ist die wichtigste Botschaft: Heiße alles willkommen …«

Willkommen sagt das Leben, willkommen sagt das Herz. Willkommen im Herzen zu sein ist der Glücksfaktor einer erfüllten Partnerschaft, einer Seelenpartnerschaft. Einen anderen Menschen ganz willkommen zu heißen ist jedoch erst der Anfang. Über die Kultivierung von Mitgefühl gelingt es schließlich, alle Menschen willkommen zu heißen und das, was sie sind, nicht zu bewerten. Viele Menschen fühlen sich auf dieser Erde nicht wirklich willkommen. Sie tragen eine Erinnerung von verloren gegangener Einheit in sich und sind nicht ganz hier, ein Teil von ihnen möchte nicht auf der Erde anwesend sein, sondern in transzendenten Bereichen. Dennoch haben ihre Seelen sie hierher gesandt. Aus meiner Sicht findet Transformation dann statt, wenn wir zusätzlich zum Aufstieg in transzendente, körperlose Bereiche diese Energie wieder in die Erde zurück, in den Körper hineinbringen. Das geht nur über die Praxis des Willkommenheißens. Alles willkommen zu heißen, insbesondere das Sich-Befinden in einem Körper auf einer Erde in den Gesetzen von Raum und Zeit. Wenn wir dieses Sein, egal wie es ist, nicht grundsätzlich bejahen, schaffen wir künstliche Widerstände und erzeugen noch mehr von dem Leid, dem wir eigentlich entfliehen möchten. Präsent zu sein, ganz da zu sein, bedeutet, alles willkommen zu heißen.

Auf Conferences begegnen mir hin und wieder Leute, die eine große Ehrfurcht vor der Natur haben und einen fast schon heiligen Umgang mit ihr pflegen. So sehr ich diese Einstellung prinzipiell gutheiße, komme ich doch nicht umhin zu beobachten, dass ihre Begrüßung der Natur manchmal einhergeht mit einer Abwendung von den Menschen. Die Erde und die Naturgeister werden geliebt, aber nicht die Menschen? Hier stimmt offensichtlich etwas ganz grundsätzlich nicht. Die Hinwendung zur Natur beruht auf der Abwendung von Menschen, sie ist daher angstbasiert. Die Natur wird willkommen geheißen, die Menschen werden gemieden. So entsteht kein Mehr an Liebe in der Welt. Wenn wir die Weiten unseres Herzensraumes begehen und durchwandern, gibt es keinen Impuls mehr für eine Abwendung. Alles hat seinen Platz. Alles ist willkommen. Wir können alle Menschen willkommen heißen, wir können Zeit nur für uns haben, in der wir das eigene Wesen willkommen heißen, wir können die Natur willkommen heißen. Wir können, und das wäre dann der höchste Akt des

Bewusstseins, auf dem Sterbebett selbst den Tod willkommen heißen. Wenn wir jedoch vorher dem Leben versuchen zu entfliehen, wird dies misslingen. Nur bei einem erfüllten Leben ist es möglich, in Frieden zu gehen.

Auf den Seminaren lasse ich zu Beginn häufig eine ganz einfach anmutende Willkommensübung durchführen. Sie ist jedoch äußerst schwierig. Es geht darum, jede andere Person in ihrem ganzen Wesen willkommen zu heißen. Dies allein ist schon so ungewöhnlich, dass viele Tränen fließen, weil es so selten passiert und manchmal sogar noch niemals empfunden wurde. Jemandem in die Augen zu schauen und ihn wahrhaft willkommen zu heißen ist etwas, das wir nicht in der Schule lernen. Doch es ist essentiell. Das Herz sagt immer willkommen. Das Herz ist immer in Verbindung. Es wünscht, dass wir ankommen. Ganz ankommen. Auf der Erde. Mit jedem Herzschlag sendet es sein Signal in jeden Winkel dieser Welt.

Herzens-Anker: Die Freiheit des Liebens

Die Liebe ist ein Kind der Freiheit. Wenn die Seele ganz anwesend sein darf, jubiliert das Herz und atmet auf. Im Zusammenkommen mit anderen Menschen wird Glück dort empfunden, wo die Seele sich entspannt und genährt wird. Zu lieben ist ein Akt der vollkommenen Freiheit.

Wie bewusst treffen Sie eine Partnerwahl? Haben Sie überhaupt eine Wahl getroffen?

Sind Sie bereit, mit ganzem Herzen nur um der Liebe willen zu lieben? Wenn ja, warum?

Gibt es Erfahrungen, in denen sich aufgrund Ihres inneren Wachstums ganze Freundeskreise gewechselt haben?

Sind Sie schon einmal auf »übernatürliche« Weise mit bestimmten Menschen zusammengeführt worden? Wenn ja, wie?

Wie können Sie das Leben und die Liebe im tiefsten Grunde Ihres Herzens willkommen heißen?

16
Das Herz – Leuchtfeuer für die Seele

Logbuch: »Der Sieg des Eichhörnchens« – eine Geschichte

Frei nach einer alten indischen Legende: Die Geschichte spielt zu einer Zeit, in der alle Geheimnisse der Menschheit geklärt sind, nur ein einziges Mysterium bleibt noch bestehen: Was liegt jenseits des unsichtbaren Ozeans? Die Weisen aller Mysterienschulen der Welt kommen zusammen und diskutieren, wie dieses Mysterium zu lösen sei. Die Adepten der Weisheitsschule des Apollo, eine eher männliche Tradition aus den griechischen Mysterien schlagen vor, einen Turm zu bauen. »Wir bauen einen hohen Turm, der so weit in den Himmel ragt, dass wir irgendwann das andere Ufer sehen können.« Die nordamerikanischen indianischen Medizinfrauen rollen mit den Augen. »Typisch männlich, diese Idee, einen Phallus in die Landschaft zu setzen, nein, wir wählen den weiblichen Weg und graben ein Loch, das so tief in die Erde ragt, dass wir irgendwann auf der anderen Seite herauskommen und dann sehen, was jenseits des unsichtbaren Ozeans liegt.« Es wird hin und her diskutiert. Viele Ideen werden eingebracht und alle verworfen. Schließlich schlägt jemand vor: »Lasst uns gemeinsam eine Brücke bauen!« Alle sind inspiriert von dieser Idee und der Ruf geht in die verschiedenen Weltreiche. Er erreicht auch Eichhörnchen und seine wunderschöne Frau. Beide sind begeistert und wollen etwas zum Bau der Brücke beitragen. Während die Eingeweihten der tibetischen Mysterienschulen allein durch ihre Gedankenkraft mehrere tausend Kilometer Brücke manifestieren und die sibirischen Schamanen es ihnen gleichtun, fragen sich Eichhörnchen und seine Frau, was sie zum Bau dieser Brücke beitragen könnten. Sie entschließen sich, vom Strand Sandkörner zur Brücke zu transportieren, und so laufen sie zum Strand und werfen sich in den Sand, bis viele Sandkörner in ihrem Fell hängen bleiben, die sie dann zum Bau der Brücke beitragen. Sie tun dies voller Freude und mit frohen Herzen. Stunde um Stunde. Tag um Tag. Monat um Monat. Jahr um Jahr. Sie werden alt und grau darüber und es fällt ihnen immer schwerer, sich zu bücken, im Sand zu wälzen und die Sandkörner beizutragen. Die Brücke ist inzwischen mehrere Millionen Kilometer lang, aber das Ziel ist noch nicht erreicht. Als Gott das sieht, überkommen ihn Tränen der Rührung und er spricht: »Ihr beiden, Eichhörnchen, und du, Eichhörnchenfrau, seid wahrlich meine ergebensten und treuesten Diener. Zur Belohnung werde ich euch den Blick hinter den unsichtbaren Ozean schenken. Und damit auch alle sehen, wie sehr ihr mir gedient habt, schenke ich euch drei Streifen.« Seitdem tragen die indischen Eichhörnchen drei Streifen auf dem Rücken. Und wer ein Eichhörnchen sieht, wie es still und reglos verharrt und in Verbindung geht mit der Quelle, und in diesem Moment einen Blick in seine Augen wirft, wird es selbst sehen … das Geheimnis jenseits des unsichtbaren Ozeans.

Die Bereitschaft, der Wahrheit zu dienen

»Das, was du liebst, offenbart dir seine Wahrheit …«

Wenn wir in unseren Träumen und im Alltagsleben anfangen, die Stimme des Herzens zu hören und wahrzunehmen, dann erwacht eine innere Freude verbunden mit der Bereitschaft, der Wahrheit dieser Stimme zu dienen. Dienen oder Demut sind im Westen negativ besetzte Begriffe. Sie haben den Beigeschmack von »dem Ego eines anderen dienen« oder »nicht individuell genug, nicht durchsetzungsstark«. Der Osten hat diese Vorurteile nicht, und welcher Weg oder ob überhaupt einer der bessere ist, mögen die Götter entscheiden. Es geht darum, die Kontemplationsfähigkeit des Ostens mit der Manifestationskraft des Westens zu verbinden. Das freiwillige Sich-bereit-Machen dafür, dass eine höhere Kraft durch das erwachte Herz einströmen kann, ist dem Dienen unter ein

Prinzip gleichzusetzen, welches als höher und wichtiger erkannt wird. Dienen heißt dem göttlichen Impuls den Vorzug zu geben, einer zeitlosen Herzqualität wie dem Mitgefühl zu folgen oder der bedingungslosen Liebe zu vertrauen und nicht den reaktiven Mustern des niederen Selbst. Der göttliche Wille wird als höher anerkannt als der Eigenwille. Dienen bejaht eine höhere spirituelle Instanz. Gleichzeitig erfordert es größten Mut, dies zuzulassen. Der Mensch hat aufgrund spezieller Lebenserfahrungen das weise Wissen gewonnen, dass größere Kräfte am Wirken sind. Die freiwillige Hingabe des eigenen Willens an einen höheren, spirituellen, göttlichen Willen macht die Bahn dafür frei, dass diese Energien ihn tatsächlich erreichen können. Wenn diese Kräfte dann durch den Körper rauschen, fragen wir uns, wieso wir sie die ganze Zeit nicht spüren konnten. Sie waren doch immer schon da. Ja, sie waren nur nicht freigesetzt, und ein Großteil der Energie floss in den Widerstand. Jetzt erst ist das Herz gewendet. Je größer das Wissen um die höheren emotionalen Kräfte wird, um die veredelten Gefühle, in denen Angst sich in Wachsamkeit verwandelt, Wut in Entschlossenheit, Rivalität in Mitgefühl, desto mehr wird es dem Menschen zu einer Freude, der Wahrheit zu dienen, Teil einer größeren Wahrheit zu sein, Teil einer evolutionären Bewusstseinsanhebung, die weltweit stattfindet. Und jeder Einzelne einen Gitterpunkt in einem universellen Netz aus Licht und Liebe bildet. Dieser Punkt ist entweder aktiviert oder nicht. Es fließen Energien durch ihn hindurch – oder die Energien wählen einen anderen Weg, an ihm vorbei. Jeder Mensch ist Teil dieser neuen Götterdämmerung und beispiellosen Bewusstseinsanhebung. Durch das Netz fließt die Energie in einem besonderen Rhythmus. Mit dem erwachten Herzen schwingen wir uns immer mehr auf diesen Rhythmus ein. Seit Jahrtausenden lauschen die Eingeweihten seinem Pochen. Und wenn es sie glückselig durchströmt, erschauern sie in Ehrfurcht und verkünden: Wir sind alle eins. Wir sind alle ein kleiner Teil von diesem Netz, eine Koordinate in diesem universalen Pochen. Jedes Herz ein unermüdliches Pochen im Einklang mit diesem Universum. Was für ein Geschenk, es als Seele in einem Körper spüren zu dürfen. Und selbst wenn das physische Herz irgendwann aufhört zu pochen, so hat sich doch jeder Herzschlag gelohnt. Jeder Herzschlag eine Erfahrung, jeder Herzschlag eine Berührung, jeder Herzschlag eine Erkenntnis. O Erde, wann werden wir deine Schönheit erkennen? Wann werden wir uns erkennen?

Das Leuchten im Herzen

»Du wirst die Weisen an ihrem leuchtenden Herzen erkennen …«

Wer sein Herz verschlossen hat, spürt das universale Pochen nicht, und lebt daher nur halb. Die Hawaiianer hatten für die ersten Missionare, die sie als sehr herzlos empfanden und die es historisch gesehen zum großen Teil auch waren, ein besonderes Wort: haole – ohne Atem, keine Lebensenergie, nicht verbunden. Für Weiße wird dieser Ausdruck heute noch vielfach benutzt. Wie können wir im Westen, das Herz wieder zu einem Leitstern machen? Wir müssen es in uns selbst zum Flammen bringen, es in unserer Leidenschaft für Liebe, Wahrheit und Freiheit entzünden. Lachend mit dieser Flamme durch alle Herzen laufen und weitere Herzen entfachen. Es zu einem Leuchtfeuer für die Seele werden lassen.

Humor ist dabei ein Königsweg. Wer das Lachen der heiligen Narren vernimmt, hört ihn sofort, den Klang der Freiheit. Die humores waren in der Antike ursprünglich die Körpersäfte, das, was ein Individuum flüssig und beweglich macht, die Perspektiven flexibilisiert. Humor als Sinnhändler und Sinnjongleur tänzelt zielsicher um alle in den unterschiedlichen Realitäten aufgestellten Fettnäpfchen herum oder tritt lächelnd rein. Als bisoziativer Heiler lädt er ein, die Spannung, die entsteht, wenn zwei Realitäten aufeinander treffen, in einem Lachen zu entladen. Dieses Lachen ist ansteckend. Lachen ist das Signum eines frohen Herzens. Es ist eine Vibrationswelle, die sich durch ganze Säle fortpflanzt. Doch Humor ist mehr als reines Lachen. Es ist immer das Herz dabei, die Liebe. Es ist weder beißender Spott noch kühle Ironie, Humor hat stets etwas Wärmendes. Es ist ein Königsweg zu den Mysterien, denn wir sehen für einen kurzen Moment das Endliche vom Unendlichen aus. Humor setzt eine transzendente Perspektive, einen überpersönlichen Bezugspunkt voraus. Noch der größten Katastrophe gewinnt Humor ein Lächeln ab. Humor hat Seele. Und vielleicht sogar eine Erkenntnisfunktion. Wann immer sich zwei frei flottierende Synapsen zu einem neuen Sinnuniversum zusammenfinden, werden Lachhormone ausgeschüttet und wir schütten uns ebenfalls aus. Es kugeln sich die Chakren. Wir werden beschwingt, das heißt, die Schwingung erhöht sich. Im besten Fall sind wir so beseelt, dass wir vor lauter Glück fast platzen. Auf den zwölftägigen Herzeinweihungen lässt sich oft ein erstaunliches Phänomen beobachten: Mit jeder individuellen Einweihung steigt der Lachpegel. Die Teilnehmer sind gleichsam so mit hoch schwingenden Energien erfüllt, dass es kaum eine andere Möglichkeit gibt, diese zu ventilieren. Das erleuchtete Herz schwingt auf einer anderen, leichteren Frequenz. Es ist leichter als eine Feder.

Wenn wir dann aufgrund dieses Frequenzwechsels wieder die Rückverbindung zu unserem Lebenstraum geschafft haben, leuchtet das Herz uns den Weg. Es kommt zu größeren und kleineren Öffnungen, zu Durststrecken und dunklen Nächte der Seele sowie zum Versuch des Egos, die Spiritualität für sich zu reklamieren. In all diesen Phasen ist das Herz Orientierung und Zuflucht zugleich. Schmelztiegel aller unbewussten Emotionen, die sich in seiner Liebe auflösen. Wieder und wieder sind wir aufgefordert, unserer

Seele zu lauschen und ihre Inspirationen umzusetzen. Durch ein neues Denken, durch ein neues Fühlen, durch ein neues Handeln mit einem geöffneten Herzen. Durch Momente tief empfundenen Mitgefühls. Durch die innere Verpflichtung, unter allen Umständen unserem Herzen treu zu bleiben und die innere Stimme nicht zu kompromittieren, verankern wir uns mehr und mehr in der neu gewonnenen Freiheit. Sie lässt uns die stürmischen Überfahrten unserer Lebensreise überstehen. Die weise Wahl unserer Freunde, die die gleiche innere Verpflichtung eingegangen sind, macht das Leben dabei zu einem Fest der Freude. Jetzt wird alles zu einem Staunen, und die Offenheit für das Wunderbare ist permanent gegenwärtig. Die Freude, die Früchte der Lebensreise mit anderen Menschen teilen zu können, ist eines der schönsten Geschenke, die Freunde sich gegenseitig machen können.

Das Lichten des Dunkels

»Gib der Angst keinen Raum, brenne in Liebe …«

Wenn wir durch Schmerz und Glück in Momente tiefster Bescheidenheit und Akzeptanz geführt werden, entsteht Mitgefühl für andere und für uns selbst. Wir erleben die eigene Tiefe. Wenn wir durch unsere innere, angeborene Harmonie eine Rückverbindung mit der Stille vor den Erscheinungen, mit dem Hintergrund des Seins, erfahren, verlieren die unbewussten Energien einen Teil ihrer Zugkraft. Wenn wir erfasst werden von der Kraft, zu segnen und zu heilen, die wie ein Strahlen durch uns hindurchfegt, erschauern wir in Ehrfurcht vor der Größe dieser Energie. Wenn unser Herz in bedingungsloser Liebe entflammt, kommt es zum Sprung auf eine höhere Ebene. Wir sind eins mit dem Urgrund des Seins und werden zu einem Kanal für die Liebe. Die fünfte Funktion des Herzens ist selbstloses Dienen in dem Bewusstsein, dass es nichts zu verlieren gibt, nur alles zu gewinnen. Der Liebe, Wahrheit und Freiheit zu dienen, um so das Beste in jedem Menschen freizusetzen. Ein Freiheitsbefreier zu werden, ein Wahrheitsbewahrer, ein die Liebe Liebender. Nicht sich zu polarisieren, sondern das Beste an jedem hervorzuholen. Wenn wir den Blick mit unserem Seelenauge konstant auf das Potential eines Menschen richten, bekommt er die Möglichkeit, über sich hinauszuwachsen. Dieser liebende Blick übersieht die Schwächen nicht, er trifft nur keine Verurteilung. Dieser liebende Blick segnet alle Fehler im Voraus. Er eröffnet neue Räume. Dieser liebende Blick befreit die Seele. Wenn wir mit diesem liebenden Blick auf den anderen schauen, dann geht ein Zittern durch das Gitternetz aus Licht und Liebe, das die Erde umhüllt. Seine Energie erhöht sich. Unsere Liebe zueinander ist so unendlich viel bedeutsamer als wir meinen. Jeder Moment, in dem wir nicht mit einem liebenden Auge auf die Welt blicken, ist ein verlorener Moment. Wir erliegen dem Schmerz. Jeder Moment, in dem wir ohne ein liebendes Herz versuchen, den Menschen zu begegnen, ist eine Vergeudung, wir fühlen sie nicht, wir fühlen die Angst. Jeder Moment, in dem wir einander nicht die Hände reichen, ist ein Trauerspiel. Die Weisen kennen den Schmerz der Welt und sie lieben trotzdem, die Weisen fühlen das Elend der Welt und geben von ihrer Kraft ab, die Weisen fühlen die Ablehnung der Welt und gehen auf sie zu, die Weisen fühlen die Kälte der Welt und wärmen sie mit ihren Herzen.

Tausendfaches Feuer

»Geh jeden deiner Schritte mit dem Herzen eines Löwen …«

Das Feuer im Herzen brennt an einem Punkt so stark, dass wir den Ruf der Seele tausendfach beantworten. Alles andere wäre unnatürlich und würde aus dem Einklang führen. Wieder und wieder antworten wir und werden gleichzeitig neu inspiriert. In dieses seelenvolle Handeln hinein schießen Erleuchtungsimpulse. Im

Fundament im Herzen hat das Kronen-Chakra oben auf dem Kopf eine Basis, auf der es sich entfalten kann. Der tausendfache Lotus fängt langsam an zu rotieren, und sein Ton übertönt den Verstand. Das Denken ergibt sich einer donnernden Stille. Jetzt leuchten zwei Lichter. Eines im Herzen und eines am Scheitel. Wenn sie sich verbinden, werden wir erfasst von einer glückseligen Woge und zum Kanal bedingungsloser Liebe. Alle Sicherheiten sind aufgegeben und dies ist die größte aller Sicherheiten. Alle Gewohnheiten sind gebrochen, jetzt wohnen wir zu Hause. Alle Verurteilungen sind Geschichte, es gibt keine Verurteilung mehr. Miteinander sind wir bis hierher gereist. Im gegenseitigen Vertrauen. Unser Herz singt und es ist eine Freude, tausendfach zu antworten. Immer wieder neu auf den Ruf der Schöpfung, in der wir uns in uns selbst erkennen. Das Ego mag erneut klingeln, Energie-Piraten mögen ihr Unwesen treiben. Sie haben nicht mehr die Kraft, das Schiff zu entern. Der Wind des Lebenstraums bläst zu stark in die weißen Segel. Geisterschiffe werden links liegen gelassen. Die Frau ist wieder an Bord. Wir sind in Verbindung. Mit unseren Körpern, Gefühlen, unserer Heilkraft. Mutig lieben wir doppelt, sobald Widerstände auftauchen. Dankbarkeit erfüllt unser Herz, wenn wir einst auf die Reise zurückblicken. Dankbar schließen wir mit unserer Vergangenheit ab. Dankbarkeit und ein glückliches Ende sind in der tiefen Psyche auf ewig miteinander verwoben. Sie kennt den Unterschied nicht. Unsere Kultivierung von Dankbarkeit lädt das glückliche Ende ein. Dankbar können wir die, die wir lieben, loslassen, in dem Wissen, dass es immer ein Wiedersehen gibt. Erfüllt von tausendfachem Dank entfaltet der Lotus seine Blüten. Ohne es gemerkt zu haben, bewegen wir uns vom Denken zum Danken. Eine weise Bewegung, eingeleitet von den Kräften der eigenen Seele. Das mystische Herz weist uns am Sternenhimmel den Weg und lädt immer wieder Momente von Gnade ein, Schicht um Schicht, Ebene um Ebene, Kontinent um

Kontinent, die wir in uns bereisen. Die Seelenfreunde sind dabei und ihr frohes Om Shanty beflügelt das Herz. Dass es so schön sein kann, das Leben, wer hätte das je für möglich gehalten? Dass die Liebe uns so sehr erfüllt, wer hätte das je geglaubt? Dass wir keine Zweifel mehr haben, es ist wie ein Wunder. Und wir sind nicht allein, wir schauen uns um und sehen Segel um Segel am Horizont. Schiffe mit Menschen an Bord, die ebenfalls um die Welt gesegelt sind und etwas Kostbares gefunden haben. Einen riesigen Schatz im Inneren. Wiedergeboren in ihr unschuldiges Sein. Willkommen im Herzen.

Herzens-Anker:
Lichten und los …

Über den Autor

Der in Deutschland geborene Weisheitslehrer, Mystiker und Bestsellerautor Thomas Young gilt als die *Stimme des Herzens* einer neuen Spiritualität. In über zwei Jahrzehnten hat er unzählige Menschen in Herzöffnungs-Seminaren, Herzeinweihungen, Präsenzwochen, auf Kongressen und Retreats mit der alchemistischen Kraft des Herzens in Kontakt gebracht. Viele Teilnehmer bezeichnen die Durchbrüche mit Thomas als Wendepunkt und Gipfelerlebnis ihres spirituellen Weges. Seine herzzentrierte Erleuchtungsarbeit beinhaltet die Kunst der Traumschau, avancierte Heilmethoden, die radikale Präsenz der Mystiker, uralte Einweihungstechniken sowie Medizin aus der Zukunft. Thomas Young verbindet in seinen Herzlehren die Essenz unterschiedlicher Wege zu einer einzigartigen Erfahrung. Er bietet weltweit bewusstseinserweiternde Seminare in deutscher und englischer Sprache an.

Seine CDs mit geführten Meditationen gelten als Meisterwerke auf ihrem Gebiet und eröffnen vielen Hören ungeahnte Zugänge in die höheren Ressourcen der Seele.

Weitere Informationen zu Seminaren und CDs von Thomas Young erhalten Sie bei:
Büro Thomas Young
Tel. 0 75 63 - 915 355
Fax 0 75 63 - 915 973
E-Mail: info@thomasyoung.com
Internet: www.thomasyoung.com

Gebunden, 240 Seiten
ISBN 978-3-95550-231-7

Das MOMENTUM zu meistern ist eine der höchsten Künste der Herzlehren und des Lebens. Der Moment, in dem alles passt. Wir agieren traumwandlerische sicher aus der Tiefe unseres Seins. Das Universum spielt uns plötzlich zu. Wir sind extrem mit Energie aufgeladen und fokussiert. Alles funkioniert wie von selbst. Diese Meisterschaft ist ein Prozess, der für jeden erlernbar ist. Als Menschheit wachsen wir einem neuen Bewusstsein entgegen. Jetzt ist es Zeit für jeden Einzelnen von uns, den Lebenstraum zu verwirklichen, den die Seele in uns angelegt hat. Thomas Young hat eine Fülle von Bewusstseinstechniken, Übungen und Meditationen entwickelt, mit deren Hilfe wir diesen Prozess durchlaufen. Er gibt uns zwölf Bewusstseinsschlüssel an die Hand, mit denen wir eine Tür nach der anderen in uns öffnen, bis wir schließlich das Momentum meistern das heißt den Moment erreichen, in dem das Universum uns zuspielt und wir mit traumwandlerischer Sicherheit unseren Lebenstraum erfüllen. Eine revolutionäre Schöpfungstechnologie auf der Grundlage des Erwachten Herzens!

Die Audio-CDs

7 GENERATIONEN
Tempelritual zur Klärung der Ahnenreihen

Die CD *7 Generationen* zur Klärung der Ahnenreihen ist ein kraftvolles Bewusstseinswerkzeug mit dem Ziel, in den Zellen gespeicherte Informationen, die nicht dem höchsten Wohl der Entwicklung der eigenen Seele dienlich sind, in einem geschützten Raum loszulassen. Sie ermöglicht eine tiefe Transformation.

DIVINE BLUEPRINT
Kontakt mit der höchsten Essenz

Die bewusste Verschmelzung mit dem Wesenskern ermöglicht eine zutiefst berührende Erfahrung deines größten Potenzials. Blaupausen existieren unabhängig von dem jeweiligen Heiler und können von jeder Person eingeladen werden, die bereit ist, sich dafür zu öffnen. Wer in der Lage ist, sein Bewusstsein zu 100 Prozent im Körper anwesend zu halten, schwingt in der höchstmöglichen Vibration und wird sich selbst und anderen zum Segen.

HEILUNG GESCHIEHT
Das Wunder möglich machen

Heilung geschieht hat als Ziel die Selbstheilung – die große Heilkunst, auf die eigenen Zellen durch die Kraft des Bewusstseins segensreich einzuwirken. Die CD ist geeignet für Heiler, Therapeuten und für Menschen, die auf ihrer Lebensreise eine herausfordernde Zeit durch Krankheiten zu bestehen haben.

MOTHER HEALING
Das Heilen der Mutterbeziehung

Mother Healing schenkt seinen Hörern die Möglichkeit, die Beziehung zur personalen Mutter zu heilen und gleichzeitig durchzubrechen in eine Erfahrung der Göttlichen Mutter. Durch einen einzigartigen Perspektivwechsel können hinderliche Muster in Liebe aufgelöst werden. Die Mutterbeziehung wird auf überraschende Art geheilt, und ein neuer Raum für eine direkte Begegnung mit der Göttlichen Mutter öffnet sich.

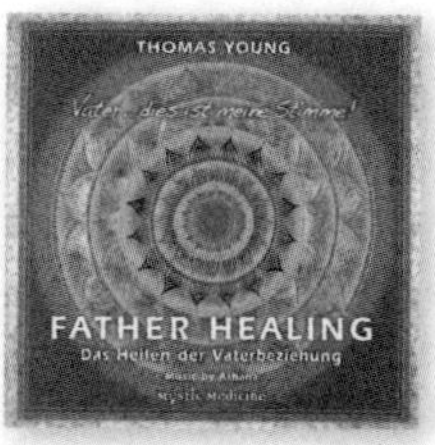

FATHER HEALING
Das Heilen der Vaterbeziehung

»Vater..dies ist meine Stimme!« Spirituelles Sein wünscht Authentizität und innere Freiheit. Wer es lernt, mit der CD eine Seelenrede zu sprechen, legt den Grundstein für eine neue Beziehung zum eigenen Vater. FATHER HEALING ist keine klassische Meditation, sondern ein interaktives Bewusstseinswerkzeug.Die spirituelle Kraft des Wortes wird direkt erfahrbar. Durch das Heilen der Vaterbeziehung setzen wir die Stimme unseres eigenen Herzens frei und gewinnen an individueller Souveränität.

SEELENBEBEN
Die Herzerleuchtung

Eine Meditations-CD wie eine Einweihung! Zwei excellente mystische Meditationen für eine inspirierende Rückverbindung mit Göttlichem Bewusstsein. SEELENBEBEN schafft den Raum für das lang ersehnte Übertreten der innersten Schwelle – führend bis zur Herzerleuchtung. DAS GROSSE WEISSE LICHT aktiviert den heiligen Traum der Seele und trainiert die lenkenden Heilbewegungen eines neuen Seins. Die segensreiche Einflussnahme auf das eigene Schicksal wird möglich.

MOMENTUM MASTERY 1
Quelle der Energie | Tropfen der Erleuchtung

Quelle der Energie erzeugt das Momentum durch die Wahrnehmung des Zweiten Körpers, während *Tropfen der Erleuchtung* mit einem indianisch inspirierten Geistgefäß arbeitet. Meisterhaft getragen sind beide Werke durch die archaische Musik von Coyote Oldman. Beseelte Klänge versetzen in eine transzendente Weite.

MOMENTUM MASTERY 2
Happy End | Sieg der Seele

Happy End verankert die gewünschte Zukunft kraftvoll im Jetzt und im Körper. Das paradoxe Nähren des Happy Ends zu Beginn der Bewegung erzeugt einen Rückwärtsstrom durch die Zeit, in dem sich den Hörern Tore, Chancen und Möglichkeiten eröffnen. *Sieg der Seele* kultiviert vier Qualitäten, die helfen, den heiligen Traum der Seele kraftvoll in die Welt zu bringen.

MOMENTUM MASTERY 3
Raum der Räume | Heiliges Feuer

In *Raum der Räume* lernen wir, der Seele nicht förderliche Unterprogramme sterben zu lassen, und öffnen den Kanal für das Empfangen von wirklich Neuem. *Heiliges Feuer* schafft eine Rückverbindung mit dem eigenen Herzfeuer und der Kraft, etwas zu segnen und heiligzusprechen. Jeder spricht seinen eigenen Traum heilig. So aktiviert sich das Momentum.

MOMENTUM MASTERY 4
Night Sky | Virgin Space

Night Sky ist eine Gute-Nacht-Meditation, die das Unterbewusstsein segensreich auf Regeneration, Heilung und Inspiration einstimmt. Der Fokus für die Nacht liegt auf der hohen Schau der Seele. *Virgin Space* nähert sich einem kaum noch beschreibbaren Raum an, in dem die Zeit anders fließt – ein Meisterschlüssel zur Manifestation des eigenen Lebenstraumes.

CHRISTUS QUANTUM
Das Herz von Jesus spüren

Mit der klaren Schau eines Mystikers eröffnet Thomas Young einen Bewusstseinsraum, der eine besondere Erfahrung mit dem Herzen von Jesus ermöglicht. Ziel der Herzlehren von Thomas Young ist die Entfaltung der Seele und das Erleben spiritueller Durchbrüche. Zentraler Fokus ist dabei die Öffnung und Erweckung des Herzzentrums. In der CD gelingt es, das »Herz von Jesus« spürbar werden zu lassen und sich mit dem Christusbewusstsein als einem Kraftfeld von Segen und Heilung zu verbinden.

GLOBAL HEART
Jedes Herz zählt

Eine der ältesten Mysterienweisheiten »Wie oben, so unten – wie innen, so außen« wird in einer faszinierenden Meditation neu präsentiert. Herzlehrer Thomas Young sieht in der Weisheitsformel vier essentielle Wirkweisen des GLOBAL HEART und hält die Anhebung der individuellen Herz-Schwingung für eine der wichtigsten Aufgaben unserer Zeit. Jedes einzelne Herz ist hierbei von elementarer Bedeutung für die Zukunft der Erde. Empfohlen für die tägliche Herzmeditation plus Bonustrack SEELEN-CODE.

HEALING FLOW
Heilen aus dem Jetzt

Inspirierender Talk – Heilende Trance. Heilung braucht maximale Empfänglichkeit und einen speziellen Bewusstseinsraum! Die CD beginnt mit einem inspirierenden Talk über die Heilkraft des Bewusstseins und erklärt, wie Information, Imagination und Intention wirken. Danach werden die Hörer mit einer berührenden Meditation in eine extrem tiefe Heiltrance geführt. Die dadurch entstehende segensreiche Frequenz ermöglicht die Rückverbindung mit dem HEALING SELF und initiiert eine autonome Heilbewegung der eigenen Seele.

ZIRBEL-WIRBEL
Die Meisterdrüse

Erlebe die Aktivierung Deiner Zirbeldrüse! Mit einem inspirierenden Talk bereitet Thomas Young die Hörer auf eine tiefe Trance vor. Die aktivierte Zirbeldrüse wirkt als Tor in mystische Dimensionen des Seins. Ihre Öffnung erfordert eine tägliche Praxis und Übung. Zur Zeit findet ein weltweites Erwachen der Zirbeldrüsen statt und die damit einhergehende Meisterung ihrer Kräfte. Werde Teil dieser evolutionären Bewegung der Menschheit uns schenke ihren Segen weiter.

Kontakt und Bezugsquelle

Alle hier vorgestellten Audio-CDs sind bestellbar über

Büro Thomas Young
Tel. 0 75 63 – 915 355
Fax 0 75 63 – 915 973
E-Mail: info@thomasyoung.com
Internet: www.thomasyoung.com